本书为中国·文物出版社和日本·平凡社合作出版《中国石窟·安西榆林窟》的中文版，收录安西榆林窟自初唐迄元代计26窟和敦煌西千佛洞自北魏迄回鹘计10窟的雕塑、壁画和外景，以及有关的论文等。

中國石窟

安西榆林窟

敦煌研究院编

文物出版社

责任编辑　黄文昆

再版编辑　王　戈

责任印制　张道奇

图书在版编目（CIP）数据

安西榆林窟／敦煌研究院编．—2版．
—北京：文物出版社，2012.8（2021.7重印）
（中国石窟）
ISBN 978-7-5010-3503-8

Ⅰ．①安…　Ⅱ．①敦…　Ⅲ．①石窟－介绍－
安西县　Ⅳ．①K879.29

中国版本图书馆 CIP 数据核字（2012）第159143号

中 国 石 窟

安 西 榆 林 窟

敦煌研究院　编

*

文物出版社出版发行

（北京市东城区东直门内北小街2号楼）

邮政编码：100007

http：//www.wenwu.com

E-mail：web@ wenwu.com

文物出版社印刷厂有限公司印刷

新 华 书 店 经 销

开本：965×1270　1/16　印张：18.75

1989年8月第1版　2021年7月第2版第7次印刷

ISBN 978-7-5010-3503-8　定价：380.00 元

安西榆林窟

著者

段文杰 (敦煌研究院院长、研究员)

张学荣 (敦煌研究院副研究员)

何静珍 (敦煌研究院助理研究员)

霍熙亮 (敦煌研究院副研究员)

刘玉权 (敦煌研究院副研究员)

李其琼 (敦煌研究院研究员)

关友惠 (敦煌研究院副研究员)

万庚育 (敦煌研究院副研究员)

马世长 (北京大学副教授)

黄文昆 (文物出版社副编审)

摄影

敦煌研究院：吴健/祁铎/宋利良/盛龚海

文物出版社：陈志安

绘图

郦伟堂 (敦煌研究院)

英译

墓信祐爾

装帧

三村淳

仇德虎

责任编辑

黄文昆

山本恭一

目　录

图版目录

1　榆林窟外景（东崖）

2 第28窟 中心柱东向面 唐

3 第28窟 中心柱北向面及后甬道 唐

4　第15窟　前室北壁　天王　唐

5　第15窟　前室南壁　天王　唐

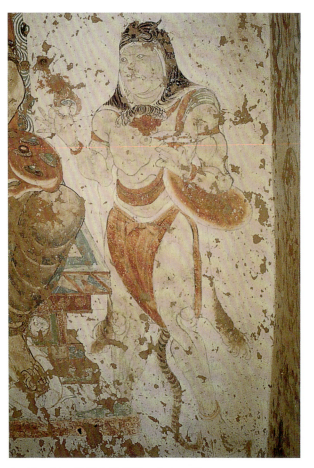

6　第15窟　前室北壁东侧　力士　唐

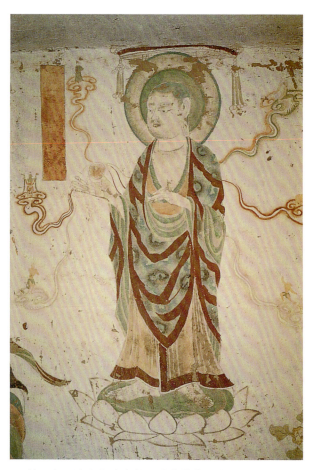

7　第15窟　前室东壁南侧　地藏菩萨　唐

8　第15窟　前室东壁南侧　天王　唐

9　第15窟　前室东壁北侧　菩萨　唐

10　第15窟　前室顶北端　伎乐天　唐

11　第15窟　前室顶南端　伎乐天　唐

12　第25窟　北壁　弥勒经变　唐

13 第25窟　北壁弥勒经变中　弥勒初会（部分）　唐

14 第25窟　北壁　弥勒经变（部分）　唐

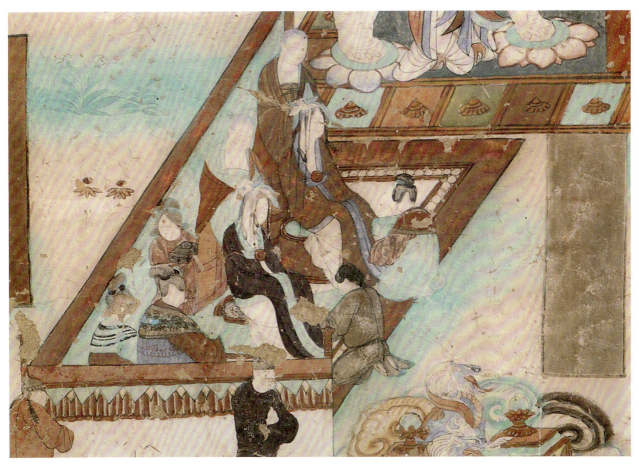

15 第25窟 北壁弥勒经变中 王妃剃度 唐

16 第25窟 北壁弥勒经变中 四大宝藏（部分） 唐

17　第25窟　北壁弥勒经变中　象宝、玉女宝　唐

18　第25窟　北壁弥勒经变中　弥勒二会　唐

19 第25窟 北壁弥勒经变中 马宝、兵宝 唐

20 第25窟 北壁弥勒经变中 弥勒三会 唐

21　第25窟　北壁弥勒经变中　弥勒二会（部分）　唐

22　第25窟　北壁弥勒经变中　弥勒三会（部分）　唐

27 第25窟 北壁 弥勒经变（部分） 唐

28 第25窟 北壁 弥勒经变（部分） 唐

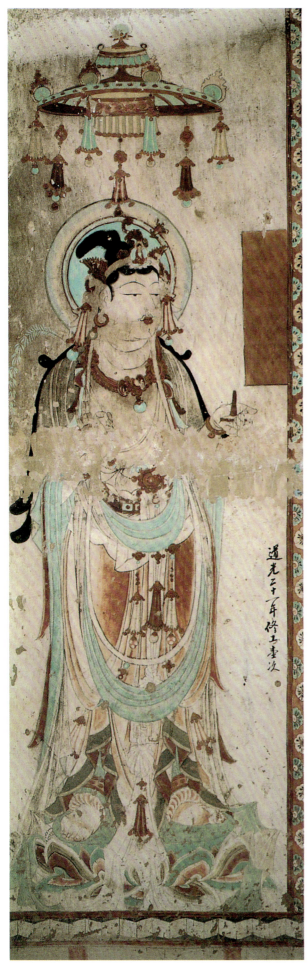

29　第25窟　北壁西端　菩萨　唐　　　　　　30　第25窟　北壁东端　菩萨　唐

31　第25窟　南壁观无量寿经变中　西方净土　唐

32　第25窟　南壁观无量寿经变中　白鹤、迦陵频伽　唐

34　第25窟　南壁观无量寿经变中　舞乐　唐

33 第25窟　南壁观无量寿经变中　共命鸟、孔雀　唐

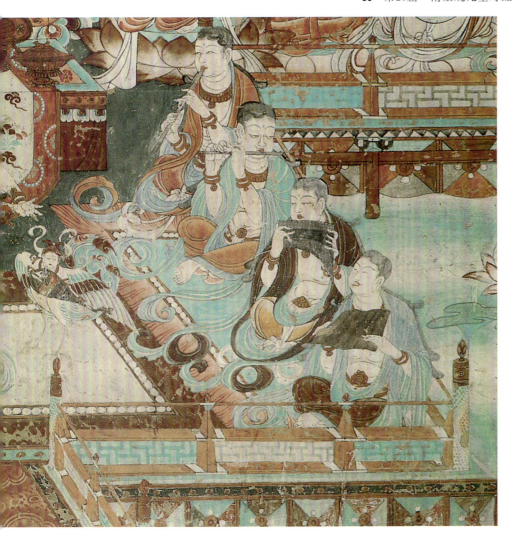

35　第25窟　南壁观无量寿经变中　大势至菩萨、十六观　唐

37　第25窟　东壁北侧　药师佛、八大菩萨曼荼罗经变（部分）　唐

38　第25窟　东壁八大菩萨曼荼罗经变中　佛座　唐

39 第25窟 东壁八大菩萨曼荼罗经变中 卢舍那佛 唐

41 第25窟 西壁北侧 文殊变 唐

42　第25窟　前室东壁北侧　北方天王　唐

44 第24窟 西壁 不空羂索观音变 唐

45 第36窟 前室东壁南侧 法华经变 唐

46 第12窟　东壁南侧　佛弟子、菩萨　五代

47 第12窟　北壁西侧阿弥陀经变中　舞乐　五代

48 第12窟 西壁北侧 普贤变 五代

49 第12窟 西壁北侧 慕容夫人曹氏出行图（部分） 五代

51　第16窟　东壁北侧　劳度叉斗圣变（部分）　五代

52　第16窟　东壁南侧　劳度叉斗圣变（部分）　五代

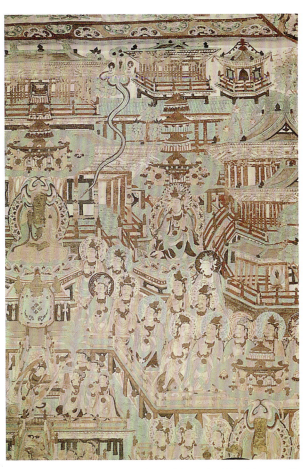

53　第16窟　南壁西侧　药师经变（部分）　五代

54　第16窟　窟顶南披　五代

55　第16窟　西壁南侧　文殊变　五代

56　第16窟　西壁北侧　普贤变　五代

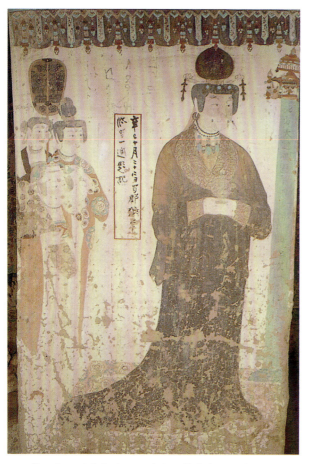

57 第16窟　甬道北壁　回鹘夫人供养像　五代　　　　**58** 第16窟　甬道南壁　曹议金供养像　五代

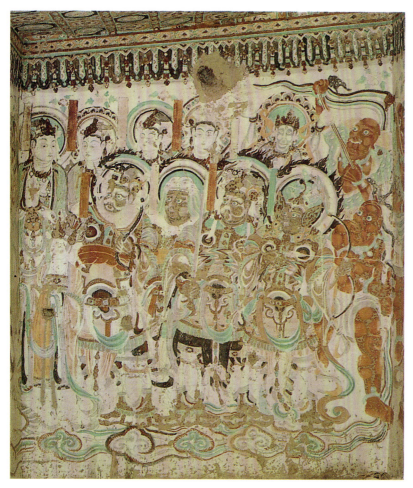

59 第16窟　前室北壁　五代　　　　**60** 第16窟　前室西壁北侧　天女　五代

61　第19窟　西壁南侧　文殊变　五代

62　第19窟　甬道北壁　凉国夫人供养像　五代

63　第19窟　甬道南壁　曹元忠供养像　五代

64 第32窟　窟顶东南角　月光明如来　五代

65 第32窟　窟室内景

66 第32窟 西壁南侧 梵网经变（部分） 五代

67 第32窟 西壁北侧 梵网经变（部分） 五代

68 第32窟 西壁中间 梵网经变（部分） 五代

69 第32窟 西壁北侧 梵网经变（部分） 五代

70 第32窟 北壁 维摩诘经变 五代

71 第32窟 北壁 维摩诘经变（部分） 五代

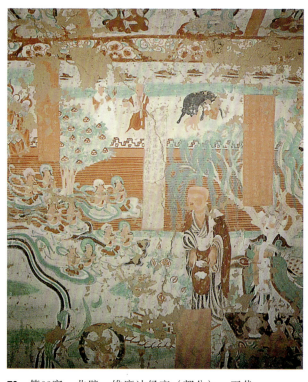

72 第32窟 北壁 维摩诘经变（部分） 五代

75 第33窟 南壁西侧 佛教圣迹图 五代

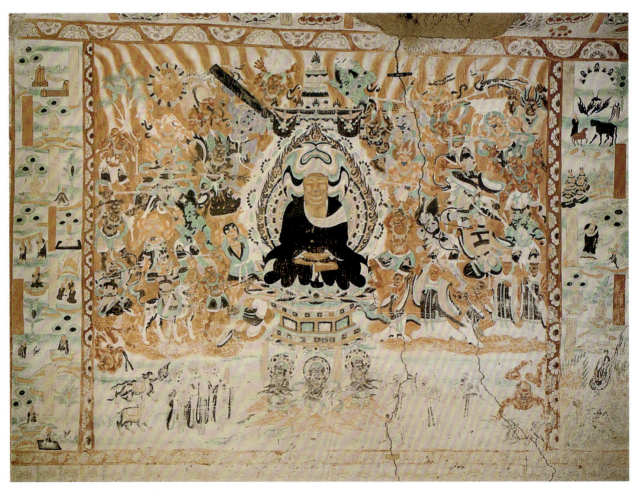

76 第33窟 北壁西侧 降魔变 五代

77　第33窟　东壁门上　地域变　五代

78　第33窟　东壁北侧　龙王赴会　五代

79　第34窟　西壁南侧　说法图（部分）　五代

80　第34窟　西壁说法图中　菩萨　五代

81　第35窟　北壁　文殊变　五代

82　第35窟　南壁　普贤变　五代

83　第35窟　东壁北侧　五智如来曼荼罗　五代　　　　84　第35窟　东壁南侧　画师供养像　五代

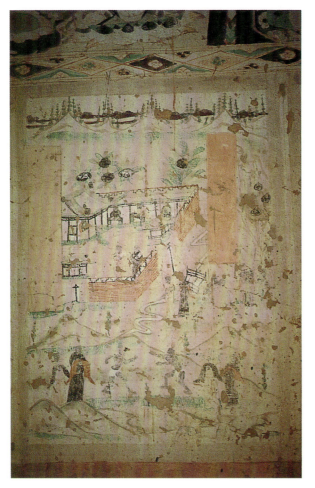

85　第36窟　南壁　佛传（部分）　五代　　　　86　第36窟　东壁南侧　文殊变　五代

87　第38窟　西壁　弥勒经变（部分）　五代

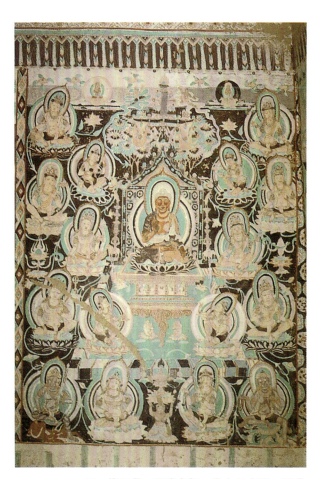

88　第38窟　西壁东侧　净土曼荼罗　五代

89　第38窟　窟顶西披　月天　五代

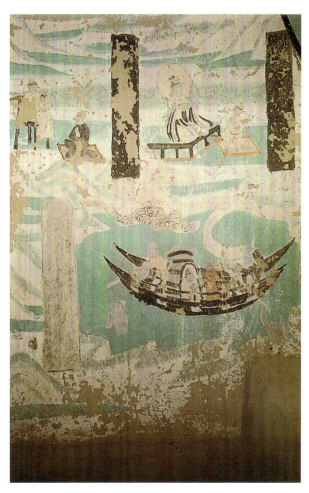

90　第38窟　前室南壁　观音经变（部分）　五代

91 第20窟　南壁弥勒经变中　耕获　五代

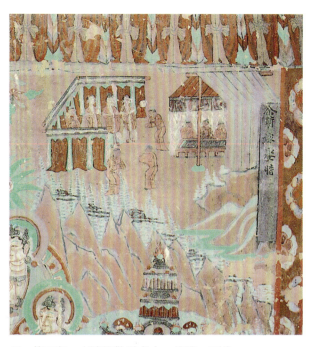

92 第20窟　南壁弥勒经变中　嫁娶　五代

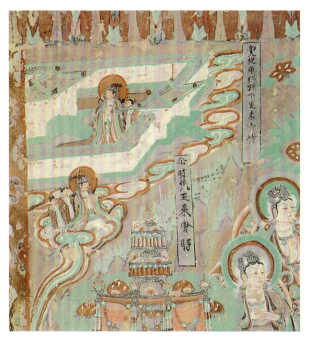

93 第20窟　北壁　思益梵天问经变（部分）　五代

94 第20窟　甬道顶　菩萨　五代

95 第6窟　甬道南壁东侧　阿弥陀经变　宋

96 第14窟　窟顶藻井　宋

97 第26窟 北壁西侧 净土变（部分） 宋

98 第26窟 西壁南侧 净土变 宋

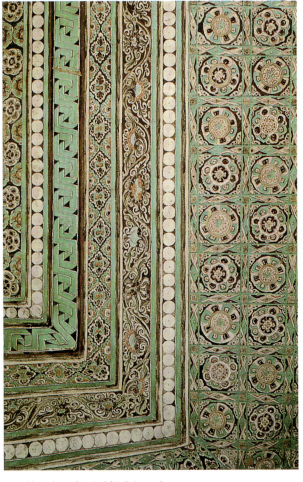

99 第26窟 窟顶（部分） 宋

102　第21窟　前室甬道南壁东侧　水月观音　回鹘

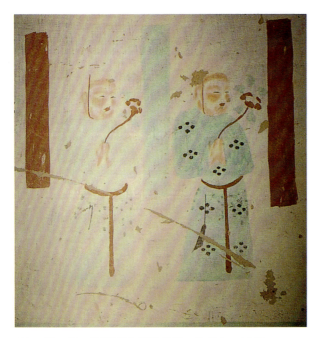

103　第39窟　前室甬道南壁东侧　供养人　回鹘

104　第39窟　前室甬道南壁西侧　供养人　回鹘

105　第39窟　甬道南壁　千手观音变　回鹘

107 第10窟 窟顶藻井 西夏

108　第10窟　窟顶西披　伎乐天　西夏

109　第10窟　窟顶西披　伎乐天　西夏

110　第10窟　窟顶西披　伎乐天　西夏

111　第10窟　窟顶南披　象纹边饰　西夏

112　第10窟　窟顶南披　狮纹边饰　西夏

113　第10窟　窟顶西披　天马纹边饰　西夏

114 第10窟　甬道顶　西夏

115 第29窟 南壁东侧 西夏

116 第29窟 南壁东侧 供养人 西夏

120 第29窟 南壁西侧 女供养人 西夏

121　第29窟　南壁西侧　女供养人、比丘尼　西夏

122　第29窟　东壁北侧　药师经变　西夏

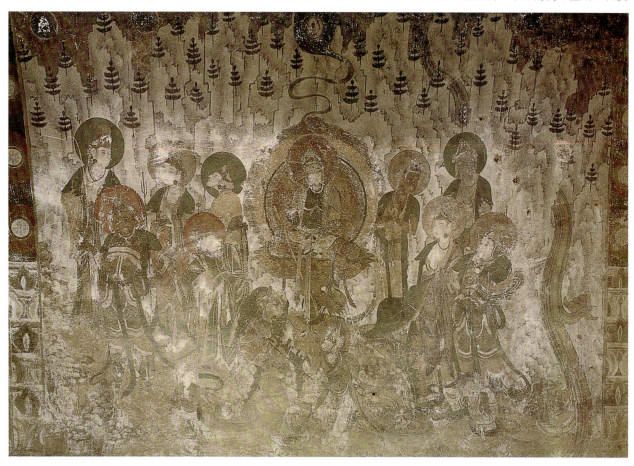

124　第29窟　东壁中间　文殊变　西夏

125　第29窟　东壁中间　文殊变（部分）　西夏

126　第29窟　东壁中间　文殊变（部分）　西夏

128　第29窟　西壁北侧　阿弥陀经变（部分）　西夏

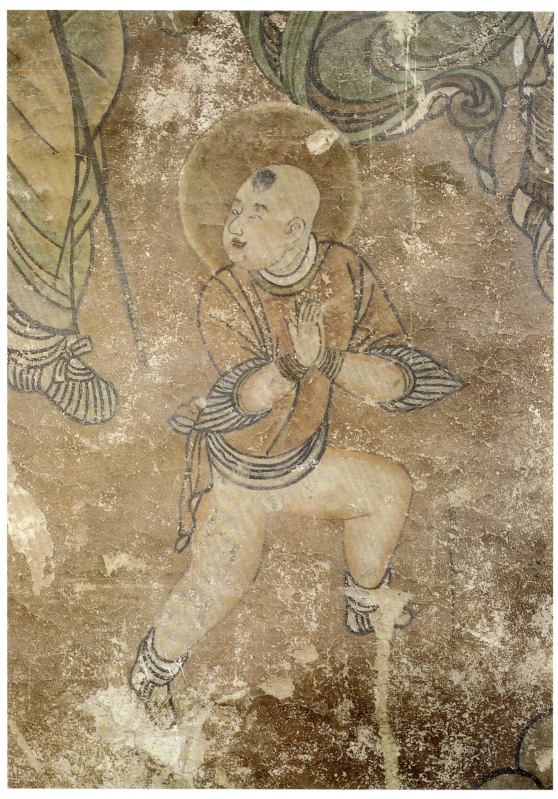

130　第29窟　西壁中间普贤变中　童子　西夏

132 第2窟 东壁中间 涅槃 西夏

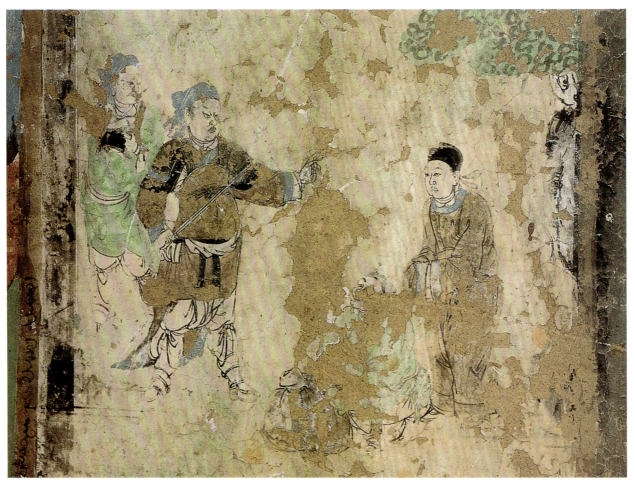

133 第2窟 东壁中间 商人遇盗 西夏

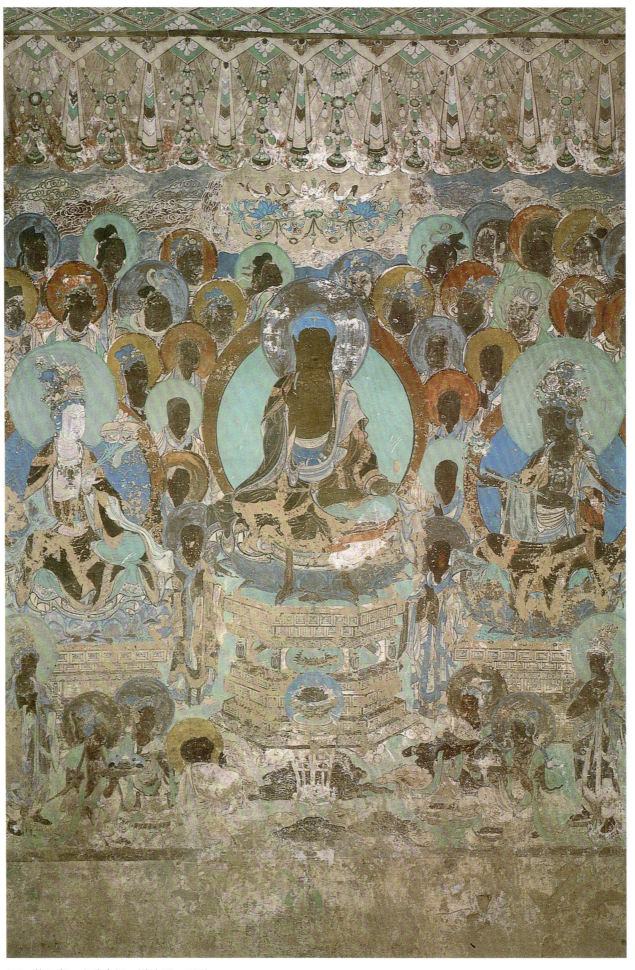

135 第2窟 南壁中间 说法图 西夏

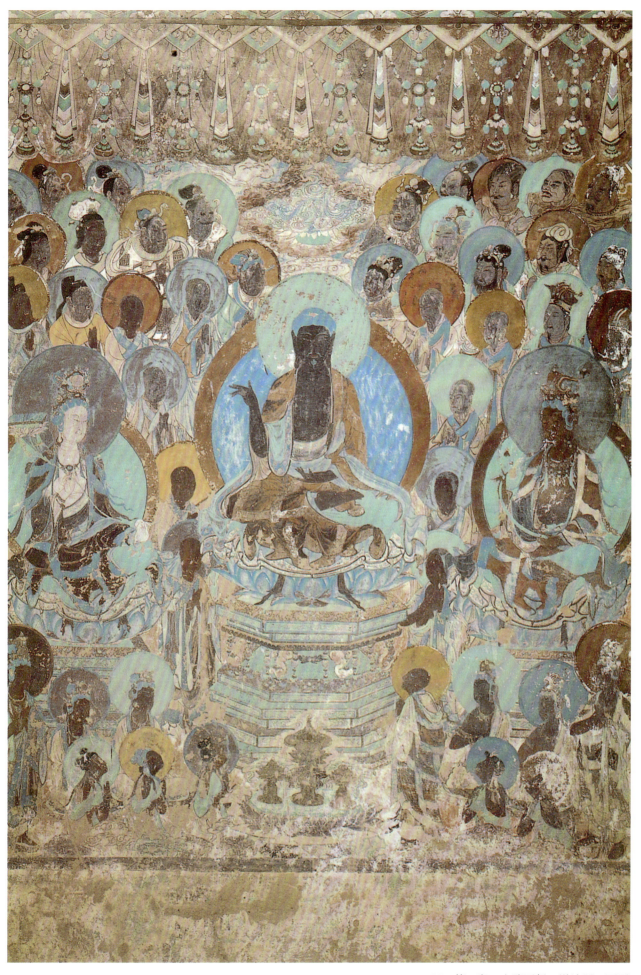

137 第2窟 西壁南侧 水月观音 西夏

138　第 2 窟　西壁北侧　水月观音　西夏

139 第2窟 北壁中间说法图中 左胁侍菩萨 西夏

143　第3窟　东壁中间　涅槃　西夏

146 第 3 窟　东壁南侧五十一面千手观音变中　锻铁、酿造　西夏

147 第3窟 东壁南侧五十一面千手观音变中 舂米、杂技 西夏

148 第3窟 东壁南侧五十一面千手观音变中 耕作 西夏

149　第3窟　北壁中间　净土变　西夏

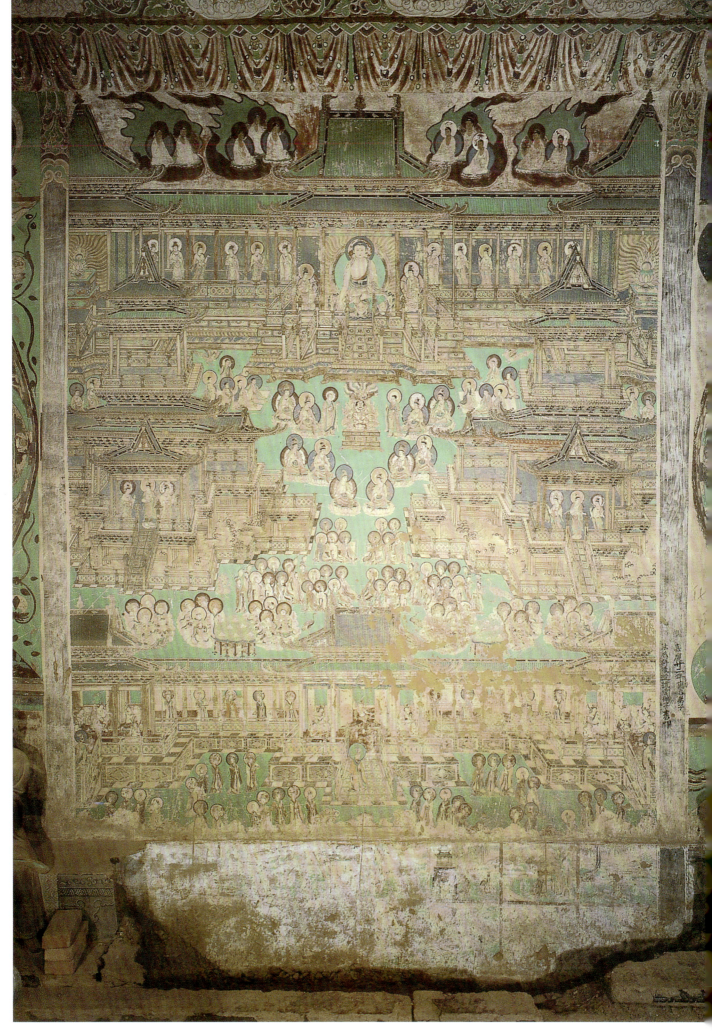

150　第3窟　南壁中间　观无量受经变　西夏

151　第3窟　南壁中间　观无量寿经变（部分）　西夏

152　第 3 窟　南壁中间　观无量寿经变（部分）　西夏

153 第3窟 南壁东侧 观音曼荼罗 西夏

154 第3窟 南壁西侧 胎藏界曼荼罗 西夏

 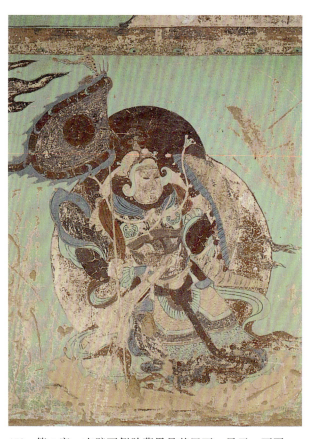

155 第3窟　南壁东侧观音曼荼罗下　供养菩萨　西夏　　　**156** 第3窟　南壁西侧胎藏界曼荼罗下　风天　西夏

157 第3窟　北壁西侧金刚界曼荼罗左下　供养菩萨　西夏

160 第3窟 西壁南侧普贤变中 唐僧取经 西夏

161 第3窟 西壁南侧普贤变中 普贤菩萨 西夏

162 第3窟 西壁南侧 普贤变（部分） 西夏

166　第 3 窟　西壁北侧　文殊变（部分）　西夏

168　第3窟　西壁北侧文殊变中　帝释天　西夏

169　第3窟　西壁北侧　文殊变（部分）　西夏

170　第3窟　西壁北侧文殊变中　童子　西夏

171　第3窟　窟顶　西夏

172 第3窟　窟顶金刚界曼荼罗中　明王　西夏

173 第3窟 窟顶西北角（部分） 西夏

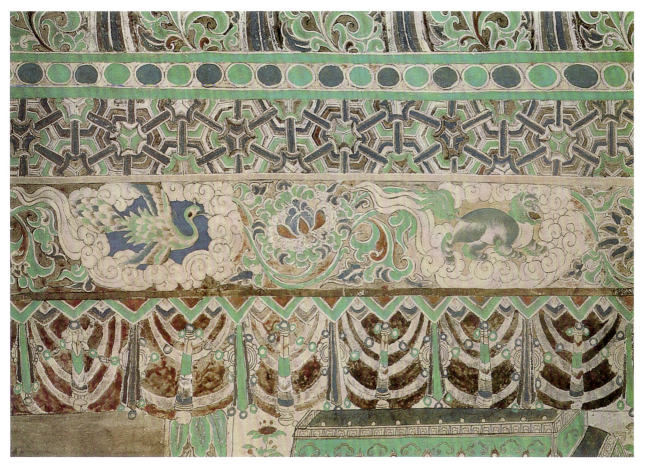

174 第3窟　窟顶西披边饰（部分）　西夏

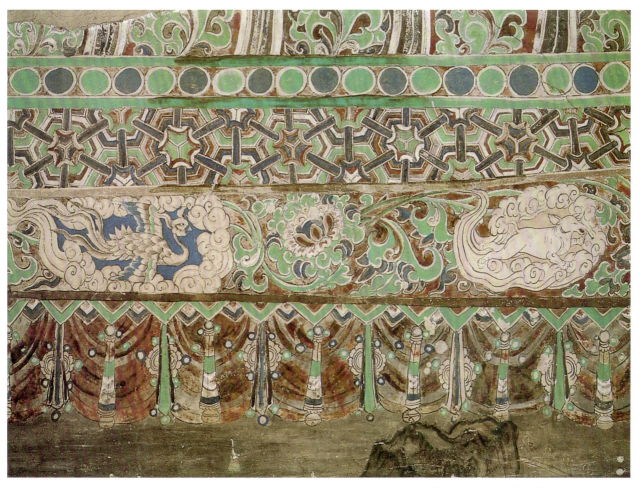

175 第3窟　窟顶西披边饰（部分）　西夏

176 第 3 窟　窟顶北披边饰（部分）　西夏

177 第 3 窟　窟顶南披边饰（部分）　西夏

179 第3窟 明窗前室西壁南侧 供养人 元

180 第3窟 明窗前室西壁北侧 供养人 元

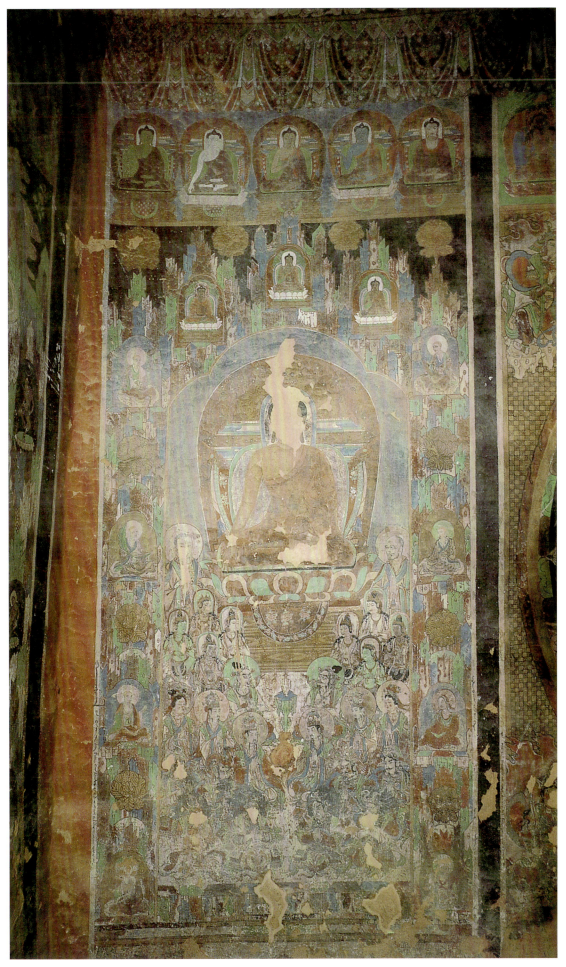

181 第4窟 东壁北侧 说法图 元

182　第4窟　东壁中间曼荼罗中　天王　元

183　第4窟　东壁中间曼荼罗中　天王　元

184　第4窟　东壁北侧　说法图（部分）　元

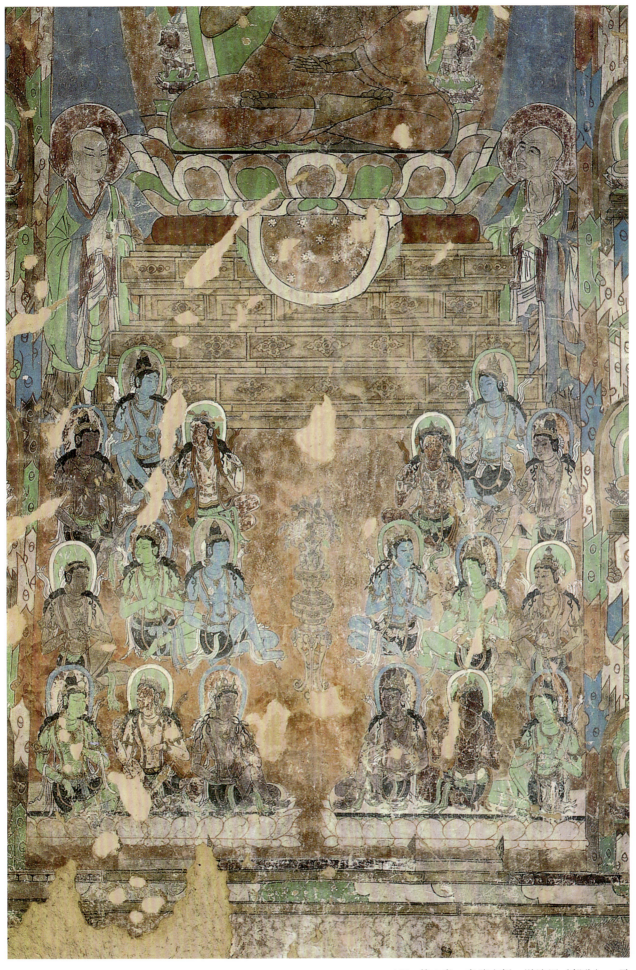

186　第4窟　北壁西侧　绿度母　元

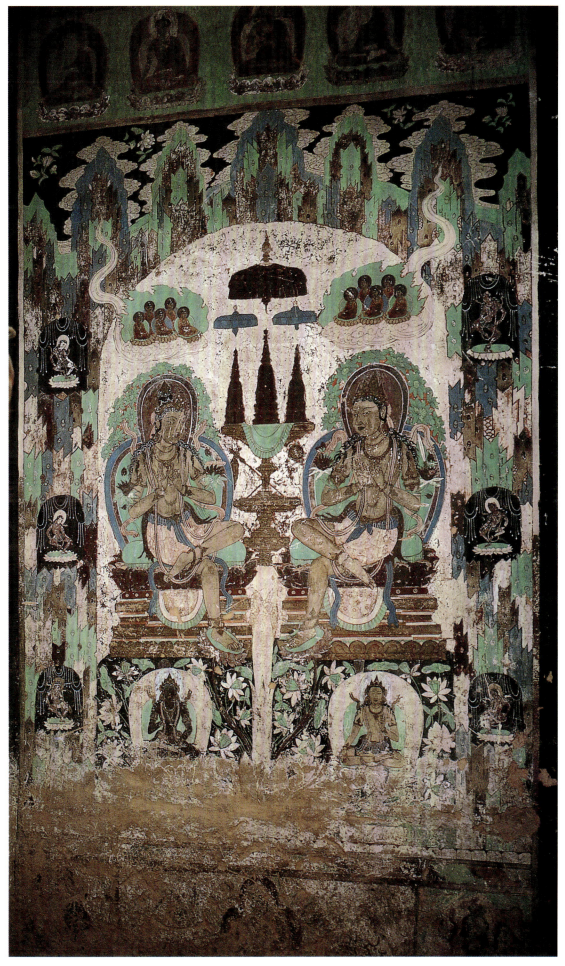

187 第4窟　北壁东侧　灵鹫山说法图　元

190　第4窟　南壁西侧　说法图　元

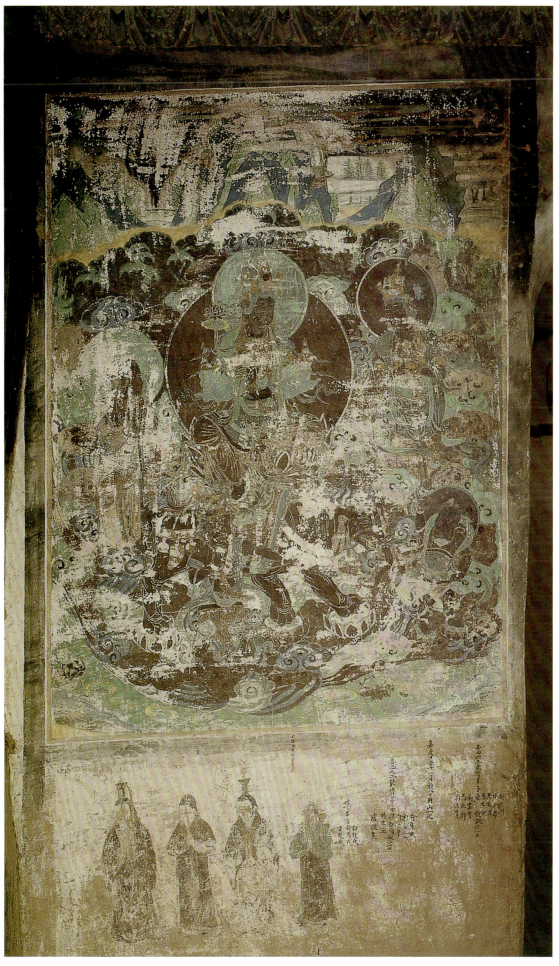

191　第 4 窟　西壁南侧　元

192 第4窟　窟顶南披边饰（部分）　元

193 第4窟　窟顶南披边饰（部分）　元

194　第10窟　甬道北壁东侧　大日如来　元

195 西千佛洞早春

196　西千佛洞　第7窟　中心柱南向龛内　倚坐佛　北魏

197　西千佛洞　第7窟　中心柱南向面、北向面　北魏

198　西千佛洞　第7窟　中心柱东向龛上部　北魏

199　西千佛洞　第7窟　中心柱东向面北侧　菩萨　北魏

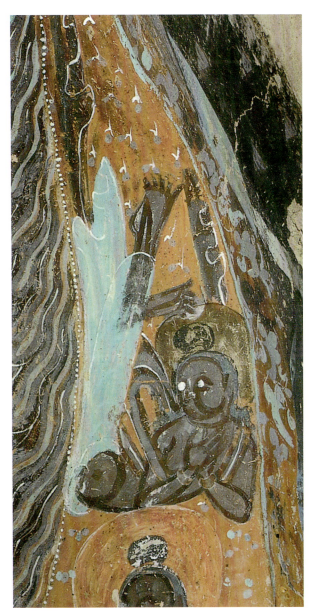

201 西千佛洞 第7窟 中心柱北向龛顶东侧 飞天 北魏　　　　**202** 西千佛洞 第7窟 中心柱北向龛顶西侧 飞天 北魏

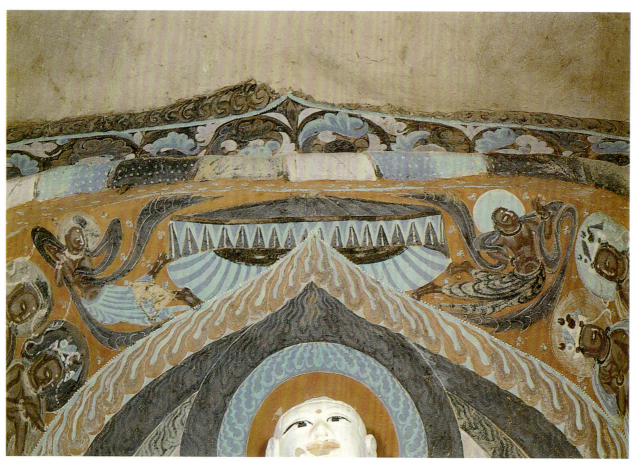

203　西千佛洞　第7窟　中心柱南向龛顶　北魏

204　西千佛洞　第7窟　中心柱南向面北侧　飞天、菩萨　北魏

205 西千佛洞 第7窟 西壁上部 天宫伎乐及千佛 北魏

206 西千佛洞 第7窟 西壁、北壁下部 力士 北魏

207　西千佛洞　第7窟　中心柱基座西向面北侧　供养人　北魏

208　西千佛洞　第7窟　中心柱基座北向面东侧　供养人　北魏

209 西千佛洞 第9窟 窟顶前部人字人披北披（部分） 西魏

210 西千佛洞 第9窟 中心柱南向龛 龛楣 西魏

212　西千佛洞　第8窟　西壁上部　伎乐天及千佛　北周

213　西千佛洞　第8窟　西壁后部　涅槃变　北周

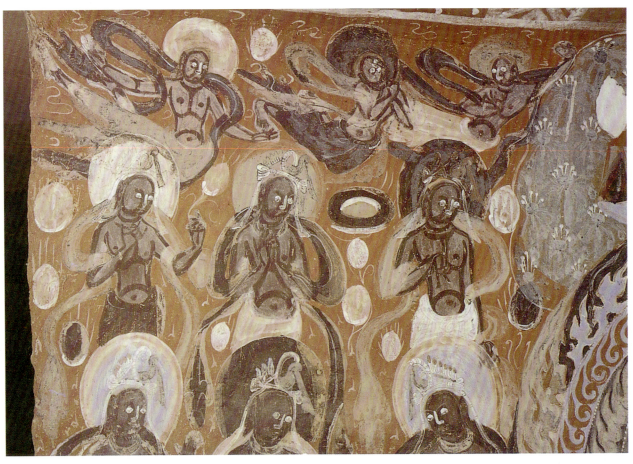

214 西千佛洞 第8窟 中心柱西向面 说法图（部分） 北周

215 西千佛洞 第8窟 北部西侧 二佛并坐说法图 北周

217　西千佛洞　第12窟　窟顶前部

218　西千佛洞　第12窟　南壁东侧　劳度叉斗圣变　北周

219 西千佛洞　第12窟　南壁东侧　劳度叉斗圣变（部分）　北周

220 西千佛洞　第12窟　南壁东侧　劳度叉斗圣变（部分）　北周

221 西千佛洞 第12窟 南壁西侧 睒子本生 北周

222 西千佛洞 第12窟 南壁西侧 睒子本生 (部分) 北周

224 西千佛洞 第8窟 窟顶后部东侧 平棋 隋

225 西千佛洞 第8窟 东壁上部 伎乐及千佛 隋

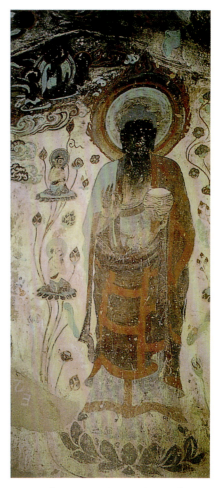

226 西千佛洞 第9窟 南壁东侧 说法图 唐　227 西千佛洞 第5窟 南壁 立佛 唐

228 西千佛洞 第4窟 前室内景

229 西千佛洞 第4窟 前室北壁门上 说法图（部分） 唐

230　西千佛洞　第18窟　西壁　观无量寿经变　唐

231 西千佛洞 第18窟 西壁南側 未生怨之一 唐 232 西千佛洞 第18窟 西壁南側 未生怨之一 唐

233 西千佛洞 第18窟 西壁南側 未生怨（部分） 唐

234 西千佛洞 第18窟 窟顶藻井 唐

235 西千佛洞 第18窟 窟顶南披 说法图及千佛 唐

236 西千佛洞 第18窟 南壁西侧 不空羂索观音变 唐

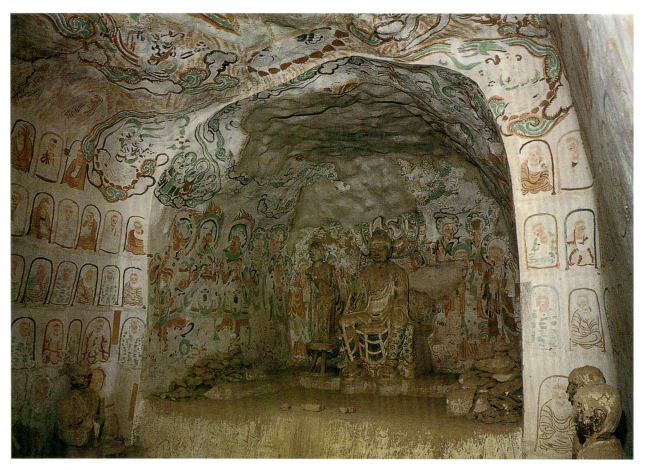

237　西千佛洞　第19窟　北壁　五代

238　西千佛洞　第19窟　西壁　五代

239　西千佛洞　第16窟　甬道西壁　供养人　回鹘

240 西千佛洞　第9窟　北壁　涅槃変　回鶻

榆林窟的壁画艺术

段文杰

　　榆林窟亦称榆林寺、万佛峡，位于今安西县西南75公里处踏实河冲刷成的山谷中。安西地境包括汉代敦煌郡管辖下的冥安、广至等县。唐初武德三年（公元620年）于敦煌置瓜州，武德五年（公元622年）改瓜州（敦煌）为西沙州，另在晋昌（汉冥安）置瓜州，领晋昌、常乐（汉广至）两县，合肃州为河西道瓜州下都督府。天宝元年（公元742年）又改瓜州为晋昌郡，十六载（公元758年）后复为瓜州。晋昌郡时期的都督兼太守是乐庭瓖，在莫高窟第130窟甬道北壁有他全家的画像，其榜题为"朝议大夫使持节都督晋昌郡诸军事守晋昌郡太守兼墨离军使赐紫金鱼袋上柱国乐庭瓖供养时"，夫人题名为"都督夫人太原王氏一心供养。"

　　据唐·慧立《大慈恩寺三藏法师传》卷一：从瓜州"北行五十余里有瓠𤦋河（即疏勒河）"，"上置玉门关，路必由之，即西境之襟喉也。""关外西北①又有五烽，候望者居之，各相去百里，中无水草。五烽之外即莫贺延碛，伊吾国境。"在当时，瓜州（安西）和沙州（敦煌）都是通向伊州大道上的重镇。

　　榆林窟以榆树成林而得名。窟列两岸，清澈湍急的踏实河水从中流过，响声不绝。西夏国庆五年（公元1073年）到榆林窟看经住持的惠聪等人，赞扬这里是圣境之地；"香水长流，树木稠林，白日圣香烟起，夜后明灯出现，""昼无恍惚之心，夜无恶觉之梦，""本是修行之界"②（图1）。

　　踏实河东西两岸断崖上现存石窟四十二个，计东岸三十一窟（图2），西岸十一窟。由于没有碑铭文献可作依据，榆林窟最初的创建年

图1　榆林窟外景(东崖)

① 西北.《玄奘法师行状》作"西百里"。
② 榆林窟第16窟西夏人墨书《阿育王寺释门赐紫僧惠聪俗姓张住持窟记》。

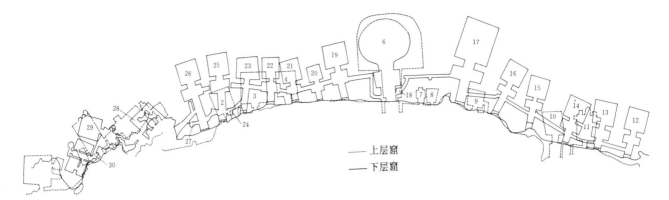

```
---- 上层窟
—— 下层窟
```

图2 榆林窟东崖石窟总平面图

代已无法考证。第17窟和第28窟有中心柱，因而有人认为创始于六朝[3]。但第17、28窟不见任何北朝画迹，而中心柱亦非北朝所专有。莫高窟的初唐和盛唐石窟中都有过中心柱的设置，例如第332、39、44窟。所以，我们大致认为榆林窟开创于初唐，盛于吐蕃时期，终于元代。第28窟有可能是创建最早的一个洞窟。

据洞窟形制和残塑、残画可以判断，建造于唐代的石窟有十九个。但是，现存壁画已多属后代重画，如依现存壁画分期，计唐代四窟，五代八窟，宋代十三窟，回鹘一窟，西夏四窟，元代三窟，清修九窟。清代嘉庆年间在榆林窟曾有大规模的修缮工程。各窟塑像多为清代新作，形象丑陋，色彩恶俗。清代壁画亦不足取。因此，本文依次叙述榆林窟艺术的三个主要发展时期，即吐蕃时期、瓜沙曹氏时期和党项蒙古时期。

一 吐蕃时期

安史之乱以后，吐蕃乘虚夺取河西。在这场战争中瓜州是沙州的前卫，一直是吐蕃攻击的目标。吐蕃占领甘州、肃州之后，多次重兵攻打瓜州，许多英勇善战的将军如郭知运、王君㚟、贾师顺、张守珪等，为抗击吐蕃、守卫瓜州立下了赫赫战功。大历十一年（公元776年），瓜州终于被吐蕃所占领[4]。

吐蕃时期，唐代的大乘佛教艺术在榆林窟继续发展。初、盛唐壁画多在五代、宋初时被覆盖，唯有吐蕃时期的第15、25等窟，特别是保存相当完好的第25窟，是榆林窟唐代壁画艺术的代表作。

（一） 第25窟的修建年代

第25窟开凿在东崖的中部，主室平面方形，前室横长方形，前室至主室的甬道长而宽阔。主室中央设方形佛坛，列置佛像（均已毁）；顶部作覆斗形。这种形制，接近莫高窟初唐的第205窟，为榆林窟各时代洞窟所通用。

前室后壁甬道口南侧有光化三年（公元900年）墨书汉文题记，斯坦因、华尔纳等人据此断定第25窟创建于九至十世纪之间。光化三年距唐亡只有七年，而窟内壁画的内容、布局和风格，仍然保持盛唐规范，显然不是建窟之年。此窟实际建于盛唐以后的吐蕃时期。

窟中主室北壁弥勒下生成佛经变（以下简称弥勒经变）的西侧，老人与妇女泣别图下方，有古藏文墨书题记一方，译意为："此人寿满一

③ 例如向达《莫高、榆林二窟杂考》认为"榆林窟创建时代与莫高窟应相去不远"，见《文物参考资料》第二卷第五期(1951年)。

④ 唐·李吉甫《元和郡县图志》卷四十。

纪（八万四千岁），自诣墓茔。"书写的笔迹、墨色和内容均与壁画吻合。另外，在弥勒经变东侧婚娶图中，出现了头戴红毡冠、身穿长袖左衽袍、腰束革带、脚蹬乌靴的吐蕃人形象。前室还有身着吐蕃式长身甲的天王。这些特点足以说明，第25窟建造在吐蕃占领瓜州之后。由第25窟与莫高窟第217、45、320、172、445等典型盛唐窟多方面的相似，似可判断，其大致建造年代相当于吐蕃占领瓜州的初期，即大历十一年（公元776年）至建中二年（公元781年）这五年之间或稍晚。因为，吐蕃占领沙州之后，洞窟内容、布局和风格都发生了新的变化。

（二）　第25窟壁画的内容

第25窟壁画除窟顶坍毁，前室和甬道为五代重修重画外，主室四壁均保存唐代原貌（图3）。主室前壁门西侧为文殊变、普贤变；南壁为观无量寿经变；东壁为八大菩萨曼荼罗，北壁为弥勒经变。前室后壁门南侧是毗琉璃天王，门北侧是毗沙门天王。显然，此窟主题是宣扬大乘净土思想。主室象征极乐世界，南北天王守护着天国的大门，镇压来侵的魔鬼。

弥勒经变，以弥勒三会为主体。壁画正中为初会，弥勒在龙华树下说法。弥勒善跏坐，内着中国式对襟襦，外披右袒袈裟，天龙八部左右围绕，前有儴佉王"罄舍诸珍宝，祈心慕出家"⑤。他把镇国七宝台呈献给弥勒。弥勒接受宝台之后又转施给婆罗门。婆罗门得此宝台立即拆毁，各共分之。弥勒见此七宝妙台倾刻化为乌有，深悟人生无常。于是坐龙华树下修道成佛。儴佉王见之，亦率王公贵族、男女老少纷纷发愿出家。画中贵族头戴进贤冠，身着大袖裙襦和高头履。宫娥彩女头戴花钗，身着裙襦，帔巾长垂。佛经说，初会度人九十六亿，皆得罗汉果位⑥。

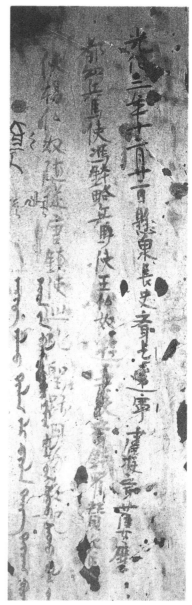

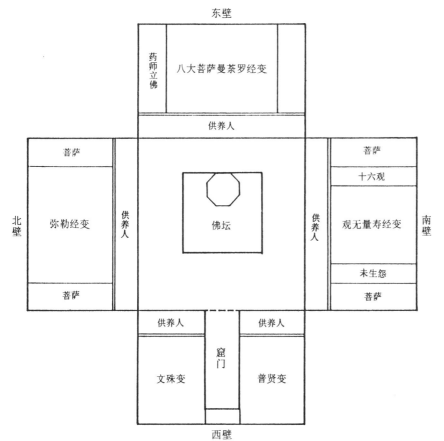

图3　第25窟内容分布示意图

⑤　唐·义净译《佛说弥勒下生成佛经》（《大正藏》卷14，p.427）。

⑥　后秦·鸠摩罗什译《佛说弥勒下生成佛经》（《大正藏》卷14，p.425）。

壁画右侧为第二会。弥勒侧向坐，案上陈设袈裟，比丘静坐听法。案前有男剃度者，着唐代俗装——幞头靴袍，这是平民善财等正在受戒。

壁画左侧为第三会，形式与第二会遥相对称，比丘尼合十听法，前有落发的妇女。

在主体画面的两侧，穿插着想象中弥勒世界的种种美妙事物。其中的农妇形象，丰腴，健壮，头束高髻，身着大袖衫、长裙、束带大口裤、麻鞋，正是唐·张籍《采莲曲》诗中"白练束腰袖半卷，不插玉钗妆梳浅"[7]的劳动妇女形象。这些画面真实地反映了唐代农业生产的主要过程（图4）。同时，在辽阔而幽美的田园风光中，展现了丰富而生动的人间生活和变化多端的神灵世界。

观无量寿经变，是盛唐时期最流行的题材，中部为极乐世界，两侧为未生怨和十六观。

中部七宝池中现出一片宫殿楼阁，曲栏平台，气势磅礴，辉煌壮丽。无量寿佛结跏趺坐于莲花宝座上，观音、势至分列左右，圣众围绕，正像《净土乐赞》中描写的"西方净土七重栏，七宝庄严数百般，琉璃作地黄金色，诸天楼阁与天连"[8]。平台上八字形排列着乐队，演奏着海螺、竖笛、笙、琵琶、横吹、排箫和拍板，舞伎挥臂击鼓，踏脚而舞，巾带旋转，节奏激扬；迦陵频伽（美音鸟）亦拨弄琵琶，载歌载舞。七宝池中莲花盛开，莲蕾中坐着天真而虔敬的化生童子。"双双圣鸟玉阶傍，两两化生池里坐，白鹤迦陵和雅韵，共命频伽讚苦空"[9]（图5），变文给这些画面赋予了诗情和哲理。这里所表现的是一派帝王宫廷豪华壮丽和歌舞升平景象。

观无量寿经变左侧的未生怨，自下而上共画六个情节：阿阇世子王执父；阿阇世王子拔剑欲杀其母；韦提希夫人为国王送蜜面；国王、夫人同时被禁闭深宫，佛派大目犍连与阿难入宫探视，国王断绝道士食粮；佛陀从耆阇崛山入宫中说法。经变的右侧画十六想观。

主室东壁画密宗题材八大菩萨曼荼罗。正中菩萨高髻宝冠，卷发披

图4　弥勒世界的耕获场面

⑦　清·彭定求等编《全唐诗》卷三百八十二。
⑧　北京图书馆藏敦煌石窟遗书果41《净土乐赞》，见许国霖《敦煌石窟写经题记与敦煌杂录》下辑，1936年版。
⑨　敦煌石窟遗书p.2122《地狱苦吟》。

图5　共命鸟和孔雀

肩，项饰璎珞，斜披天衣，胸挂珠串，结跏趺坐，双手重叠作禅定印，坐莲花方狮座，墨书榜题为"清净法身卢那舍佛"。八大菩萨现存四身：文殊师利菩萨、弥勒菩萨、地藏菩萨、虚空藏菩萨，均作菩萨装。此图与斯坦因劫去的绢画八大菩萨曼荼罗基本相符，主尊均作菩萨装禅定印，两侧各四菩萨，均有横榜藏文题记。第25窟菩萨亦有横幅题榜而未写藏文，现有四身菩萨汉文榜书名号与绢画中相应的四身完全相同。密教图像的出现，与不空在河西传播密教有密切关系。

就现存吐蕃时期壁画来看，第25窟是一个显、密结合的大乘净土窟。宣扬不用累世修行，只需写经颂经，称弥勒名号，念阿弥陀佛，一至七日即可往生极乐世界，这就抛弃了追求解脱一切苦海的涅槃境界和法空我空一切皆空的虚无思想。

（三）　第25窟壁画的艺术成就

第25窟的壁画和所有唐代宣扬净土思想的壁画一样，以写实的形象，表现虚幻的宗教境界和想象的艺术境界，使人们在艺术的审美享受中产生感情上的共鸣，从而达到"动人心志"的艺术感染和宗教宣传效果。

第25窟壁画中的人物形象，无论是世俗人物，还是神灵形象，都保持着盛唐的典型规范，比例适度，体魄健康，面相丰腴，眉目娟秀。除了新出现的密教菩萨和菩萨天人上身半裸还保存着外来风习外，衣冠服饰、举止动态以及精神面貌都加深了民族化的程度。唐代的佛、菩萨都以"宫娃"、"伎女"为蓝本，适应了当时的民族审美理想，具有高度的世俗性、民族性和鲜明的时代特色，创造了不同的类型美和个性美。

线描是敦煌壁画的主要造型手段。时代不同，线描的形态和风韵也

图6　赴会听法的乾闼婆

不一样，但线的造型功能却在不断加强。唐代近三百年，初、盛、中、晚四个时期各有特色。如果说初、盛唐金碧辉煌、绚烂夺目的色彩掩盖了壁画线描的成就，那么吐蕃占领瓜州之后，特别是第25窟，确实令人感到线描技术达到了炉火纯青的境地。尤其兰叶描，简练准确、圆润流畅、轻快潇洒，组成了千变万化的艺术形象，谱写了一曲线的赞歌。

净土变中胡跪献花的菩萨，帔巾飘带上富于变化的圆弧线和折线，充分体现了丝织物光润、细腻、柔软、轻薄的质感。

天龙八部神将之一，头上戴着虎皮帽，作虎口含头的形式，由于线条的粗细、疏密、浓淡、轻重、虚实巧妙地组合，使这个几乎不曾赋色的白描人像栩栩如生（图6）。

天王身后持枪的小鬼，鬓毛上飘，"数尺飞动，毛根出肉，力健有余"[10]，但线的功力和线的韵致，甚至远远超过了传世吴道子的《鬼伯图》。

色彩是最大众化的造型艺术语言。第25窟的壁画色彩效果在盛唐基础上有新的发展，已由金碧辉耀、富丽堂皇趋于清雅。壁画均以粉壁为地，大量使用石绿色；绿草如茵，绿水荡漾，绿树丛丛，绿带飘扬。红色已从朱砂降为赭石或土红。色彩叠晕层次大为减少。青绿重色衬托出素面如玉的天国人物，整个色调呈现出清淡、浑厚、典雅的美感。特别是色彩与线描的关系，线压色，色盖线，表现了岁月流逝的过程中，自然形成的一种迷蒙的和谐感。

唐代把"传神"视为评定绘画优劣的标准。第25窟的人物形象，由于他们的身份地位、职司动作的不同，神情也各不一样。

文殊、普贤座下都有司驾驭的昆仑奴，却表现出截然不同的精神状态；一个咬紧牙关，紧拉缰绳，用力制止狮子前进；另一个为了催促大象加快步伐，怒目扬鞭，挥手叱咤，神情激昂。

净土变中一位思维菩萨，右手支颐，面色沉静，双目微张，好象进入"对境无心，八风不能动"[11]的精神境界。

第25窟的传神艺术，已达到生动而自然的境地，没有矫揉造作之病。后来张彦远制定的画品，也以自然"为上品之上"[12]。但是，仅仅传神却还不是最高的审美理想和评定标准。

敦煌壁画是重意境的，"一窟之内，宛然三界"。第25窟绘制了两个极乐世界，各有各的意境。

弥勒净土描写华林园（妙花园）为中心的无边无际的空间，在这个花园里表现了三个世界。一是法界，即神的世界。神灵们坐于莲花座上，讲经说法，广度僧尼。二是人间世界，如农耕生产、城市安居、婚姻丧葬，虽然讲的是弥勒之世，画的仍是现实生活。三是自然世界。华林园里一片辽阔的山川，须弥山高耸入云，禅窟与城廓相对，山峦与树木比高；朗朗晴空，彩云飞动；远山重重，又不知是大海还是平原；横抹数笔，仿佛沙滩亦似云霞。妙花园里展开了一个无边无际的空间。

弥勒世界里神、人、自然互相交织，互相融合，特别是大自然空旷岑寂的意境，使弥勒净土具有道教清虚思想的特色。

另一个极乐世界无量寿佛净土，是一个纯粹的神的世界。在绿波荡漾的水国里，一片宫殿楼阁、平台雕栏。《阿弥陀经》里说："极乐国

⑩ 唐·张彦远《历代名画记》卷二《论顾陆张吴用笔》。

⑪ 八风，即利、衰、毁、誉、称、讥、苦、乐；见唐·慧海《大珠禅师语录》卷上《顿悟入道要门论》。

⑫ 《历代名画记》卷二《论画体工用榻写》。

土有七宝池、八功德水充满其中，……上有楼阁"⑬。那水上的琼楼玉宇不是别的，正是"人间富贵家"的幻影。图中菩萨的庄严静穆，歌舞伎的欢乐律动，正是天国圣众在"安住"、"慈爱"和"诸根寂静"的修持中的禅境。"禅是动中的极静，也是静中的极动"⑭。动与静互相矛盾又互相依存，这就是"动静不二"的佛教哲理境界，也是佛教净土变相至高无上的艺术境界。

二　瓜沙曹氏时期

后梁乾化四年（公元914年）曹议金继张承奉掌握归义军政权，其结衔为"敕河西陇右伊西庭楼兰金满等州节度使托西大王……"⑮，实际只限于管辖二州六镇（或八镇）之地。曹议金在强敌包围之中，继承归义军传统，实行中原典章制度，使用中原政权年号，积极靠拢中原政权，成为政治上代表中原的边塞地方政权。与此同时，曹议金努力与四邻修好，首先谋求与甘州回鹘和好，娶甘州回鹘公主为妻；又与于阗通好，将长女嫁与于阗国王李圣天为皇后，因而丝绸之路畅通，中西使者往来无滞，瓜沙地区的政治稳定，经济趋于好转。瓜沙百姓颂扬他的功德，唱道："曹公德，为国託西关，六戎尽来作百姓，压坛河陇定羌浑，雄名远近闻。尽忠孝，向主立殊勋，靖难论兵扶社稷，恒将筹略定妖氛，愿万载，作人君"⑯，俨然小王朝的君主。瓜沙曹氏政权，自曹议金至曹贤顺，历王世，近一百三十年，对促进西北地区的民族和睦及维系其与中原的关系，起了积极的作用。

与曹议金、曹元德、曹元深不同，曹元忠先在瓜州任职。开运三年（公元946年），"以瓜州刺史曹元忠为沙州留后"⑰。天福十四年（公元949年），曹元忠"新授归义军节度观察留后光禄大夫检校司空兼御史大夫谯县开国男食邑三百户"⑱，此后即驻节沙州。曹元忠执政近三十年，是曹氏政权最强盛的时期。在榆林窟，他的画像很多。

曹氏时期，文化颇为兴盛，特别是佛教文化的发展，在西北地区具有重要的地位，诚如敦煌石窟遗书中后梁贞明五年（公元919年）的两句诗："莫欺沙州是小处，若论佛法出彼所"⑲。曹氏政权设立了都勾当画院，一批画师画匠和知书手，专门制作壁画、绢画、版画和写经，留下了大量的作品。在莫高、榆林等石窟群中，曹氏创建与重修的洞窟达七十余窟。

榆林窟瓜沙曹氏家族建窟和重修者共二十八个，实际上构成榆林窟的主体。曹氏时期石窟形制与唐窟相同。壁画内容丰富，大体分五类，即经变画、供养人画像、尊像画、佛教史迹画和装饰图案。

经变画，现存者六十八铺，主要有药师变、西方净土变、弥勒变、文殊变、普贤变、天请问经变、观无量寿经变、报恩经变、维摩诘经变、降魔变、涅槃变、法华经变、梵网经变等十三种。各种经变的内容、布局、意境创造和表现技法均与莫高窟同期大体相似，现仅就几幅独具特色的作品略述如下。

第33窟的降魔变显示了新的发展。在降魔变主体画面的两侧，增加了对联式的故事画，丰富了壁画内容。降魔变中的人物形象，进一步中

⑬　鸠摩罗什译《阿弥陀经》（《大正藏》
　　卷12、pp.346～347）。
⑭　宗白华《中国艺术意境之诞生》
　　（1943年），《美学散步》，上海人民出版社1981年版。
⑮　见莫高窟第108、401窟供养人题记。
⑯　曲子词《望江南》，敦煌石窟遗书P.3128、S.5556(王重民辑《敦煌曲子词集》卷上，商务印书馆1950年版）。
⑰　宋·薛居正等《旧五代史》卷八十四《晋书·少帝纪》。
⑱　敦煌石窟遗书S.4398《曹元忠献硇砂状》。
⑲　敦煌石窟遗书S.4359₂韦蟾《奉送盈尚书诗》。

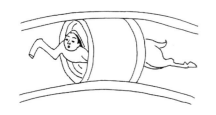

图7　第19窟轮回图局部

国化了，三魔女已变成汉装歌舞伎，魔军中出现了牛头马面。魔众有的以脐为口、以乳为目，有的高举大树，有的托起大山，有的倾海，有的举火，有的放蛇，有的射箭，有的割下头来托在掌上。雷神旋转连鼓，毒龙喷出火焰。在如此等等千奇百怪、惊惶恐怖中，画师们发挥了丰富的想象力。

梵网经变的发现，是近年石窟壁画内容考释上的一大成果。这一经变根据鸠摩罗什译《梵纲经卢舍那佛说菩萨心地戒品第十》绘制而成，目的在于向大乘教修行者宣传十重戒和四十八轻戒[20]。

五代第32窟以整个后壁的巨大幅面画梵网经变。画面中部画卢舍那佛讲解戒律，两侧则在山岳丛林景物描绘中穿插各种重戒和轻戒的有关情节，下部为各种听法众生。十重戒是此画的主题。十重戒的一些内容，例如戒杀、戒盗、戒淫、戒妄语等，不仅是佛教徒，也是一切人都应遵守的公共道德和法律。以视觉形象对这些内容进行艺术表现，往往使画师感到困难；画面表现难免雷同，一些具体含义的表达也不容易确切。往往使人费解。然而，听法场面却比较生动，其中有：一切禽兽都来听法，画自山中奔跑来的牛马羊群；十六国王前来听法，画汉族皇帝出行，大臣随侍，队伍自城中出；十六大国王子来听会，画西域、中亚、南海诸国王子衣冠整齐地自城中出。这些内容，充实了画面。总体而言，这一巨幅经变以新的形式表现了新的内容，是都勾当画院的杰出创作。

文殊变、普贤变，从来都是成对出现的题材，过去多为立轴形式，在榆林窟第35窟中则变成布满南北两壁的巨型横幅。图中茫茫云海，文殊菩萨、普贤菩萨分别乘青狮、白象，在圣众行列簇拥下缓步徐行。文殊两侧八菩萨也都乘青狮。普贤两侧八菩萨则都乘白象。图中香案呈之于前，乐队随之于后；彩幡飘扬，天花乱坠；天童在云端眺望，八部天龙、诸天圣众挟声威而来。浩浩荡荡的巡天行列，赫然显现在榆林窟的石室之中。

第33窟的地狱变是过去少见的题材，画上的中心人物是地藏，两侧画阎罗王审判，有鬼使押送罪人至业镜前，回顾前生的罪愆。地藏身后放出左右两道彩虹，彩虹之上有菩萨，象征六道中之修罗道；也有俗人，象征六道中之人道。有的地狱变画出轮回图，大轮中若干圆筒，或进为人出为兽，或进为犬马出为官人（如第19窟，见图7）。

维摩诘经变的构图打破了过去的模式。以第32窟为例，文殊问疾的宏大场面被置于四面城垣的毗耶离城内。文殊的宝座和维摩诘的方帐之间，耸立着须弥山。三道宝阶架起了天梯，圣众由此下降世间，凡人亦可上登忉利天宫。这样，见阿闵佛品首次成为画面的中心。在城外，空旷之处，两位老人对奕，维摩诘一旁观赏，是方便品中维摩诘至博奕戏处度人的情景。又画一妇女挤牛奶，维摩诘正与比丘谈论，为弟子品中所述阿难乞乳。构图上，城内城外的结合，丰富了维摩诘经变的意境。

供养人画像，这一时期可分四类，如曹氏家族、少数族、社人、佛徒和工匠等。

曹氏家族，由于是地方的统治者，他们的画像在洞窟内的地位日益显要，不仅形体巨大，且绘于甬道两侧的重要位置。曹氏家族及其臣

⑳　见本卷霍熙亮《敦煌地区的梵网经变》。

属，男女分别，按身份等级长幼顺序，如同百官朝觐一般。榜题书写人物的职位、管辖范围、所食俸禄等。曹氏五世在榆林窟皆有画像。

第一代画像以第16窟保存最完好；甬道南壁曹议金像，展脚幞头、红袍、革带、乌靴，手持香炉，二武士持弓箭侍立于后，题名为"敕归义军节度使检校太师兼托西大王谯郡开国公曹议金一心供养"。北壁画曹议金夫人回鹘公主像，高髻钗冠，面饰花钿，颈挂瑟瑟珠，手捧香炉，穿翻领窄袖红袍，长裙曳地，此为回鹘礼服；身后侍婢三人，二人汉装，一人回鹘装，分别持琴、镜和障扇；榜书题名："北方大回鹘国圣天公主陇西李氏一心供养。"这是曹议金与甘州回鹘联姻的画像，在莫高窟数量更多。

曹氏第二代画像在第19窟甬道北壁，题名为"推诚奉国保塞功臣敕归义军节度特进检校太师兼中书令谯郡开国公曹元忠一心供养"，幞头、红袍、乌靴等与曹议金像相同；身后画一少年，花帽、花衫，合掌而立，题名为"男将仕郎延禄"，此为曹元忠父子像。南壁画汉族妇人头戴凤钗冠，面饰花钿，穿大袖衫、长裙、笏头履，题名为"敕受凉国夫人浔阳郡翟氏一心供养"，身后画一少女，题名为"长女小娘子延萧一心供养"，这是曹元忠夫人翟氏母女像。

曹氏第三代画像在第35窟甬道南壁，题名为"敕竭诚奉化功臣归义军节度瓜沙等州观察处置管内营田押蕃落等使特进检校太师兼中书令敦煌王谯郡开国公食邑一千七百户曹延禄一心供养"，亦着幞头、红袍、乌靴。南壁画女像，形像漫漶，题记无存。曹延禄的画像有七八处之多，结衔从仕郎、司马到节度使竭诚奉国功臣，年貌从少年到中年。同辈画像还有延恭、延瑞、宗寿、贤顺以及节度使衙门里的官员和姻亲等等。榆林窟的曹氏世代供养人像，是一部保存至今的曹氏家族画像谱。

少数族画像，在榆林窟也有相当数量。瓜沙曹氏政权与吐蕃、吐谷浑、温末、羌龙诸族都有关系。

第12窟主室甬道南壁的汉装红袍官员供养像，题名为"敕受墨离军诸军事知瓜州刺史检校司空……"。主室甬道北壁第一身画像与前室像相同，题名为"皇祖检校司空慕容归盈"，另一身画像衣冠相同，题名为"施主紫亭镇遏使银青光禄大夫检校散骑常侍保实"。这两身像是祖孙关系。施主保实是归盈的孙辈，他除在前甬道及主室甬道布置慕容归盈画像，同时还在窟室内画了慕容归盈夫妇出行图，仿佛曹议金夫妇出行图的缩小和简化。

莫高窟第256窟也有慕容氏家族画像，慕容归盈、慕容贵隆、慕容延长、慕容长政等四世同堂。慕容氏出自鲜卑族。瓜州慕容氏，系吐谷浑灭国后流落瓜沙二州的"退浑十部落"，已是汉化的吐谷浑人。

回鹘族供养人像可以第39窟甬道男像为例，面相丰圆而红润，戴毡冠，着窄袖袍，革带悬蹀躞七事，脚穿鞬靴，捧西域香炉虔诚供养。莫高窟的第409、231、148等窟亦有回鹘画像，形象衣冠与此相同，他们多属西州回鹘和沙州回鹘，当然也有甘州回鹘（如曹议金夫人像）等。

其他一些民族人物形象多见于经变中，不属于供养人画像性质。

社人像，如第34窟的社长像，幞头、乌靴，与普通官员无异，题名为"社长押衙知金银行都料银青光禄大夫检校太子宾客要郁迟宝令一心

图8　第35窟画师供养像

图9　第32窟月光如来

图10　第32窟日光如来

㉑　张锡厚《王梵志诗校辑》卷一，中华书局1983年版。

㉒　蒋斧辑《沙州文录》。

㉓　钱伯泉《回鹘在沙州的历史》，在1988年中国敦煌吐鲁番学术讨论会上的报告(北京)。

供养"。第36窟还有社子兵马使知游奕使张真通及社子赵幸子等像，衣冠不同，服色不一。这类画像，在莫高窟更多，有社户、社人、社团头、社官等。社是一种群众性社会活动组织，也是互助组织，王梵志有一首咏社诗写道："遥看世间人，村坊安社邑，一家有死生，合村相就泣"㉑。入社的人，有官吏，也有百姓，百姓的形象都较小。

佛教信徒，曹氏后期在榆林窟中作供养像，除了少数比丘、比丘尼之外，还有大批信仰大乘顿悟说的在俗信徒。宋代第38窟的男供养人，幞头袍靴，题名为"弟子顿悟大乘贤者赵惠泉一心供养"。女供养人，抛家髻、花钗花钿、大袖衫长裙、帔帛，题名为"弟子大乘优婆姨福进一心供养"。同样题名的画像亦见于莫高窟，可以说明大乘佛教禅宗顿悟派在五代宋初继续流行的情况。

画工，他们是壁画的作者。第35窟男供养人，展脚幞头、革带、乌靴，手捧鲜花，题名为"施主沙州工匠都勾当画院使归义军节度使押衙银青光禄大夫检校太子宾客竺保一心供养"。另一身服饰相同，题名为"节度押衙知画手银青光禄大夫检校太子宾客武保琳一心供养"。画窟的匠师自己作为洞窟的施主，是罕见的例子（图8）。

第33窟也有一身画工像，服饰同前，题名为"清信弟子节度押衙□左厢都画匠作银青光禄大夫白般縎一心供养"。

第32窟中画工四人，衣冠相同，题名都称画匠，其最后一身题名完整，为"画匠弟子李园心一心供养"。另外，在第20窟前室还有一条墨书题记："雍熙五年（公元988年）岁次戊子三月十五日沙州押衙，令抓住延下手画副监使窟至五月卅日□具画此窟周□愿君王万岁世界清平田蚕善熟家□□□□孙莫绝值主窟岩……"。由这些画像及题记、题名，可知曹氏政权在瓜沙设有画院，画院里的画工有不同的称谓，如画匠、知画手、都画匠作、都勾当画院使等，据敦煌石窟遗书还有塑师、画师，等等。他们笔下的功德像，有严格的制作要求，正像《曹良才画像赞》里所说："丹青绘影，留在日之真仪"㉒。他们的形象留之于石壁，是十分珍贵的画史资料。

尊像画，在这段时间较少以单身形式出现。虽有密教的如意轮观音、不空绢索观音等，更多的是与天龙八部、十大弟子组合在一起的群像。值得注意的是第32窟窟顶四隅出现的新内容：一菩萨坐五鸟莲座，题名为"南无月光明如来"（图9）；另一菩萨坐五马莲座，题名为"南无日光明如来"（图10）；又一为老者像，形如婆薮仙，题记已残；剩下的一隅是天王像，题名为"南无北方天王"。这样的题材和布局为过去所未见。

佛教史迹画和装饰图案，皆残破较甚，且内容与莫高窟无异，兹不赘述。

三　党项蒙古时期

天圣六年（公元1028年）西夏太宗圣光皇帝李德明遣其子元昊攻陷甘州，曹贤顺率兵东奔瓜州，称瓜州王㉓。天圣八年（公元1030年）沙州回鹘东进，贤顺以千骑降于西夏。景祐三年（公元1036年），西夏景宗元昊击败沙州回鹘，袭取瓜沙二州[24]。西夏的版图曾包括二十一州，据有今天宁夏、甘肃大部及内蒙、陕西的一部分，有国达一百九十多年。

夏国君主都是佛教的崇信者。赵德明和赵元昊，创业的两代皇帝，都是既通蕃、汉文字，又懂佛学的人物。他们曾六次派人到宋朝求《大藏经》并设有译经场。朝廷还设有僧众功德司、出家功德司、护法功德司，作为延览人才、聘请高僧、广弘佛事的机构。西夏从西藏迎来噶玛噶举派密教，形成了显、密结合的佛教思想和佛教艺术。于是"东土名流、西天达士"[25]云集西夏。当时，不仅修葺旧有寺院，还建了许多新寺院，如高台寺、护国寺等，当然也包括为数众多的石窟寺，以致于"佛图梵刹遍满天下"[26]。在敦煌莫高窟、安西榆林窟和整个河西走廊，留下了大量西夏时代的佛教艺术遗迹。榆林窟当时被誉为"世界圣宫"[27]，是西夏人的佛教圣地。

蒙古人于1227年攻破沙州，并灭了西夏，于是废除了瓜沙州治，以其地隶于八都大王。虽然至元十四年（公元1277年）元朝重立瓜沙二州，但因时局不稳，又于1291年尽徙瓜州居民于肃州，使瓜州名存实亡[28]。这以后才又派兵到瓜、沙屯戍，恢复生产，因而榆林窟所见元代纪年题记皆属晚期。其中最早的题记为至顺二年（公元1331年）瓜州知州郭承直并男郭再思、司吏吴才敏、巡检杜萧臣等到榆林窟礼佛于第12窟所书。

元代佛教地位愈高。西宁王速来蛮至正四年（公元1344年）"驻镇沙州"，瓜州当亦在辖下[29]。至正八年，他率领王子、王妃、公主、驸马颂经奉佛，在莫高窟立六字真言碑。至正十三年，守镇官员便下令重修榆林窟，墨书题记写道："大元守镇造……太子□（业）□（宝）□（卷）里至三危，睹斯胜境，见光相于室中，闻秀气於岩窟，由是重建精蓝，复兴梵刹，广□缁流于四姓，多与禅定于　间"[30]。榆林窟大致修于此时，新建和改绘继承了西夏显密结合的思想和艺术。

榆林窟西夏开建洞窟有四个。其中，墨书汉文、西夏文纪年题记现存五处，即：

天赐礼盛国庆五年	癸丑	公元1073年	第16窟
雍宁元年	甲午	公元1114年	第25窟
正德元年	戊申	公元1128年	第17窟
人庆二年	乙丑	公元1145年	第25窟
乾祐二十四年	癸丑	公元1193年	第19窟

这些题记多属重修记事或游人漫题。

西夏和元代的壁画内容已与前代不同。以第3窟为例，顶部中央画五方佛曼荼罗，四面绘祥禽瑞兽、花边和垂幔，构成覆罩整个窟室的天盖。西壁（前壁）画门上维摩诘经变，门南普贤变，门北文殊变。南壁画观音曼荼罗、观无量寿经变、五方佛曼荼罗，北壁画金刚曼荼罗、天请问经变、五方佛曼荼罗。东壁（正壁）中间画佛传，南侧五十一面千手观音变，北侧十一面千手观音变。其中各种曼荼罗为藏传密宗画，两铺千手观音变则属汉密，其余各种经变皆为显宗，整个布局上是显密混合的（图11）。

[24] 元·脱脱《宋史》卷四百八十五《外国传·夏国》。

[25] 《葬舍利碣铭》，夏天庆三年（公元1196年）建于宁夏承天寺，今佚，录文见张维《陇右金石录》（甘肃省文献征集委员会1943年校印）。

[26] 《重修护国寺感通塔碑》，夏天祐民安五年（公元1094年）建，清嘉庆九年（公元1804年）张澍于武威清应寺内发现，录文见《陇右金石录》。

[27] 榆林窟第12窟西夏文题记，见史金波、白滨《莫高窟榆林窟西夏文题记研究》，《考古学报》一九八二年第三期。

[28] 明·宋濂等《元史》卷六十《地理志》。

[29] 李永宁《敦煌莫高窟碑文录及有关问题（二）》，敦煌文物研究所编《敦煌研究》试刊第二期（1983年）。

[30] 榆林窟第14窟题记《大元重修三危山榆林窟千佛寺记》。

图11　第3窟内容分布示意图

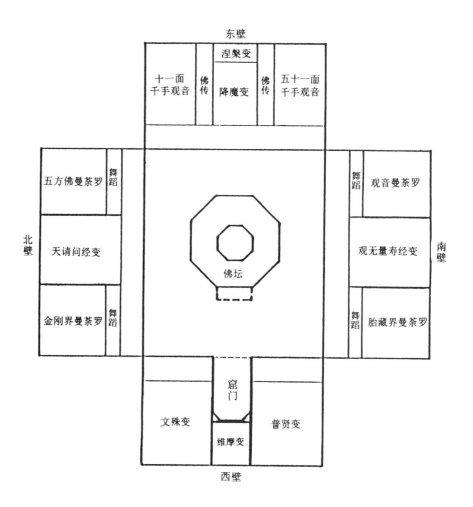

西夏佛教在四面八方影响下兼收并蓄，表现在石窟寺中是以大乘显教为主，密教为辅，密教中以藏密为主、汉密为辅，并努力将各宗各派融合在一起，从而适应各民族信仰和审美上的需要。到了元代，则以密教为主。

壁画题材大体可分四类。

经变画　主要有文殊变、普贤变、西方净土变、天请问经变、弥勒经变、法华经变、维摩诘经变等。其中有些经变，如弥勒、法华，趋于简化，主要表现法会场面，着重人物刻画。有的经变却有很大的发展，如第3窟文殊变和普贤变，不再像曹氏画院那样以狮队、象群及众多人物组成壅塞的画面，而是将大小十余人物置身于秀丽的山川和云空之中，以自然风光烘托出一个旖旎灵奇的神佛世界。文殊师利菩萨手持莲花，在青狮上安详端坐，驭狮的昆仑奴是虬髯胡服的西域武士。帝释天等圣众，疏疏落落怡然自得地漫步在云海间。文殊身后海涛拍岸，群峰耸立，云兴霞蔚，迷雾蒙蒙；古刹隐藏于幽谷，彩虹横跨于山峦；仙山琼阁，神秘而静寂。在普贤菩萨的身后，奇峰突起，雾锁山腰；山下流水潺潺，楼阁辉映；山后一马平川，邈远无垠。美丽的图画境界出自西夏画师心灵的营构。显然，两宋文人山水画的飞速发展，董源、范宽、李唐、马远的高度成就，已给予民间画工以积极的影响，为佛教艺术注入了新的生机。

在普贤变图中右侧，波浪滚滚的海边出现了唐僧取经图；僧人内着襦裤，外套右祖袈裟，足登麻鞋，双手合十礼拜普贤，一猴面行者牵白马跟随在身后，马背上的佛经熠熠放光。这是所见最早的玄奘取经图。玄奘取经故事流传已久，更早的绘画作品，据欧阳修记北宋景祐三年（公元1036年）所见，扬州寿宁寺经藏院"画玄奘取经一壁独存，尤为绝笔"（《于役志》），如今寺壁早已无存。榆林窟和东千佛洞保存着玄奘取经图五处，依据的是宋人话本（如《大唐三藏取经诗话》），而非佛教经籍。

玄奘于贞观三年西行取经，途经瓜州，当时瓜州刺史独孤达侍奉甚殷。有这样的历史渊源，所以取经故事一直在瓜州流传不衰，后来又图之于窟壁。玄奘之后约四十年的西游高僧，法号悟空，俗姓车名奉朝[31]，天宝十载（公元751年）随中使张韬光出使印度，因病于犍陀罗国出家，遍游五印度；大约二十三岁西游，六十岁归国，往返途中历经磨难，归国后住长安章敬寺译经。后来宋元话本、杂剧和吴承恩《西游记》里的孙悟空，大概就是以这位悟空为蓝本加以高度想象而虚构出来的艺术形象。

西方净土变表现西方极乐世界，殿宇楼阁充满壁画。这类经变均以建筑为主体，构成一个宏伟的宫廷建筑群。图中主体佛殿雄踞中轴线上，高阁回廊四周合围、左右对称；院落布局，层层迭进；歇山顶或攒尖顶，中脊陡立，饰以宝瓶、鸱尾，屋角起翘如鸟展翅，展示了木构建筑巍峨壮丽、庄严肃穆的民族风格。

佛传图的形式也很别致。画面主体情节为降魔；释迦安坐宝塔内，魔王服中国帝王衣冠，三魔女作中国后妃装，魔军变成了密教火头金刚模样。画面两侧画八塔，表现释迦生平的重要事迹。上部画涅槃，举哀人众的两端出现七佛一菩萨的组合，当系过去七佛和尚未成佛的弥勒菩萨形象。

密教图像 有汉密的，也有藏密的。汉密的，如不空绢索观音、如意轮观音、十一面观音、千手千眼观音等，以第3窟五十一面千手千眼观音变最富特色。观音作立像，五十一头，最上一头为佛像。千手伸展如圆轮，每只手中有一慈眼。藏经洞发现的《千手眼经》说："叠头如塔，分臂如蔓，千眼遥观，千手接应，应会者闻声，随求者质见"，已将千手千眼观音的宗教职能表述无遗。但画师的想象往往突破宗教的规范，如佛经中所说四十种手，画中都有相应的形象，但还有很多形象是佛经里没有的，特别是一些生产劳动和生活场面，如农耕、酿酒、锻铁、踏碓、商旅和百戏等（图12）。通过象征性的事物，展现出一个纷纭复杂的苦难世界，并把解脱苦难的善良愿望寄托在"大慈大悲、救苦救难"的观世音菩萨身上。

西夏时代，藏密绘画从西藏传来，多为曼荼罗，或称坛城图，如第3窟中的五方佛曼荼罗、十一面观音曼荼罗，四方有塔，塔两侧有旗，圆坛与方城层层套叠，坛内安置尊像。另一种藏密画是金刚（明王）图像。例如第29窟不动金刚，作忿怒形，一手持金刚杵，一手执蛇，是奉大日如来教令降伏一切恶魔的明王。又如第4窟的军荼利金刚，忿怒像，八臂，持轮、杵杖等法器，身在火光中，奉南方宝生如来教令降伏行疾疫害人的一切鬼神。藏密画中也有不少美丽的形象，如第3窟曼荼罗中的一身菩萨，手攀树枝，舞姿柔曼，神情恬逸，是颇具尼婆罗风的

a.农耕

b.酿酒

c.锻铁

d.踏碓

e.商旅

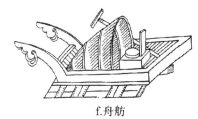

f.舟舫

图12 五十一面千手观音变中诸场面

[31] 唐·圆照《大唐贞元新译十地等经记》（《大正藏》卷17，pp.715～717），另见宋·赞宁《宋高僧传》卷三《唐上都章敬寺悟空传》（《大正藏》卷50，p.722）。

图13 第29窟西夏女供养人

树下美人图。元代第4窟的各种密教图像，多属传自西藏的密教艺术。

尊像画 最引人注目的题材是水月观音，继唐代周昉"妙创水月之体"，宋初已在瓜、沙石窟流传，至西夏而别具风格。第2窟的两幅水月观音图，画珞珈山岩上观音倚奇石而坐，石后修竹数杆，岩下绿波荡漾，莲花盛开，天空彩云缭缭，托出一弯新月，与围绕菩萨水晶般透明的光环，互相辉映，颇有月夜之感。正像白居易诗句形容的"净渌水上，虚白光中，一睹其相，万缘皆空"[32]。图中有善财童子驾祥云前来受教。其中一幅不被注意的右下角，可见唐僧和牵马的猴行者翘首行礼。这是又一处表现玄奘取经的画面。《华严经》里赞观音菩萨是"勇猛丈夫观自在"[33]，而壁画上的形象却使人感觉到温静娴雅的女性美。

元代第4窟的释迦、多宝并坐说法图，与过去的见宝塔品大不相同，释迦、多宝均作菩萨装，宝冠高髻，卷发披肩，上身半裸，着短裙，游戏坐。二像之间，高足莲花宝台上三座宝塔，其上各有伞盖。背景为灵鹫山，画作高耸切云的群峰。很明显，这一大乘显宗题材，已具有浓厚的藏传密教色彩。

说法图也抛弃了旧模式，显密交错，构图新颖。佛座下圣众，金刚力士、天龙八部、中国帝王式的帝释梵天及其男女眷属、汉僧形象的佛弟子和尼婆罗式菩萨聚集一处。说法场面在峰峦围抱之中。水晶和琉璃堆成的宝山色彩华丽，山间有修行的僧人。

供养人画像 在西夏和元代洞窟里，全部是少数民族形象，如党项羌、回鹘和蒙古等。

在第29窟里，都是党项供养人画像，其中一高僧像，面相丰圆，头戴金贴起云冠，内着半袖，外套袈裟，拈花坐须弥座；身后童仆张伞盖，座前群僧供养；有一老僧，托盆奉献，意态虔诚。榜书西夏文题名为"真义国师信毕智海"[34]。国师是西夏国王授予的最高职称。他的身后排列着西夏武官画像，第一、二身头戴金贴起云缕冠或银贴间金冠，身穿圆领窄袖紫旋襕，腰间护髀，束长带，足登乌靴，第三身无护髀、长带。其题名分别为："□□□沙州监军摄受赵麻玉一心皈依"（第一身）、"□内宿御史司正统军使趣赵一心皈依"（第二身）、"□儿子御宿军讹玉一心皈依"（第三身）。

在第二身内宿御史身后，有一纸画补贴于壁上的童子供养像，头顶无发，着襕袍，题记为"孙没力玉一心皈依"。上排供养人行列最后另有侍童三人。头顶无发，可能与元昊秃发令有关。在国师像下面还有下排男供养人画像，衣冠与上排相同，有题名者六身。第一身手捧香炉，题名为"……瓜州监军……座……名每纳……"。第二身题名为"施主长子瓜州监军司通判纳命赵祖玉一心皈依"。第25窟甬道西夏文题记中亦有赵祖玉等的题名："……凉州路瓜州监军司通判□官赵嘿□□，你合饿州监军司通判考色赵祖玉，亲友前长军赵果山，子前长军□嘿罨□□，□□，没力折"。二窟之中的赵祖玉应系同一人，这两组男供养人像，包括了祖孙三代。第29窟功德主正是第二代赵祖玉。

第29窟内还画党项族女供养人二排。上排第一身光头，外着袈裟，题名为"……出家禅定箾哆则那征平一心□□"。第二身，高髻小团冠，两侧斜插步摇，身穿交领窄袖衫、百褶裙、弓履，题名为"故岳母

㉜ 《画水月菩萨赞》，唐·白居易《白氏长庆集》卷三十九。
㉝ 唐·实叉难陀译《大方广佛华严经》卷六十八（《大正藏》卷9，p.366）。
㉞ 陈炳应《西夏文物研究》，宁夏人民出版社1985年版。以下西夏文题记译文均据此书。

曹氏福者一心皈依"。以下共十余身，除服色花纹外，装束大体相同（图13），多属汉、夏混合装，人物面相多有党项族特点。这些女供养人与同壁男供养人的关系，说明西夏党项族官员与瓜沙曹氏也有联姻之好。

西夏供养人形象，大都符合史籍中对元昊的形容，"圆面高准"，身躯高大[35]。统治者的形象，往往成为一时审美的好尚。

在元代洞窟里蒙古族画像不少。

第6窟蒙古族供养人画像，男女对坐于床上。男像，头戴宝顶莲花帽，披发，着"质孙"（蒙古民族一色服）。女像冠饰与男像同，或戴顾姑冠，穿纹绣衣。男女均双手执金刚杵交叉于胸前。两侧有侍者，戴笠帽。这应是蒙古王公贵族礼佛的样式。元朝在寺院里为帝王设神御殿（旧称影堂）。当时统治瓜沙的西宁王速来蛮、脱欢大王，都曾到莫高窟、榆林窟上香礼佛。

第3窟蒙古族男像，头戴宝顶笠帽，着黄色镇衫，搭护衣，脚穿六合靴，题名为"思鐘答里太子"。女像第二身戴顾姑冠，顶插羽毛，长裙曳地，系蒙古贵妇的礼服，题名为"太子答里夫人"。

第39窟甬道有回鹘族男女供养像，男像戴白毡高帽，后垂红结绥，着圆领团花紫旋襕，腰束革带，挂**鞊鞢**七事，穿白毡靴，当系回鹘王子或官员画像。女像，高髻博鬓冠，翻领红袍，项饰瑟瑟珠，属回鹘贵妇衣冠。另有回鹘族庶民男像，毡冠，红结绥，窄袖短衫革带，白裤，毡靴。这里的回鹘族形象及衣冠，多与西州回鹘接近。

装饰图案　保存完好的大多是西夏和元代的作品，唐宋图案所剩无几。西夏元代的石窟装饰主要在洞窟的顶部，形成一个覆盖全窟的大宝帐。窟顶中央的藻井图案，除个别洞窟继承唐宋团龙翔凤纹样以外，多已被密宗曼荼罗所代替。第2窟藻井团龙，因富于动感的圈饰而使人感到龙在不停地旋转。第10窟中心为曼荼罗，四周多饰各种花边；如回纹、联珠纹、宝珠纹、菱纹、龟背纹、云头纹、鸟兽百花卷草纹、垂帐纹等，其中游龙（图14）、翔凤、奔狮、翼马、麒麟、天鹿、花雁、六牙白象等祥禽瑞兽，颇为生动。在大宝帐下，四壁上部有飞天旋绕。飞天在天花、珠宝自然运转的太空中，逸然自得地弹奏各种乐器，计有筝、琵琶、腰鼓、笙和胡琴。用弓弦拉的胡琴，在这里首次见诸于壁画形象，为敦煌音乐研究提供了新资料。

结　语

榆林窟壁画艺术是敦煌石窟艺术的重要组成部分。它在佛教思想、壁画内容、表现形式等方面，均与莫高窟一致，甚至一些壁画的作者也是与莫高窟共有的。曹氏画院的画工、画师，不只在沙州，也受命到瓜州的榆林窟作画。但是，榆林窟艺术并非莫高窟的翻版，而是具有许多自己的特色：如在洞窟形制上，有完整的前室和长甬道，主室壁上画出十二根排柱支撑窟顶宝帐的窟室样式，都是莫高窟所没有的。壁画中西夏和元代的密教曼荼罗和水月观音图，显密结合加以汉密、藏密结合的画法，尤其大量的民族人物画像、画工画师画像，以及汉藏婚礼图，也

图14　第10窟窟顶龙纹

35　同22。

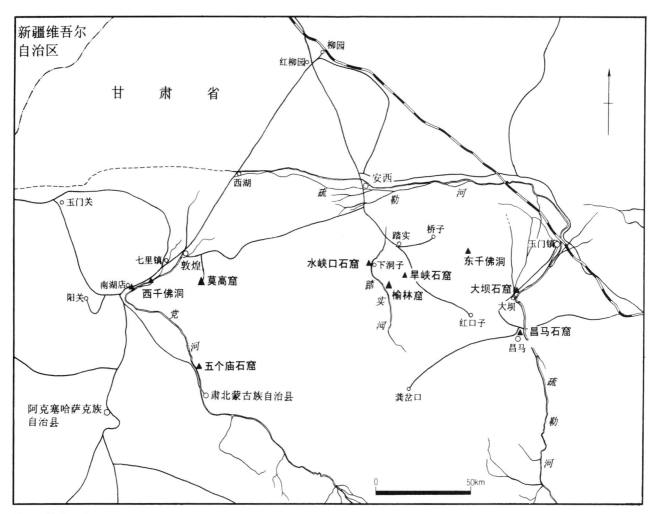

图15　敦煌石窟分布图

都补充了莫高窟之不足。在艺术风格的多样化及艺术美的创造上，榆林窟的一些作品超过了莫高窟，如西夏的线描和水墨山水；特别是唐代吐蕃时期第25窟壁画，人物造型简练，用线纯熟、有力，色彩明丽而不浮华，其保存完好程度更使莫高窟同时期壁画难以比拟。榆林窟艺术的高度成就，大大丰富了以莫高窟为首的敦煌石窟艺术体系。莫高窟、榆林窟，同西千佛洞、东千佛洞、水峡口千佛洞、五个庙石窟等（图15），共同构成了伟大的古代艺术宝库。

西千佛洞概说

张学荣　何静珍

　　敦煌石窟，除莫高窟和榆林窟而外，还有敦煌的西千佛洞，安西的东千佛洞和水峡口石窟，以及肃北的五个庙石窟等。它们相互补充，相得益彰，成为一个相对完整的体系。

　　西千佛洞位于今敦煌城西南约30公里的公路南侧。鉴于莫高窟俗称千佛洞，这里地处莫高窟和敦煌城以西，故称"西千佛洞"。石窟的范围东起南湖店，绵延约2.5公里，西至今党河水库以东8公里处。它的周围，本来全系砂碛荒漠，只因党河①过此东流，河水长年浸啮，致使戈壁中分，两岸壁立。所有窟龛，全部开凿在高约20余米的党河北岸崖壁上（图1、2）。河岸岩石过于酥松，许多地段都已塌毁，原来究竟有多少洞窟，现已无从查考。现存数十个窟龛中，多少留有一些壁画和塑像的，编号二十二个（过去张大千先生曾编号十九个），大体分布在三个区段内。其主体部分，即第1窟至第19窟，位于整个窟区的西端。第21、22窟在东端，开凿在南湖店东南侧的党河东岸。第20窟开在东西两个区段之间的党河北岸二号水闸近旁，距离东端约0．5公里。

　　窟群的开凿，与古代丝绸之路上的阳关有关。据向达先生考证，古代的阳关，即设置在今敦煌南湖乡的古董滩上②。而南湖店，恰好在敦煌古城③与阳关之间，东西相去各六十余里，正好是古代所谓一站之地。凡经敦煌西出阳关，这里是必经之地。直到本世纪五十年代初，由于当时尚无正式公路，往来于敦煌城和南湖乡的群众，仍在这里打尖和休息。由此可以想见　古代丝绸之路上各国使节、商队和行僧们在这里经过和逗留的情形。至于修庙建寺、开窟造像、礼佛还愿，这里也是一处合适的地方。巴黎所藏敦煌石窟遗书《沙州都督府图经》残卷卷首记载："……右在县东六十里，《耆旧图》云：汉……佛龛……百姓渐更修营……。"《图经》此残存部分，大都属于古寿昌一县。寿昌，即现在敦煌的南湖。寿昌县东六十里，就是南湖以东六十里，恰好有现存的西千佛洞，其中的数十窟龛，应该是当时百姓所"渐更修营"的。

① 党河，敦煌地方最主要的河流，即汉之氐置水，唐时名甘泉。《敦煌录》云"……近南有甘泉自沙山南，其上源出大雪山，于西南寿昌县界入敦煌，以其沃润之功俗号甘泉"（《大正藏》卷51，pp. 997～998）。据清乾隆五年（公元1740年）安西观察副使常钧委安西同知李治邦等勘察，"党河远源在希喇尔津之东南雪山内，分注三沟，汇成一处，至八汗撒喇汗津沟之下，即入沙石。中隔郭壁，约长三十余里，至芨芨台之东，从平地沙碛中渗出，极其微细，应以芨芨台为党河之近源。由西下流，至额儿得尼布喇大泉，汇合独山子一带泉水，及南北两岸海子、擦汗洮河、清水沟、腊牌沟等水，愈流愈大，俱入党河。至沙州（即敦煌）七百三十里，分为五渠，浇灌户民地亩"（转引自阎文儒《敦煌史地杂考》，《文物参考资料》第二卷第五期）。

② 向达《两关杂考》，《唐代长安与西域文明》，生活·读书·新知三联书店1957年版。

③ 按，现在的敦煌城为清雍正三年所建。《肃州志·沙州卫志》云："今按沙州旧城，即古敦煌郡治也，今在沙州之西。墙垣基址犹存。以党水北冲，城垣东圮；故今敦煌县城，筑于旧城之东"。据阎文儒先生考证，汉唐间之敦煌城，应在党河之西（阎文儒《敦煌史地杂考》）。

图1　敦煌西千佛洞外景(西段)　　　　图2　1987～1988年维修加固后的西千佛洞

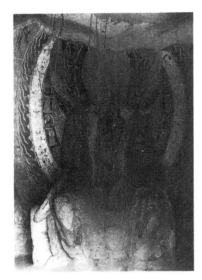

图3　第7窟中心柱正面龛内倚坐佛像

在西千佛洞，石窟寺创建的时间无从稽考，目前尚未发现比北魏晚期更早的洞窟和遗迹。

第7窟建于北魏晚期，正值东阳王元荣（又称元太荣）任瓜州刺史，身体力行，积极弘扬佛教之际。可惜，此窟前部已毁，仅存后半部。从现状看，它和莫高窟北魏晚期中心柱式窟形及布局基本一致：在洞窟正中作方形中心塔柱，顶部画斗四平棋图案，四壁上沿画伎乐天人，相当大的壁面画千佛，其下则画粗犷奔放的金刚药叉和各式忍冬纹边饰等。所不同的是，中心柱基座较高，几乎与柱身相等；柱身四面只开一层龛，其中柱后北向面作双树龛，树身用泥薄薄塑出，树冠和枝叶则用绘画表现。龛内外塑像，大都已被后代重修，唯正面龛内的倚坐佛像（图3），尽管头部已毁，胸部和双膝也多有残损，但与其它诸窟造像迥然不同。其特点是：双肩浑圆，胸挺腹收，腰身较细，两臂自然下垂，双膝稍耸而外张，两足清瘦而略事并拢，袈裟贴身，作褒衣博带式；既清癯隽秀又庄严肃穆；丰肌秀骨，兼有西域和中原的两种造型特点，是北魏早期浑厚壮实形象向晚期秀骨清像过渡阶段的代表作品之一。

绘制在中心柱龛内龛外的菩萨像，或四身并列，或两两成双，有的亭亭玉立，有的胡跪供养。头上的宝冠高大，形式多样。冠上白色的宝缯，有的弯曲飘垂而下，有的则如迎风飞扬（图4）。龛内的飞天，一般身体折屈，略显直硬，唯中心柱北向龛内两侧的飞天上下翻飞，虽不及后期飞天轻盈多姿，却显得奔放、健美而富有生气。这样的形象，同时见于莫高窟北魏第251、246、247和249（图5）等窟中。西千佛洞第7窟的壁画菩萨和飞天，保存完好，色泽鲜明，因而更足珍贵。

画在中心柱基座四面的供养人，面貌、发髻、冠戴等均已模糊，但衣裙式样尚清晰可辨。男供养人或穿红、绿、黑（可能是变色所致）三色对襟窄袖袷祥，或穿土红色圆领窄袖齐膝长衫及束口裤，腰间系带；女供养人则一律上穿翻领交襟大衣，下着间色长裙（图6）。这种服饰

图4　第7窟中心柱龛内菩萨

图5　莫高窟第249窟东阳王时期壁画菩萨

与麦积山北魏第76（图7）、93等窟内的女供养人完全一致，但在莫高窟同期窟中绝少见到。这样的供养人出现在敦煌已经是西魏时期。此窟柱座供养人像均系西魏所绘。其排列方式，有的男在左、女在右，有的男在上、女在下。另外，西侧表层供养人之下，还有一层敷色壁画层，可以证明此窟的开凿，最迟在北魏晚期。

西魏时期，敦煌在东阳王元荣统治之下，石窟艺术相当兴盛。在西千佛洞第9窟，中心柱正面（南向面）龛的龛楣上，以描绘细腻的说法图作为装饰，不同于北魏习见的火焰纹龛楣，使人联想到莫高窟西魏第288窟表现众多菩萨供养莲花化生的龛楣装饰。说法图中的菩萨和两侧飞天风姿潇洒，窟内人字披上图案亦精致秀丽。

西千佛洞现存三个北周洞窟中，第8窟和第12窟为中心柱式均在前部凿人字披顶，后部中央作方形塔柱。前部的空间十分狭小，中心柱的基座比较低矮，仅在柱体正面（南向面）开一龛。窟内的绝大部分造像，不是被后代重修，便是被毁坏。值得注意的是第12窟，在前部人字披下的两侧壁，各塑一形体高大的立佛及二胁侍菩萨（图8）。现在，东壁的立佛尚存。前部高大的立佛与后部中心柱正面龛内形体较小的坐佛，在比例上显得不甚协调，同时也使狭窄的窟室前部空间显得更为拥挤。或可认为，这恰好是莫高窟典型的北周中心柱式洞窟布局（如莫高窟第428、290等窟）向隋代石窟那种在前部设置三铺立佛（如莫高窟第427窟）的过渡形式。事实上，这种布局早在莫高窟北魏第251等窟中就已出现，只是那时前部两侧壁的大佛是用壁画形式加以表现的。

图6 第7窟中心柱基座女供养人

图8 第12窟内前部东侧

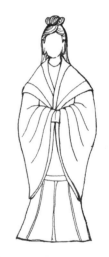

图7 麦积山石窟第76窟影塑女供养人

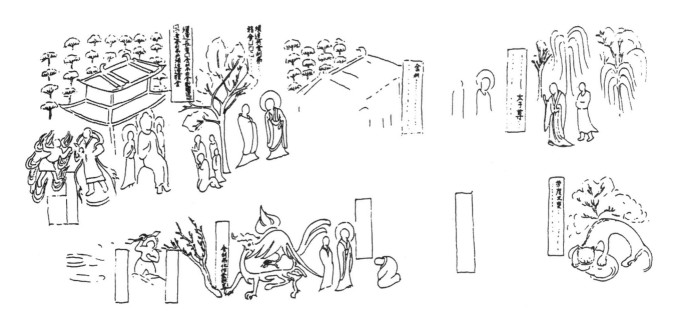

图9 第12窟南壁劳度叉斗圣变

西千佛洞北周壁画在布局上与莫高窟北周洞窟相仿。首先，在洞窟四壁上沿一周的天宫伎乐，变成了天宫栏墙之上多姿多彩的飞天。壁画内容除飞天和千佛外，在第8窟的西壁和北壁上还出现了较大幅的涅槃变相和释迦、多宝二佛并坐像。

特别值得注意的是：分别绘制在第12窟南壁窟门东西两侧的劳度叉斗圣变和睒子本生故事，二图左右对称，均以白粉作地，墨线勾画，着色多以青绿。它们与周围以土红作地，施红、白、青、绿色彩浓郁热烈的千佛，形成鲜明的对比。虽有部分画面已被烟熏黑或模糊不清，却可喜榜题上一些字句尚可卒读，为了解画面内容提供了依据。

窟门东侧的劳度叉斗圣变，是我国现存同类题材中最早的一幅，也是现在所能见到的唯一一幅北朝时期劳度叉斗圣变（图9）。

劳度叉斗圣变，即祇园记图，远在公元二世纪时，印度巴鲁特的石栏浮雕中，已有所表现。但当时的画面还很简单，只雕刻了给孤独长者须达以黄金布地购买祇陀园的情景。西千佛洞的北周作品，不仅细致描绘了长者须达与佛弟子舍利弗辞别释迦到舍卫国选地、购园、修建精舍等内容，还逐一刻画了舍利弗与六师外道劳度叉斗法的种种情节。经查对，整个经变的内容，完全是按照元魏时期慧觉等人所译《贤愚经》卷十《须达起精舍品》④绘制的。根据图中十一方榜书的残字断句，对照《须达起精舍品》所述，其主要情节可大致确定为：

1．须达长者辞佛将回舍卫国建立精舍，释迦派舍利弗同去选地建造。

2．须达与舍利弗至舍卫国，按行周遍，无可意处。

3．王太子祇陀有园，不远不近，正得其所，但太子贪惜，增倍求价。

4．须达以黄金布地易太子园，太子受感赠树，愿共立精舍。

5．劳度叉咒作一树，舍利弗以神力作旋岚风吹拔树根。

6．劳度叉复化一池，舍利弗作大白象王并含其水，使池即灭。

7．劳度叉作一山，舍利弗化金刚力士，以金刚杵破山。

8．劳度叉变一恶龙，舍利弗化金翅鸟王啖之。

④ 《大正藏》卷4，pp.418～421。

9．劳度叉又变一牛，舍利弗作狮子王撕裂食之。

10．劳度叉作夜叉鬼，舍利弗化自身为毗沙门天王，夜叉恐怖，即欲退走，四面火起无有去处。唯舍利弗边凉爽无火。劳度叉只得五体投地哀求脱命，并皈依佛法。

11．六师徒众三亿弟子，于舍利弗所，出家学道。

这十一个情节在画面上的布局如下图。

10	1	2	4	3
11	7	5	8	6	9

《须达起精舍品》的内容，在图中已有比较全面和充分的表现。构图上是多情节连续性的连环画形式。对此金维诺先生早已做了研究⑤。在敦煌地区诸石窟中，计有劳度叉斗圣变十九铺（其中莫高窟十五铺、榆林窟三铺）。莫高窟第335窟西壁龛内的一铺绘于初唐。其余十七铺均为晚唐以来的作品（其中晚唐四铺、五代九铺、宋代四铺）。自晚唐起，劳度叉斗圣变几乎都是通壁巨构，虽也表现须达皈佛、以金布地买祇园及构筑精舍等情节，但几乎都以舍利弗与劳度叉斗法为画面的主体（图10）。围绕着中心人物舍利弗和劳度叉两军对垒的构图形式，成为通行的格局。显然，从早期独幅式的简单构图，到晚期莫高、榆林二窟那些极度成熟的大型劳度叉斗圣变之间，经过了一个相当长期的发展演变过程，西千佛洞第12窟平铺直叙的连环画是一个重要的过渡形式。

⑤ 金维诺《敦煌壁画祇园记图考》，《文物》一九五八年第十期。

图10 莫高窟第9窟南壁劳度叉斗圣变

图11　麦积山石窟第127窟窟顶睒子本生

图12　莫高窟第299窟窟顶睒子本生

　　睒子本生，是我国南北朝时期比较流行的佛教故事画题材之一。其中孝养父母的思想与中国古代儒家伦理观念相吻合，因此得到广泛的流传，甚至与传统的孝子故事混杂在一起，而被编入《孝子传》等一类的图书中。这一故事，最早见于吴·康僧会所译《六度集经·睒道士本生》和《菩萨睒子经》中，其他如西秦圣坚译的《睒子经》、《僧伽罗刹所集经》、《杂宝藏经》也均有记述。其中，《法显传》还第一次明确地提到了"睒变"这一名称⑥。在我国现存诸石窟中，当以新疆克孜尔石窟第69窟内作菱形独幅构图的"睒变"为最早；随后有云冈第1窟东壁的北魏石雕和麦积山等127窟顶前披的西魏壁画（图11）；大量出现在北周，如莫高窟北周第299（图12）、301、417、438、461窟和隋代第302窟均有睒子本生，除第461窟画在龛楣上作为装饰外，都分别绘制在这些洞窟的顶部，大抵作横幅长卷形式，其内容或简或繁。隋代以后，河西石窟中未见再表现睒子故事，但在其它地方，如四川大足宝顶山大佛湾有宋代所刻的睒变，在河南林县小村乡杨家庄的宋墓壁画中，也有睒子因孝养盲父母感动天神的故事。可见直到宋代，关于睒子的故事还在广为流传。事实上，直到解放前夕，在河西一带的民间，仍流传着以睒子孝行故事为内容的"宝卷"⑦。

　　西千佛洞第12窟的　子本生故事画（图13），同劳度叉斗圣变一样，作连环画构图，情节的布局如下图：

2	1	4	5	6
3		7		

⑥　《大正藏》卷51，p.865。
⑦　所谓"宝卷"，实际上是由唐代寺院中的"俗讲"、"变文"发展而成的一种民间文学形式，题材多为佛教故事。宋元以后取材于民间故事的"宝卷"也日益流行，而民间宗教则往往以宝卷作为宗教的经卷。明万历(公元1573～1619年)前后，为这种形式的极盛期，以后直至民国时期仍延续未绝。

图13　第12窟南壁睒子本生

1．睒子在山中作草屋供奉盲父母，为父母采摘甘果。

2．迦夷国王出猎，在林间设营帐。

3．睒子在河边汲水，被迦夷国王误射而死。

4．国王诣盲父母所跪诉睒子被误射身亡的经过，愿代睒子奉养盲父母。

5．国王领盲父母去看被射死的睒子。

6．盲父母抚尸悲恸，天降神药救活睒子。

7．盲父母也因睒子复活而双目复明，国王辞别睒子及盲父母回国。

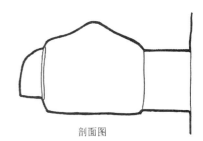

剖面图

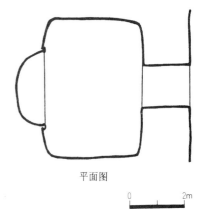

平面图

0　　　　2m

图14　第11窟平面、纵剖面图

从这些画面里我们可以明显地看出：一、它与同窟的劳度叉斗圣变一样，较之新疆克孜尔石窟独幅形式的菱格故事画已有了很大发展。但是它与同期的莫高窟第299、301等窟的睒子本生相比，甚至同早得多的云冈第1窟和麦积山等127窟相比，构图技巧上也仍显得原始些。这反映出各地区艺术发展上的不平衡。可以设想，西千佛洞北周睒子本生的绘制者采用的是更原始的一种粉本。二、人物的造型，尽管已相当成熟，但仍可看出有较浓厚的汉晋画像石的意味，特别是第5场面中，国王手领盲父母匆匆前行的形象，既生动而又古朴。三、图中虽然用了相当多的画面来表现迦夷国王的活动，特别像国王跪在盲父母的草庐前，表现出国王强烈的悔恨及愿以身自代的决心，颇为感人，但是，整个画面着意强调的是睒子的孝行。作者不仅以非常突出的位置和形象描绘睒子为盲父母所作的"草庐"，而且特意画出睒子采摘甘果奉父母等情节。这与那些以主要地位表现国王游猎和误射睒子的处理手法，毕竟有很大不同。

隋代短短三十七年中，曾在莫高窟大事建窟，但是保存在西千佛洞的隋窟仅只两个。其中，第10窟的绝大部分已经塌毁，第11窟尚完整。

第11窟是敦煌所有隋代洞窟中唯一的一个帐幕式洞窟（图14）。它平面略呈横长方形，窟顶正中作一道横向脊檩，二坡面中部突出，两头收起，四角转圆，四壁上收下缩，中部外张，不论从那个角度看它，都仿佛一座少数民族居住的帐篷。这显然是受当时当地游牧部族的影响。

图15　第18窟西壁未生怨(部分)

可是，绘制在四壁下部一周的数十身供养人像，它们或穿宽袍大袖长襦，或着窄袖长衫，或长裙曳地，或紧身短衣，完全是一派汉民族人物的打扮。由此推测此窟有可能是由一些已经汉化了的少数民族所修。画在北壁东侧最前面的二身供养人，是贵族身份的头领。他们外穿对襟镶边宽袖大襦，内穿窄袖长衫，身后各有四名僮僕；两人为主人提衣，两人手执牙旗。伫立在对面的前两身女供养人，也各有四名婢女侍奉，很可能就是他们的夫人。他（她）们身后的供养人，不论男女，依次分别由一二名童僕、婢女随侍。再后面的供养人，则都是单身供养像，其服饰亦与前面的有所不同。这为我们研究当时当地的风土习俗、社会人际关系，以及不同的衣冠服饰，提供了形象而具体的资料。至于窟内的其它壁画，除在正中脊檩上画联珠团花图案外，其余部分大都满绘千佛，唯在东西两壁千佛正中，画有简单的说法图。其画风及技法与莫高窟一些隋代洞窟完全相同。

唐代是中国佛教艺术最发达的时期。在西千佛洞，第9窟前壁东侧有初唐画说法图，旁有如意元年（公元692年）朱书纪年题记。第18窟是西千佛洞保存最完整也最具特色的一个唐窟。

第18窟平面方形，覆斗形窟顶中央有莲花交杵藻井，四披所绘千佛中间各有说法图一铺（正壁）。北壁开盝顶帐形大龛，龛内有凹字形佛床，龛外两侧壁角各设一像台。可惜所有塑像均已无存，唯壁画较完整。西壁画大幅观无量寿经变，南侧未生怨、北侧十六观。东壁大幅药师经变，南侧九横死已部分模糊，北侧十二大愿尚清晰可辨。南壁窟门东侧壁画已毁，西侧画不空绢索观音，门上画降魔变。北壁龛内屏风十扇，画《法华经·观音普门品》；龛顶中央画团花图案，四周斜披画立佛及垂幔。在龛外两侧壁上残存唐代原塑的头光。所有壁画，均构图严谨，描绘精细、设色清雅，当为高手匠师所绘。整个窟室，从窟形、布局到壁画的风格、技法等，均与莫高窟典型的中唐洞窟一致。充分说明敦煌诸窟群在艺术风格上的一致性和系统性。

第18窟西壁观无量寿经变南侧的未生怨故事画，值得作特别的介绍。所谓"未生怨"，实际上是《观无量寿经》的"序分"部分。现在莫高窟、榆林窟和西千佛洞所存的八十八铺观无量寿经变中，有七十四铺画有未生怨，不论繁简，一般都根据南朝宋·畺良耶舍所译《观无量寿经》的序分，限于描绘阿阇世太子囚父幽母及释迦为韦提希说法等场面。只有这幅未生怨，还画了阿阇世太子出世以前频婆娑罗王囚杀道人和捕捉白兔等内容（图15）。此外，这些内容尚见于藏经洞所出绢画（图16、17）。

这些内容见于《照明菩萨经》及其《别记》[8]。经文记述：频婆娑罗王年老无子，相师预言，山中有一坐禅道人，命终将投胎来作太子。国王求子心切，便差人囚杀道人。道人死后却投胎成一只白兔。国王又捕杀白兔，方始得生阿阇世。"阿阇世"其名，意译即"未生怨"。这幅未生怨上下分八个画面，顺序自下而上。居上的是后四个画面，主要画释迦为母后讲说在太子未生之前就已结怨的经过。其一，即自下数第五个画面，在天花宝盖下，为一佛二菩萨，前面有一人正在撕衣悲号。在这里，不光可以看见王后韦提希自绝璎珞举身投地的情景，似乎还可

⑧　《照明菩萨经》见于著录，如隋·法经等《众经目录》卷二、卷四（《大正藏》卷55，p.126,173），唐·智升《开元释教录》卷十八（《大正藏》卷55，p.675）。经文见日本·良忠《观经疏传通记》卷七（《大正藏》卷57，p.576）引述。

图16　绢画未生怨(松本荣一《敦煌画の研究》图版22)

听到她悲泣问佛："我宿何罪，生此恶子"的声音。可是，释迦便为她解说宿怨因由和十六种观想之法。第六个画面，画一王者立马山间，前面一人下马跪禀，这是表现频婆娑罗国王正调兵遣将去困杀山中道人——阿阇世太子的前身。第八个画面，画三个骑马的武士在追捕一只白兔。图中驾鹰逐兔、纵马追杀的场面，以及国王为围困山中的道人而驻马布阵、指挥若定的情景，都是非常生动的，由此反映出唐代绘画艺术的高度成就。

第19窟建于五代，是敦煌地区诸石窟中唯一用泥塑表现十六罗汉的洞窟。洞窟前部已毁，后部在正壁上约1米高处，凿有一个几与窟室等宽直通窟顶的大龛。窟内地面后高前低，并在靠近窟口处有规整的二层台阶。因此，这个洞窟的形制，似乎本来就是一个略向前倾且龛内开龛的敞口大龛。

此窟造像，除在正壁龛内塑主尊倚坐佛二胁侍菩萨及在窟室前部两侧塑二天王（现仅存足下地鬼）外，十分引人注目的是东西两侧壁的十六罗汉（现存十三身，即西侧八身、东侧五身）像（图18）。不仅如此，在东西两侧上部还画出各种坐禅入定的罗汉。其中，东侧存五十六身，西侧存一百零八身，计一百六十四身。一窟之中又塑又绘表现这么多的罗汉像，在整个西北地区殊不多见，此窟应看作是一所值得注意的罗汉堂。

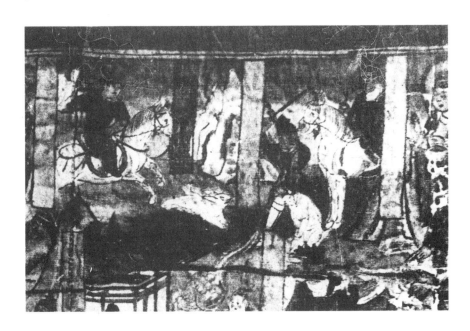

图17　绢画未生怨(部分)

图18　第19窟西壁绘、塑罗汉像

　　所有罗汉像及顶部的佛像，都画得粗率，虽然大部分罗汉的面部似乎经过比较精细的晕染，但几乎所有的衣纹只是匆匆涂抹几笔，似尚未完成，又好像在追求着某种风格。在莫高窟同期的洞窟中也曾出现过类似的现象。

　　至于十六罗汉，尽管在北凉道泰所译的《入大乘论》中已有所记述，但直到唐玄奘译《大阿罗汉难提密多罗所说法住记》以后，始逐渐流行。据各有关画史记载，尽管南朝的张僧繇、唐代的卢楞伽、王维等人都曾经画过十六罗汉像，但直到五代，关于十六罗汉的画像和塑像才逐渐多了起来。偏远西陲关塞近旁的西千佛洞出现五代十六罗汉造像，正是这一题材广泛流行的反映。

　　从五代到宋，归义军节度使曹议金家族统治着瓜沙二州。也许是因为曹氏祖孙等刻意经营莫高窟和榆林窟的关系，在西千佛洞很少修建。因此，直到西夏人占领瓜沙前后，始有回鹘人到这里营造，对五个洞窟进行了补绘和重修。在第16窟窟门两侧，画有回鹘王者和王妃的供养像。西千佛洞所有的沙州回鹘壁画，都比较简单粗率，远不及新疆吐鲁番伯子克里克石窟和鸭儿湖石窟西州回鹘壁画的精细优美。沙州回鹘壁画十分热衷于表现有关药师佛的题材。药师经变或单身托钵杖锡的药师佛在大多数回鹘人改绘的洞窟中出现，与人们饱受各种灾殃病疾及战乱之苦的现实社会状况相照映，可以体会壁画作者的创作意图和他们的心声。

　　经过将近两个世纪的西夏统治之后，沙州地方终于在公元1227年归属蒙元帝国。元代，由于统治者的提倡，藏传密宗佛教艺术在全国得到了空前的发展。西千佛洞第20窟是一个金刚乘藏密画派的洞窟。此窟位于南湖店与西千佛洞主体窟群之间，与二者都有着相当的距离，同莫高窟称作"秘密寺"的第465窟一样远离显教洞窟群，有可能是出于类似的考虑。第20窟的正壁和两侧壁，画五身正襟危坐的佛像。两侧壁的前部，各画一坐一立的藏式菩萨（图19）。这些壁画设色淡雅，线描纯熟，形象生动，和谐统一，艺术水准当不在莫高窟元代第465窟（图

图19 第20窟半跏坐菩萨　　　　　图20 莫高窟第465窟窟顶菩萨

20）以下。

　　总之，西千佛洞和莫高窟、榆林窟一样，都是敦煌石窟的重要组成部分。其地属古龙勒和寿昌，自古受敦煌郡或古沙州所辖。西千佛洞的开凿，既与古阳关有很大关联，也不能不受到敦煌地方风格的制约，尽管现存洞窟较少，艺术形式和内容的涵盖也远不及莫高窟那样丰富多彩，却仍有一部分作品为莫高窟所缺乏或不及。敦煌地区诸石窟寺，同属于敦煌艺术的范畴，又都有各自的特点，从一定的意义上也可以说存在着相互之间文野粗细的差别。然而，正由于这样大大小小诸多石窟群的存在，她们互相补充、互相印证，从而使得整个敦煌艺术以及敦煌艺术研究，更加丰富，更加完备，更加富有生气。

敦煌地区的梵网经变

霍熙亮

一　关于《梵网经》

梵网之名，据经文，释迦在摩醯首罗天王宫时，看到诸大梵天王的网罗幢，于是说："无量世界犹如网孔，一一世界各各不同，别异无量。佛教门亦复如是。"[①]经名或依此而订。

《梵网经》计一百二十卷六十一品[②]，其中《梵网经卢舍那佛说菩萨心地戒品第十》共二卷[③]。

上卷讲述，卢舍那佛坐莲花台藏座上，回答释迦和摩醯首罗天王宫众菩萨所问为何因缘得成菩萨十地道当成佛果？卢舍那佛说：我经百阿僧祇劫修行心地，始得初舍凡夫成等正觉，号为卢舍那，住莲花台藏世界海；其台週遍有千叶，一叶一世界为千世界。我化为千释迦据千世界，复就一叶世界复有百亿四千下、百亿南阎浮提。百亿菩萨释迦坐百亿菩提树下，各说菩提萨埵心地。其余九百九十九释迦各各现千百亿释迦，亦复如是。千花上佛是我化身，千百亿释迦是千释迦化身。随即对千释迦、千百亿释迦讲心地法品，解释十发趣心、十长养心、十金刚心及十地，总称四十法门品。

下卷讲述，卢舍那佛坐千叶莲台上说菩萨心地戒品，主讲十重四十八轻戒，释迦牟尼佛也自摩醯首罗天王宫下降听会说戒。梵天神众、帝王将相、僧俗、六畜等俱来听大戒会。

此经传为后秦时鸠摩罗什主持译成汉文。罗什的弟子沙门僧肇所作《梵网经序》说：弘始三年（公元401年），秦王姚兴"诏天竺法师鸠摩罗什在长安草堂寺及义学沙门三千余僧，手执梵文口翻解释五十余部，唯梵网经一百二十卷六十一品，其中菩萨心地品第十专明菩萨行地。是时道融、道影三百人等即受菩萨戒，人各诵此品以为心首，师徒义合，敬写一品八十一部，流通于世"[④]。

对此经自古就有争议，认为是伪经。譬如唯识宗人认为《梵网经》是假的，因而不承认"梵网菩萨戒"，而另立"瑜伽菩萨戒"；但唯识宗以外各派，则都只承认《梵网》戒，而不承认《瑜伽》戒[⑤]。近代中外学者也提出过一些论证。汤用彤先生的著作中认为，"《梵网经》为大乘戒之最要经典。但为伪经，其所载与其他大乘经律殊不合。《房录》始著录，谓为罗什译。《法经录》言诸家录多入疑品。《僧祐录》无之，仅谓什译《波罗提木叉》（亦即《僧传》之《菩萨戒本》）。可见此经乃北方人伪造。其序文乃据什译《波罗提木叉后记》，而加以增改。其经文乃取《曼殊千臂》与《优婆塞戒》等，参以私意，加以改造（参看望月信亨《净土教之起源与发展》页一五四下）。北土之所以出此经，当因提倡大乘戒之故。按太武帝毁法之后，北方僧伽破坏，纪纲荡然。故志道律师特往洛阳明戒。《梵网经》或于此时应需要而伪造。

① 姚秦·鸠摩罗什译《梵网经卢舍那佛说菩萨心地戒品第十卷下》（《大正藏》卷24，p.1003）。
② 姚秦·僧肇《梵网经序》（《大正藏》卷24，p.997）。
③ 《大正藏》卷24，pp.997～1010。
④ 同注②。
⑤ 郭朋《隋唐佛教》，p.632，齐鲁书社1980年版。

188

图1　榆林窟第32窟梵网经变实测图(霍熙亮实测,霍秀峰绘)

其后传至南方，梁慧皎乃为作疏。但南方除皎以外无人研此部。《祐录》既不载经名，即《僧传》亦未提及。总之，《梵网戒本》必流行北方，而南方颇未注意也"⑥。

在敦煌莫高窟藏经洞出土的遗书中，依台湾省黄永武先生主编的《敦煌遗书最新目录》⑦中，笔者统计与梵网经变直接有关的《梵网经卢舍那佛说菩萨心地戒品第十卷下》多至三十件，《梵网经卢舍那佛说菩萨十重四十八轻戒》也有四件（见附录）。这批珍贵遗书，也反映出唐宋时期大乘戒律仍广泛传播于北土。莫高窟、榆林窟现存五代时创绘的三铺梵网经变，可能是古代艺术匠师依据当地寺院收藏的上述两种写本构思绘制而成的作品。

二　关于梵网经变

安西榆林窟第32窟，张大千编号为22窟，位于西崖南端，是五代时期开凿的中型洞窟。前室崩毁，壁画残存甚少。主室平面方形，设中心佛坛，坛后部中间存清修趺坐佛一身。正壁（西壁）上部画经变一铺，下部画壶门供宝十六方。经变原定名"灵鹫山说法图"，笔者几经观察，总觉疑点有二：其一，主尊头顶肉髻升起云七朵各坐一佛，仰莲宝座花瓣每瓣也坐一佛，甚是奇异；其二，主尊两侧为一组组人物构图略呈说法图形式，或画一僧坐床上一信士托盘跪侍，其中僧人有挖眼、割耳、截舌、剖腹等自裁伤身举动，惨烈的画面实难与庄重的"释迦说法会"相协调。

仅凭经变四十五方题榜中残存的十条题记文字，很难弄清经变的内容。笔者几经检阅佛藏，亦未得结果。1985年冬，翻阅到《梵网经卢舍那佛说菩萨心地戒品第十》卷下，与榜题及壁画形象两相对照，竟能大体吻合，这才确认是"梵网经变"。但是，要想一眼看透全部画面内容，仍非易事。

以下，仅就首先发现的榆林窟第32窟梵网经变试作初步的探讨。

（一）　经变构图

壁画北端高2．16米、南端高2．10米、南北宽5．80米。

全画布局可分南中北三段（图1）。中段说戒法会场面，以主尊卢

⑥　汤用彤《汉魏两晋南北朝佛教史》，p.595，中华书局1983年版。

⑦　黄永武《敦煌遗书最新目录》，新文丰出版公司1986年版。

南侧菩萨、八部神将、金刚听戒　　　　　中央卢舍那佛说戒　　　　北侧菩萨、八部神将、金刚听戒

图2　榆林窟第32窟西壁梵网经变

舍那佛说菩萨心地戒品为中心（图2）。佛头上方七朵彩云化佛组成了穹窿形天顶。云间隐露重峦奇峰，神秘而幽远。卢舍那佛近身两侧，上排画八部神将分立护卫；中排各画二佛、三菩萨合十而坐；下排各画五大菩萨合十分坐床上，其外侧各一持杵金刚坐山石，其上各画一夜叉举旗而立；佛前供案南侧画托花盘胡跪供养菩萨一身，合十菩萨三身各坐莲花（图2），供案北侧合十菩萨为四身（图2）。再下是听会的比丘、比丘尼等，均席地而坐。

南北两段皆以山水树石为背景，可大体分为上中下三层。上层为两段数目相等的轻戒授戒图，人物组合各作一坐佛说戒、左右弟子菩萨胁侍、案前人物跪拜受戒的形式。南段原画六组，分两排，上排南侧的两组漫漶，现两排共存四组，其中仅一组完整。北段原画六组中，下排南端的一组形式特殊，为一法师盘坐山林说戒；其余五组中上排北端一组漫漶，存四组，亦仅一组完整。

中层南段横列五组内容不同而互相衔接的画面，每组以石窟为背景，各画一僧坐床上、一男子托盘跪于床前。北段则画作上下两排，每排四组，也各以石窟为背景，或一僧坐床上、一男子胡跪床前托盘，或一僧立胡床后、床上置衣物，一男子拱手乞讨，或一僧行走、一男子拱手后随。僧人皆身躯高大，以不同方式自裁伤身或呈其他动态。亦有一僧坐椅上或床上展经诵读、一人合掌谛听的场面。

下层画听会的僧俗与帝王臣子、释梵天王等和六畜听会受戒的情节，也各分两排。南段上排自供案南侧起画五组听会受戒群众，皆合十跪地毯上。前两组为僧侣，第三组为西域王子，第四组为善男子，第五组为女信士。下排自画面中间起，也有五组会众，合十跪地毯上，前画僧侣二身，次画梵天一身，再画天王四身，第四组画梵天四身，第五组画大臣五身。南端画一西域国王率王子等走出王城前来听会（图3）。北段上排三组，前画僧侣三人合十胡跪地毯上，次画扶老携幼的贫士七人渡河赶来听会，后画牲畜一群奔走山林。下排前为僧侣二身，次为帝释一身，后画天仙四身；第四组人物五身，漫漶不清，残留服饰颇似袈

190

图3　西域国王、王子前来听会

裟；第五组画大臣五身。凡五组人物，皆合十跪地毯上，其后日、月天
子各一身。北端画一头戴七星冕旒的皇帝，走出皇城赶赴法会，群臣紧
随于后（图4）。

　　本窟四壁较矮，再加下部彩绘壶门供宝和供养人像，可供绘制经变
的壁画只能容纳横式的构图。智慧的古代匠师们以超凡的想象力、纯熟
的技巧，善于在高低不一、宽窄不同及带有各种局限性的壁面上，创作
和构思宏伟壮观的经变。在这幅独特的构图中，尽管两侧的组画内容各
异，场景的多少不等，却仍然布置有序，既对称均衡、又生动活泼，比
起一些呆板单调、说教式的构图，确实高出一筹。

　　（二）　内容校释

　　若据经文识读壁画，中部较易说明，主要是描绘序品说戒大会。说
戒会的两侧，上层画轻戒，中层画重戒。由于当时写经生择录经文书写
榜题一再发生错误，致使上下紊乱、画不对题。这给我们识别经变内容

图4　帝王、群臣及六畜前来听会

增加了不少困难。

为叙述方便起见，依笔者所作经变实测图（图1）中的编号顺序，将图中各画面分述于下：

1．画面：经变正中卢舍那佛身着法衣，两手仰掌相叠拇指上抵，作法界定印置于腹前。跌坐之下的千叶莲花台藏，仰莲花瓣上各坐一释迦。卢舍那佛座前设供案，上置大小三净瓶。

题榜略呈正方形，位于供案下方，墨迹十二行，行序南起（下同）。仅前二行能隐约辨出是每行四句。文字虽已残缺，尚能判定其内容是佛经中的偈颂文（表1）。据经文，莲瓣上所坐释迦，即卢舍那佛说："千花上佛是吾化身"。

2．画面：位于卢舍那佛北侧中部倚坐菩萨外沿，画金刚力士一身，屈右腿坐岩石上，左足斜蹬地面，右手持杵上举，左手握拳抵膝上，环眼圆睁怒视北方。

榜题墨书三行，是当年写经生错录了劝学十重戒的末节经文，应移入16号画面的题榜。此处为与会圣众之一（表1）。

3．画面：位于说戒会的顶端，佛髻升起七朵云中各坐一佛，天空围绕七佛有浮云十朵，也各坐一佛。

榜题字迹蚀失，以画面对照经文可知，升起的七佛是卢舍那佛所说"我化为千释迦据千世界"。围绕着浮云中十佛，是代表千释迦再化现出来的千百亿释迦，在佛典中简称"千化"（表1）。

4．画面：位于经变南端中层，画一僧面北坐床上，左手举刀齐颈自刎，一男子托盘跪侍床前。

榜题字迹蚀失。按，就南段残存三方十重戒题记顺序推断，这南端开头的第一个画面，应是十重戒中列为第一的杀戒（表2）。

5．画面：一僧在树下，面南倚坐床上，双手同举于左肩，动态不明，一男子托盘跪侍于床前。

榜题字迹蚀失。按，似应为十重戒中的第二条盗戒（表2）。

6．画面：一僧面北倚坐床上，双手立掌胸前，动态模糊不清，一男子跪地举盘奉侍。

榜题字迹蚀失。按，似应为十重戒中的第三条淫戒（表2）。

7．画面：一僧面北倚坐床上，右手举刀自截其舌，一男子托盘跪侍床前。

榜题原错写十重戒第七条自赞毁他戒文，应移入北段中层10号题榜，再将原错写进轻戒画20号题榜内的重戒文移至此处，即十重戒第四条妄语戒。所画自裁截舌，正是经文中自身妄语的结局。再者，起自南端向北延伸的重戒画面，南段五组无疑是重戒一至五条，妄语戒在其内，应该就是南段7号画面所绘（表2）。

8．画面：一僧面北倚坐床上，双手合十，腹开一孔，一男子跪在床前双手抽拉其肠。

榜题字迹蚀失。按，这幅引人注目的自裁抽肠的画幅，可能是仿效神僧佛图澄每逢斋日引肠洗之的史迹故事⑧绘制的。借喻若僧人酤酒自饮或教人饮者，应抽肠冲洗。如无误，内容应是十重戒第五条酤酒戒（表2）。

⑧ 梁·慧皎《高僧传》卷九《竺佛图澄》（《大正藏》卷53, pp.386～387）。

表1　现存梵网经变说戒会画面、榜题与经文对照　　　　(经文据《梵网经》卢舍那佛说菩萨心地戒品第十,《大正藏》卷24)

窟名	画面编号	画面形象	榜题	经文
榆林窟第32窟	1	方形题榜	我今盧舍那　□□□□□　周匝千花上 復現千釋迦／一花百億國　一國一釋迦 各坐菩提樹　一時成佛道／□□□□□ □□□□□　□□□釋□　□□□□□ □□□□□　□□□□□　□□□則□ □□□□□　□□□□□／□□□□□ □□□□□　□□□□□／□□□□□ 是盧□□□　我亦如□□　□□□□□ 頂戴□□□／□□□□□　□□□□□ □□□□□　□□□□□　□□□□□ □□□□□　□□□□□　□□□□□ 皆□攝□／□□□□□　□□□□□ □□□□□　□□□□□／□□皆恭敬 □□□□□	我今盧舍那　方坐蓮花臺　周匝千花上 復現千釋迦　一花百億國　一國一釋迦 各坐菩提樹　一時成佛道　如是千百億 盧舍那本身　千百億釋迦　各接微塵衆 俱來至我所　聽我誦佛戒　甘露門則開 是時千百億　還至本道場　各坐菩提樹 誦我本師戒　十重四十八　戒如明日月 亦如瓔珞珠　微塵菩薩衆　由是成正覺 是盧舍那誦　我新如是誦　汝新學菩薩 頂戴受持戒　受持是戒已　轉授諸衆生 諦聽我正誦　佛法中戒藏　波羅提木叉 大衆心諦信　汝是當成佛　我是已成佛 常作如是信　戒品已具足　一切有心者 皆應攝佛戒　衆生受佛戒　即入諸佛位 位同大覺已　真是諸佛子　大衆皆恭敬 至心聽我誦 (偈頌文pp.1003_3～1004_1)
莫高窟第454窟	1	覆莲座碑形题榜	我今□□□　□□□□□／ 復現□□□　□□□□□ 各坐□□□　□□□□□ 盧舍□□□　□□□□□ 俱來至□□　□□□□□ 是時□□□　□□□□□ 誦我本□□　□□□□□ 亦如□□□　□□□□□ 是盧舍那誦　□□□□□ 頂戴□□□　□□□□□ 諦聽我正□　□□□□□ 大衆□□□　□□已成佛／ □□□□□　□□□□□ □□□□□　□□□□□ □□□□□　□□□□□ □□□□□	
莫高窟第456窟	1	覆莲座碑形榜	(榜题蚀失)	
榆林窟第32窟	3	天空五朵彩云各坐一佛	(榜题蚀失)	爾時盧舍那佛即大歡喜現虛空光體性本原成佛常住法身三昧示諸大衆是諸佛子諦聽善思修行我已百阿僧祇劫修行心地以之爲因初捨凡夫成等正覺號爲盧舍那住蓮花臺藏世界海其臺周遍有千葉一葉一世界爲千世界我化爲千釋迦據千世界後就一葉世界復有百億須彌山百億日月百億四天下百億南閻浮提百億菩薩釋迦百億菩提樹下各說汝所問菩提薩埵心地其餘九百九十九釋迦各現千百億釋迦亦復如是千花上佛是吾化身千百億釋迦是千釋迦化身吾已爲本原名爲盧舍那佛 (卷上经文,p.977_3)
莫高窟第454窟	3	仰莲花瓣各坐一佛	千百億釋迦牟尼佛	
莫高窟第454窟	2	一佛坐莲座合十,五弟子跪拜	爾時釋迦牟尼佛初坐菩提樹下说戒	爾時釋迦牟尼佛初坐菩提樹下成無上覺初結菩薩波羅提木叉孝順父母師僧三寶孝順至道之法孝名爲戒亦名制止佛即口放無量光明是時百萬億大衆諸菩薩十八梵天六欲天子十六大國王合掌至心聽佛誦一切佛大乘戒佛告諸菩薩言我今半月半月自誦諸佛法戒汝等一切發心菩薩亦誦乃至十發趣十長養十金剛十地諸菩薩亦誦是故戒光從口出有緣非無因故光光非青黃赤白黑非色非心非有非無非因果法是諸佛之本源菩薩之根本是大衆諸佛子之根本是故之衆諸佛子應受持應讀誦善學佛戒諦聽若受佛戒者國王王子百官宰相比丘比丘尼十八梵天六欲天子庶民黃門淫男淫女奴婢八部鬼神金剛神畜生乃至變化人但解法師語盡受得戒皆
榆林窟第32窟	37	三僧跪拜	是時百萬□□□□菩……	
	26	二僧跪拜	爾時百萬億大衆□□□□□	
	31	二僧跪拜	爾時百萬億大衆來聽此會時	
	40	二僧跪拜	爾時百萬億大衆來聽此會時	
莫高窟第454窟	13	七菩萨倚坐拜	諸大菩薩聽戒	
	14	六菩萨倚坐拜	菩薩摩訶薩來聽戒	
	21	六菩萨倚坐拜	大衆諸菩薩合掌至心聽戒	
	22	三菩萨趺坐拜 二僧跪拜	諸大菩薩以大羅漢來聽菩薩戒	
莫高窟第456窟	8	三菩萨残迹及四僧跪拜	(榜题蚀失)	

				名第一清净者
				(卷下经文，p.1004₁~₂)
	9	六僧跪拜	(榜 题 蚀 失)	
	16	三菩萨残迹及三僧跪拜	(榜 题 蚀 失)	
榆林窟第32窟	34	四梵天跪拜	十八萬梵天來聽此會時	
	32	一帝释跪拜	十八萬天帝釋來聽此會時	
	41	一梵天跪拜	……來聽此會時	
莫高窟第454窟	23	一梵天跪拜，后立二侍童	十八梵王合掌至心聽戒	
	15	一帝释跪拜，后立二侍童	……月聽戒	
	16	五梵天跪拜	梵王帝釋衆來聽菩薩戒	
莫高窟第456窟	11	一梵天跪拜	(榜 题 蚀 失)	
	19	一帝释、二侍童跪拜	(榜 题 蚀 失)	
	20	五梵天跪拜	(榜 题 蚀 失)	
榆林窟第32窟	2	一金刚坐石上	(此处原题劝学十重戒经文之二)	
莫高窟第456窟	7	一金刚持杵坐石上	(榜 题 蚀 失)	
莫高窟第454窟	24	四天王跪拜	無净居天來聽菩薩戒	
榆林窟第32窟	33	四天王跪拜	(榜 题 蚀 失)	
莫高窟第456窟	12	四天王跪拜	(榜 题 蚀 失)	
莫高窟第454窟	4	一力士蓬发五首半裸	阿修羅王	
	5	一虎帽神将抱琵琶	乾達婆	
	6	一蛇冠神将拄杵	乾如意夜叉	
	7	一神将举杵肩上	天龍夜叉會	
	8	一兽帽神将	迦樓羅王	
	9	一束发神将	緊那羅王	
	10	一鹿冠神将持剑	結露茶王	
	11	一扎巾神将持矛	藥叉王	
	12	一力士蓬发半裸举杵肩上	阿修羅多婆□	
莫高窟第456窟	2	一神将掮杵	(榜 题 蚀 失)	
	3	一蛇冠神将	(榜 题 蚀 失)	
	4	一象帽？尖嘴神将	(榜 题 蚀 失)	
	5	一鹿冠神将	(榜 题 蚀 失)	
	6	一神将头生三角持剑	(榜 题 蚀 失)	
榆林窟第32窟	42	四天女跪拜	十八萬天仙來聽此會時	
	45	二王者持笏	爾時日月天子來助此會時	
	44	五王者跪拜	十八萬國王從梵天來聽十刑時	
	28	西域国王、王子七人跪拜	十六大國王合……/菩言子□月……	
	36	一西域国王，王子，大臣，侍者八人伴行	十六大國國王王子來聽此會時	
莫高窟第454窟	25	六王者跪拜	十六大國王王子聽菩薩戒	
	27	九西域王子跪拜	□□□□受持菩薩戒	
	28	一西域国王，王子，大臣，侍者八人伴行	十六大國王受持菩薩戒	
莫高窟第456窟	22	一帝王，大臣，武士、侍女十一人伴行	(榜 题 蚀 失)	
	10	西域国王、王子七人跪拜	(榜 题 蚀 失)	
	15	一西域国王，王子，大臣，侍童十一人伴行	(榜 题 蚀 失)	
	13	四王者跪拜	(榜 题 蚀 失)	
莫高窟第454窟	20	一帝王，大臣，武士、侍女十二人伴行	震旦國皇帝來聽菩薩戒	

	29	二大臣跪拜	大臣聽菩薩戒	
	18	八大臣跪拜，后立信士、信女多人	百官宰相優婆塞優婆姨等	
莫高窟第456窟	17	六大臣跪拜	（榜　題　蝕　失）	
	14	二大臣跪拜	（榜　題　蝕　失）	
榆林窟第32窟	35	五大臣跪拜	（榜　題　蝕　失）	
莫高窟第454窟	17	五僧五尼跪拜	比丘比丘尼衆來聽菩薩戒	
	26	十僧跪拜	大比丘聽菩薩戒	
莫高窟第456窟	21	五僧四尼跪拜	（榜　題　蝕　失）	
榆林窟第32窟	29	七男子跪拜	八萬善男子衆來聽此會時	
	30	六女子跪拜	八萬善女人來聽□□□	
	38	五男一女携幼儿	一切貧困者來聽此會時	
	43	五僧跪拜	十八萬大衆來聽此會時	
	27	七僧跪拜	十八萬大衆來聽此會時	
	39	牛虎狮马狼羊狗成群	爾時一切禽獸六畜來聽此會時	
莫高窟第456窟	18	狮马象虎牛成群	（榜　題　蝕　失）	
莫高窟第454窟	19	狮马象虎牛成群，前有四人，一人跪地	淫男淫女淫奴畜生乃至變化女人	

9．画面：位于北段中层，一僧面南俯首倚坐床上，左手抚膝，右手举斧斩斫膝盖，血流喷射，一男子托盘跪侍床前。

榜题字迹蚀失。若按十重戒组画由南而北的顺序关系，逐幅排列至此，应该是十重戒第六条说四众过；但当年这条戒文被写经生错写在了18号轻戒图题榜中，实应移来此处（表2）。

10．画面：一僧面北倚坐床上，左手抚膝，右手举刀斫左手腕，血浆喷洒，一男子托盘跪侍床前。

榜题字迹蚀失。按重戒排列顺序应该是第七戒条，当年错写进第7号题榜，应移来此处，内容为十重戒第七条自赞毁他戒（表2）。

11．画面：位于中层北端，南侧画床一张，上置衣物。一贫士拱手而立，状似乞讨。一僧立床后，右手伸向床上，作将取物施舍状。

榜题墨书两行，内容为重戒第八条悭惜加毁戒（表2）。

12．画面：一僧山林中前行，回首相顾，一男子合掌随后。

榜题墨书二行，残存十字，内容为重戒第九条瞋心不受悔戒（表2）。

13．画面：一僧面北俯首屈背倚坐床上，左手抚膝，右手高举过头，手中持物不清，颈部血浆喷射床上，一男子托盘跪侍床前。

榜题字迹蚀失。按，所画应是十重戒第十条谤三宝戒。这条戒文原错写入上排应录劝学十重戒经文的14号题榜内。两者上下相距不远，可能当时写录经文时题错了位置，应移入此处还归本位（表2）。

14．画面：一僧面北坐靠背椅上，双手展经卷诵读，一男子合掌胡跪听受。

榜题墨书二行，是十重戒第十条谤三宝戒文。按，戒文内容与壁画形象不符，应该将其移至下方13号题榜内。本题榜应将错写入15号题榜的劝学十重戒经文开头的一节移入，方得吻合。《梵网经》在列举十重戒之后，有一段经文⑨，内容为劝导人们学习十重戒律并"敬心奉持"，不可违犯。这段经文，榜题将其分作三节，画面也分为连续的三组（表2）。

⑨　《大正藏》卷24，p.1005。

表2 梵网经变现存十重戒画面、榜题与经文对照   (经文据《梵网经》卢舍那佛说菩萨心地戒品第十，《大正藏》卷24)

窟 名	画面编号	画面形象	榜 题	经 文
榆林窟第32窟 莫高窟第454窟	4 42	床上一僧自刎，一男托盘跪侍 案前二僧合十受戒	(榜题蚀失) 佛告佛子若自煞交(教)人煞□□□□煞因煞缘煞/法煞业乃至一切有命者不得故煞而菩萨应/起常住慈悲心孝顺心□□□□□是菩萨波罗夷罪	佛言佛子若自殺教人殺方便讚嘆殺見作隨喜乃至咒殺殺因殺緣殺法殺業乃至一切有命者不得故殺是菩薩應常住慈悲心孝順心方便救護一切眾生而自恣心快意殺生者是菩薩波羅夷罪 (第一条杀戒，p.1004₂)
榆林窟第32窟 莫高窟第454窟	5 43	床上一僧，一男托盘跪侍 二僧合十受戒	(榜题蚀失) 若佛子自盗交(教)人盗方便盗盗因盗缘盗/法盗业生福生乐而反更盗人财物者是菩萨波罗夷罪	若佛子自盜教人盜方便盜盜因盜緣盜法盜業咒盜乃至鬼神有主劫賊物一切財物一針一草不得故盜而菩薩生佛性孝順慈悲心常助一切人生福生樂而反更盜人財物者是菩薩波羅夷罪 (第二条盗戒，p.1004₂)
榆林窟第32窟 莫高窟第454窟	6 44	床上一僧立掌胸前，一男托盘跪侍 一王者与夫人及王子合十受戒，西侧四仕女，东侧四大臣	(榜题蚀失) 若佛子自淫交(教)人淫淫因淫缘淫法淫业一/切女人不得故淫乃至畜生女诸天鬼神女及非道/行淫是菩萨波罗夷罪	若佛子自淫教人淫乃至一切女人不得故淫淫因淫緣淫法淫業乃至畜生女諸天鬼女及非道行淫而菩薩應生孝順心救度一切眾生淨法與人而反更起一切人淫不擇畜生乃至母女姊妹六親行淫無慈悲心者是菩薩波羅夷罪 (第三条淫戒，p.1004₂.₃)
榆林窟第32窟 莫高窟第454窟	7 45	床上一僧截舌，一男托盘跪侍 二僧合十受戒	□□子自妄語教人妄語□□□□□因妄語緣/妄語法□□□□□□□□□□□/□□□□□□正見□□□□□□□□(原错题在20号，此处原题重戒第七条) 若佛子自妄語交(教)人妄語方便妄語妄語因亡語緣/亡語法妄語業不見言見見言不見身心妄語常生/正語正見而返(反)更生邪見邪語是菩薩波羅夷罪	若佛子自妄語教人妄語方便妄語妄語緣妄語法妄語業乃至不見言見見言不見身心妄語而菩薩常生正語正見亦生一切眾生正語正見而反更起一切眾生邪語邪見邪業者是菩薩波羅夷罪 (第四条妄语戒，p.1004₃)
榆林窟第32窟 莫高窟第454窟	8 46	床上一僧开腹，一男跪地抽肠 二僧合十受戒	(榜题蚀失) 若佛子自沽(酤)酒交(教)人沽(酤)酒沽(酤)酒因沽(酤)酒緣沽(酤)酒法沽(酤)/酒業一切酒不得沽(酤)是酒起罪因緣是菩薩波羅夷罪	若佛子酤酒教人酤酒酤酒因酤酒緣酤酒法酤酒業一切酒不得酤是酒起罪因緣而菩薩應生一切眾生明達之慧而反更生一切眾生顛倒之心者是菩薩波羅夷罪 (第五条酤酒戒，p.1004₃)
榆林窟第32窟 莫高窟第454窟	9 47	床上一僧举斧斫膝，一男托盘跪侍 案前为水池，无人物	爾時口自說出家在家□□□□□□教人說/罪過罪過因罪過緣□□□過業(原错题在18号，此处原榜师蚀失) 若佛子口自說比丘比丘尼罪過交(教)人說罪過罪過因/罪過緣罪過法罪過業說法中非法非非法是菩薩波羅夷罪	若佛子自說出家在家菩薩比丘比丘尼罪過教人說罪過罪過因罪過緣罪過法罪過業而菩薩聞外道惡人及二乘惡人說佛法中非法非律常生悲心教化是惡人輩令生大乘善信而菩薩反更自說佛法中罪過者是菩薩波羅夷罪 (第六条说四众过戒，p.1004₃)
榆林窟第32窟 莫高窟第454窟	10 48	床上一僧举刀斫腕，一男托盘跪侍 二僧合十受戒	若佛子口自讚毀他亦教人自讚毀他毀他因/毀他緣毀他法毀他棄(業)而菩薩應代一切/眾生受加毀辱惡事自向/己好事與他人若/自揚己德隱他人好事令他人受毀者(原错题在8号，此处原榜题蚀失) 若佛子口自讚毀他亦交(教)人自讚毀他毀/他因毀他緣毀他/法毀他業而菩薩若自揚/己德隱他人好事令他人/賈(受)毀者是菩薩波羅夷罪	若佛子口自讚毀他亦教人自讚毀他毀他因毀他緣毀他法毀他業而菩薩應代一切眾生受加毀辱惡事自向己好事與他人若自揚己德隱他人好事令他人受毀者是菩薩波羅夷罪 (第七条自赞毁他戒，p.1004₃)
榆林窟第32窟 莫高窟第454窟	11 49	床上置衣物，后立一僧，一男乞讨 二僧合十受戒	自慳堅教人慳慳因慳緣慳法慳棄(業)若菩薩見一切/貧窮人來乞者隨前人所(漏一"須"字)一切給與而菩薩 若佛子自慳交(教)人慳慳因慳緣慳法慳業/而菩薩見一切貧窮人來乞者不施一針一草是菩薩波羅夷罪	若佛子自慳教人慳慳因慳緣慳法慳業而菩薩見一切貧窮人來乞者隨前人所須一切給與而菩薩以惡心瞋心乃至不施一錢一針一草有求法者不爲說一句一偈一微塵許法而反更罵辱者是菩薩波羅夷罪 (第八条悭惜加毁戒，p.1004₃~1005₁)

榆林窟第32窟	12	一僧前行，一男合十而立	自瞋教人瞋……/薩應生一切……	若佛子自瞋教人瞋瞋因瞋緣瞋法瞋業而菩薩應生一切眾生中善根無諍之事常生悲心而反更於一切眾生中乃至非眾生中以惡口罵辱加以手打及以刀杖意猶不息前人求悔善言懺謝猶瞋不解者是菩薩波羅夷罪（第九條瞋心不受悔戒，p.1005₁）
莫高窟第454窟	50	二僧合十受戒	若佛子瞋罵一切眾生者是菩薩波羅夷罪	
榆林窟第32窟	13	床上一僧持物，頸部流血，一男托盤跪侍	自謗三寶教人謗三寶謗因謗緣謗法謗業而菩薩見外道/及一切惡人一言謗佛音聲□□□□□□□□□(原錯題在14号，此处原榜題蝕失)	若佛子自謗三寶教人謗三寶謗因謗緣謗法謗業而菩薩見外道及以惡人一言謗佛音聲如三百鉾刺心況口自謗不生信心孝順心而反更助惡人邪見人謗者是菩薩波羅夷罪（第十條謗三寶戒，p.1005₁）
莫高窟第454窟	49	二僧合十受戒	若佛子自謗三寶交(教)人謗三寶謗因謗緣謗法謗業/聞外人惡人一言謗佛音聲如三百鉾刺心況口自謗/不生信心邪見人謗者是菩薩波羅夷罪	
榆林窟第32窟	14	一僧坐椅上诵经，一男胡跪听受	善學諸□□□菩薩十波羅提木□(又)應當學於中不應一一犯/如是微塵許□況具足犯十戒若有犯者不得現身(原錯題在15号，此处原榜題重戒第十条)	善學諸仁者是菩薩十波羅提木义應當學於中不應一一犯如微塵許何況具足犯十戒若有犯者不得現身（劝学经文之一，p.1005₁）
榆林窟第32窟	15	一僧坐床上诵经，一男合十听受	(此处原师劝学经文之一)	發菩提心亦失國王位轉輪王位亦失比丘比丘尼位亦失十發趣十長養（劝学经文之二，p.1005₁）
榆林窟第32窟	16	一僧坐床上诵经，一男胡跪听受	十金剝(剛)十地佛聖(性)常住妙果一切皆悉(失)墮三惡道中/二劫三劫不聞父母三賢名字如是不應□(一)□(一)□(犯)汝/等一切諸菩薩今學當學已學如是十成應當學(原错题在2号，此处原榜題蝕失)	十金剛十地佛性常住妙果一切皆失墮三惡道中二劫三劫不聞父母三寶名字如是不應一一犯汝等一切諸菩薩今學當學已學如是十戒應當學敬心奉持八萬威儀品當廣明（劝学经文之三，p.1005₁）

15．画面：漫漶严重，可辨识出一僧面南坐床上，前置一几，上放佛经一卷，僧人双手展另一卷经诵读，对面一男子胡跪床上合掌谛听。

榜题原抄录劝学十重戒经文开头的一节。笔者经反复揣摩，认定这节经文应移入北邻14号题榜。那样不仅经文与画面形象符合，相互衔接的三组劝学经文画面（14、15、16号）亦顿显布局完整。再看南邻的16号题榜，已只字无存，其下方2号金刚形象题名榜中却错题劝学十重戒末尾的一节经文。因可断定，原16号画面榜题为劝学十重戒第二小节的经文，实际上应该移入15号题榜。由此，笔者认为本画面内容是劝学十重戒经文的第二节。

16．画面：虽漫漶多处，仍可隐约看出是一僧面南倚坐床上，双手展一经卷诵读，一男子胡跪谛听。

榜题字迹蚀失。若将错写进下方2号金刚题名榜中的劝学十重戒经文末节移入本题榜，则14、15、16三组画面全部题记即可回归本位（表2）。

经变南、北段上部选画轻戒内容，各作一佛二菩萨二弟子授戒图，上下两排，共十二组画面。每组释迦侧面倚坐，上有菩提宝盖，胁侍分立左右，前设供案，案上置净瓶。除案前参拜受戒的人物多少有别外，构图雷同。上排壁画久经雀鸟和蝙蝠之害，近半数已伤损无存。

17．画面：位于南段上排，壁画伤损严重，尚存宝盖、佛的上半身和二弟子一菩萨头部残迹，残供案南端存二僧画迹，其下方立二比丘合十遥拜，案前胡跪二僧合十受戒。

榜题墨书二行，残存末行十字，与经文对照，属四十八轻戒第三条不得食五辛戒（表3）。

18．画面：授戒图下部漫漶，仅上部存宝盖、面北倚坐佛头部、二弟子、北侧一菩萨头部及供案残迹。

榜题墨书二行，系当时错录十重戒第六条戒文，应移入北段9号题榜，此处画面应属轻戒。

19．画面：南段轻戒下排南起第一组，画宝盖之下佛面北说戒，两侧二弟子二菩萨，香案前跪二人合十受戒。

榜题字迹蚀失，难以确定戒条内容，据画面应属轻戒。

20．画面：授戒图漫漶严重，残存南侧佛背光局部与一菩萨画迹，残香案前二僧跪拜合十受戒，北侧下方二僧面向山林合十而立。

题榜中错写十重戒第四条，应移入7号题榜，此处画面内容为轻戒。

21．画面：位于北段上排南端，授戒图中佛面北说戒，香案南端三仕女、北端二大臣皆合十面佛跪拜受戒。案前一王者及夫人合十参拜受戒，身后残存一王子画迹。

榜题字迹蚀失，但据画面可判定为轻戒第一条。《梵网经》四十八轻戒第一条云，佛子欲受王位、百官位时，应先受菩萨戒，从而生孝顺心、恭敬心；若反生骄心、慢心、痴心，不礼拜供养，则犯轻垢罪。戒文与所画人物形象恰相吻合。北邻的22号榜题墨书一行，是轻戒第一条的录文，应移入本题榜（表3）。

22．画面：授戒图中佛面南说戒，北侧一菩萨漫漶，香案前残损无存。

榜题错写进轻戒第一条，应移至21号题榜。此处画面虽属轻戒，但内容无法判定。

23．画面：位于上排北端，授戒图漫漶严重，残存面南倚坐佛半身、北侧一菩萨半身和残香案画迹。

榜题字迹蚀失。画面具体内容不详，但无疑应属轻戒。

24．画面：位于北段轻戒下排，漫漶严重，上部剥落。这是十二组轻戒中唯一构图特殊的画面，仅能辨出一面北的法师，法衣由头顶裹至全身，居高跌坐于岩石上，呈讲经说律之状。左侧和前方各立一男子合十躬身听受。

榜题多已脱落，隐约可见二行字迹，已难以辨识，但画面与轻戒第七条吻合，其内容是新学菩萨应持经律卷至法师所听受，"若山林树下僧地房中一切说法处悉至听受。若不至彼听受者，犯轻垢罪"（表3）。

25．画面：授戒图漫漶严重，仅存面北坐佛与南侧一菩萨及宝盖、香案、二僧跪拜受戒画迹。

榜题字迹蚀失。画面亦属轻戒，具体内容殊难确知。

综观上述17～25号九组有迹可寻的轻戒画面，当可看出画师选择的多是较易于用图画作形象表现的戒律内容。

至此已可确知，这铺经变重点描绘的是《梵网经》中的大乘戒律十重四十八轻戒。以下编号26～45号诸画面，表现与会帝释梵天、帝王群臣、僧俗大众及禽兽六畜等齐来听会受戒，似已无须赘述，请参见表1。

表3　梵网经变现存四十八轻戒画面、榜题与经文对照　　　　　　　　(经文据《梵网经》卢舍那佛说菩萨心地戒品第十,《大正藏》卷24)

窟　名	画面编号	画面形象	榜　题	经　文
莫高窟第454窟	30	二僧合掌受戒	告諸菩薩言以(已)説∣波羅提木义竟四十八輕金(今)剛(當)説(學)	佛告諸菩薩言,已説十波羅提木义竟四十八輕今當學 (劝学经文,p.1005₁)
榆林窟第32窟 莫高窟第456窟	21 23	一王者与夫人、王子受戒,案侧三仕女、二大臣 一王者与夫人、王子受戒,后跪一僧持剃刀	佛子欲受國王位時受轉輪王位時 (榜　题　蚀　失)	佛言若佛子欲受國王位時受轉輪王位時百官受位時應先受菩薩戒一切鬼神救護王身百官之身諸佛歡喜既得戒已生孝順心恭敬心見上座和上阿闍黎大同學同見同行者應起承迎禮拜問訊而菩薩反生憍心慢心癡心不起承迎禮拜一一不如法供養以自賣身國城男女七賓百物而供養之者不爾者犯輕垢罪 (第一条不如法供养戒,p.1005₁~₂)
莫高窟第454窟	31	二男合掌受戒	若佛子故飲酒而生酒過失無量若自身手過酒器與人五百世無手若故自飲交(教)人飲者犯輕垢罪	若佛子故飲酒而生酒過失無量若自身手過酒器與人飲酒者五百世無手何況自飲不得教一切人飲及一切衆生飲酒況自飲酒若故自飲教人飲者犯輕垢罪 (第二条饮酒戒,p.1005₂)
莫高窟第454窟	32	案前二人合十受戒	若佛子故食肉一切肉不得食斷大慈悲/佛聖(性)種子一切衆生見而舍去是故一切菩薩不得食一切衆生肉得無量罪若故食者犯輕垢罪	若佛子故食肉一切肉不得食斷大慈悲性種子一切衆生見而舍去是故一切菩薩不得食一切衆生肉食肉得無量罪若故食者犯輕垢罪 (第三条食肉戒,p.1005₂)
榆林窟第32窟 莫高窟第454窟	17 33	残存案侧二僧,案前二僧胡跪受戒,下立二僧 案前二僧受戒	□□□□□□□□□/□□□一切食中不得食若故食□□□□□ 若佛子不得食五辛大蒜革葱慈葱(葱)難(蘭)葱(葱)興菜/是五種一切食中不得食若食者犯輕垢罪	若佛子不得食五辛大蒜革葱慈葱蘭葱興是五種一切食中不得食若故食者犯輕垢罪 (第四条食五辛戒,p.1005₂)
莫高窟第454窟	34	二信女合掌受戒	若佛子不得犯八戒五戒十戒若有犯者犯輕垢罪	若佛子見一切衆生犯八戒五戒十戒毀禁七逆八難一切犯戒罪應教懺悔而菩薩不教懺悔共住同僧利養而共布薩同一衆住説戒而不舉其罪教過者犯輕垢罪 (第五条不教忏悔戒,p.1005₂)
榆林窟第32窟 莫高窟第454窟	24 35	法师高坐石上,侧立一男,一男合十听受 法师高坐床上,侧立一僧,一男合十听受	(榜　题　蚀　失) 若佛子一切處有講法經律而新學菩薩/悉至聽受若不至闢聽受犯輕垢罪	若佛子一切處有講毗尼經律大宅舍中講法處是新學菩薩應持經律卷至法師所聽受諮問若山林樹下僧地房中一切説法處悉至聽受若不至彼聽受者犯輕垢罪 (第七条不听受经律戒,p.1005₂~₃)
莫高窟第454窟	36	案前一男一女合掌受戒	若佛子見一切疾病人常應供養/若山林道路中見病不救者犯輕垢罪	若佛子見一切疾病人常應供養如佛無異八福田中看病福田第一福田若父母師僧弟子疾病諸根不具百種病苦腦皆養令差而菩薩以惡心瞋恨不至僧房中城邑曠野山林道路中見病不救者犯輕垢罪 (第九条见病不救戒,p.1005₃)
莫高窟第454窟	37	案前一男一女合掌受戒	若佛子不得畜刀箭弓杖者畜犯輕垢罪	若佛子不得畜一切刀杖弓箭鉾斧鬥戰之具及惡網羅殺發生之器一切不得畜而菩薩乃至殺父母尚不加報況餘一切衆生若故畜一切刀杖者犯輕垢罪如是十戒應當學敬心奉持下六品中當廣明 (第十条蓄一切刀杖戒,p.1005₃)
莫高窟第454窟	38	法师坐床上凭几书写,一僧裹衣受戒	若佛子以惡心故廣大火燒山林曠野/居家屋宅一切財物故燒者犯輕垢罪	若佛子以惡心故放大火燒山林曠野四月乃至九月放火若燒他人家屋宅城邑僧房田木及鬼神官物一切有主物不得故燒若故燒者犯輕垢罪

199

				(第十四条故放火烧戒,p.1006₁)

				(第十四条故放火烧戒,p.1006₁)
莫高窟第454窟	39	法师坐床上,一男合十受戒	若佛子心有大乘二乘犯輕垢罪	若佛子有佛經律大乘正法正見正性正法身而不能勸學修習而捨七寶反學邪見二乘外道俗典阿毘曇雜論書記是斷佛性障道因緣非行菩薩道若故作者犯輕垢罪 (第二十四条学外道俗典戒,p.1006₃)
莫高窟第454窟	52	床上置衣物,一僧立床前,一男拱手立	復作是願……猛火……終不以破戒之心/□□□□檀越百種衣服	復作是願寧以熱鐵羅綱千重匝纏身終不以破戒之身受於信心檀越一切衣服 (第三十六条不发是愿戒 愿文之二,p.1007₃)
莫高窟第454窟	53	一僧倚坐床上,腹开一孔,一男抽拉其肠	(此处原题愿文之七)	復作是願寧以此口吞熱鐵丸及大流猛火經百千劫終不以破戒之口食信心檀越百味飲食 (愿文之三,p.1007₃)
莫高窟第454窟	54	一僧坐姿,前一男子	(榜题蚀失)	復作是願寧以此身臥大猛火羅綱熱鐵地上終不以破戒之身受信心檀越百種牀座 (愿文之四,p.1007₃)
莫高窟第454窟	55	一僧倚坐床上托钵,一男托盘跪侍	……/……不受信心檀越百味易藥時	復作是願寧以此身受三百鉾刺經一劫二劫終不以破戒之身受信心檀越百味醫藥 (愿文之五,p.1007₃)
莫高窟第454窟	56	一僧坐床上以錘击腿,一男托盘跪侍	復作是願寧以鐵錘打碎其身……(原错题在53号,此处原榜题蚀失)	復作是願寧以鐵錘打碎此身從頭至足令如微塵終不以破戒之身受信心檀越恭敬禮拜 (愿文之七,p.1007₃)
莫高窟第454窟	57	一僧倚坐床上举鉾挑眼,一男托盘跪侍	復作……挑其兩目……之心視他好色	復作是願寧以百千熱鐵刀鉾挑其雙目終不以破戒之心視他好色 (愿文之八,p.1007₃~1008₁)
莫高窟第454窟	58	一僧倚坐床上举錐刺耳,一男托盘跪侍	復作是願……/……心聽好□□	復作是願寧以百千鐵錐遍劖刺耳根經一劫二劫終不以破戒之心聽好音聲 (愿文之九,p.1008₁)
莫高窟第454窟	59	一僧坐床上举刀割鼻,一男托盘跪侍	復作是願……/戒之心……香	復作是願寧以百千刃刀割去其鼻終不以破戒之心貪嗅諸香 (愿文之十,p.1008₁)
莫高窟第454窟	60	一僧跪床上持刀断舌,一男托盘跪侍	復作是願寧割斷其舌……之心食人……食	復作是願寧以百千刃刀割斷其舌終不以破戒之心食人百味净食 (愿文之十一,p.1008₁)
莫高窟第454窟	61	一僧坐床上以斧斫腿,一男托盘跪侍	(榜题蚀失)	復作是願寧以利斧斬斫其身終不以破戒之心貪著好觸 (愿文之十二,p.1008₁)
莫高窟第454窟	40	二僧合十受戒	復作是願願一切衆生悉得成佛菩薩若/不發是願者犯輕垢罪	復作是願願一切衆生悉得成佛而菩薩不發是願者犯輕垢罪 (第三十六条愿文之末,p.1008₁)
莫高窟第454窟 莫高窟第456窟	41 24	二信士合十受戒 一僧合十受戒	若佛子應如法次第坐先受戒者在前/坐後受戒者在後坐不次第坐犯輕垢罪 若佛子先受戒者在前坐後受戒者在後/坐不次第坐犯輕垢罪	若佛子應如法次第坐先受戒者在前坐後受戒者在後不問老少比丘比丘尼貴人國王王子乃至黃門奴婢皆應先受戒者在前坐後受戒者瓷第而坐莫如外道痴人若老若少無前無後坐無次第兵奴之法我佛法中先者先坐後者後坐而菩薩不次第坐者犯輕垢罪 (第三十八条不次第坐戒,p.1008₂)

（三）　莫高窟的两铺梵网经变

在笔者由榆林窟第32窟正壁发现梵网经变这一新题材之后，施萍婷先生在整理莫高窟金光明经变壁画资料时，发现莫高窟第454、456两窟

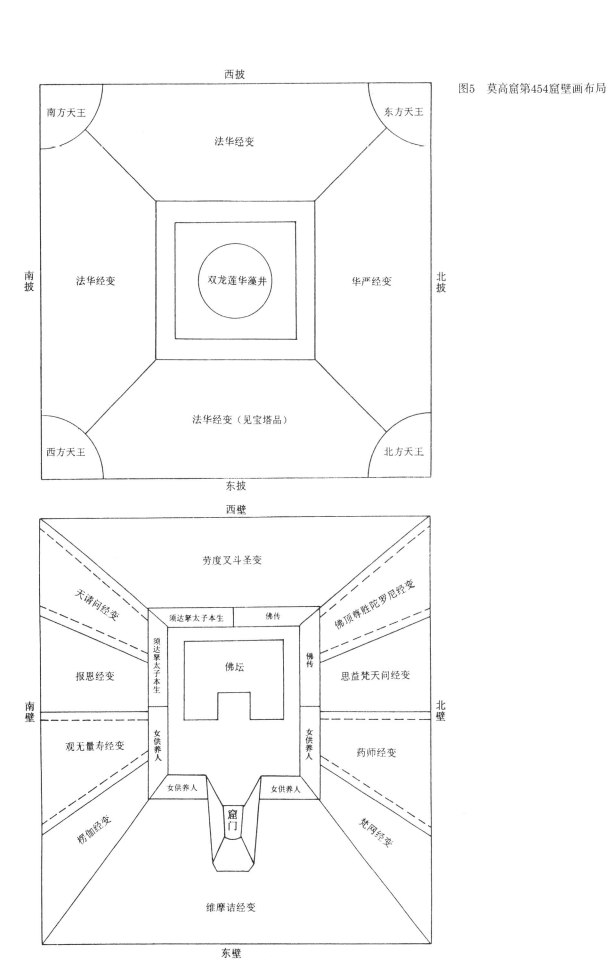

图5　莫高窟第454窟壁画布局

北壁也绘有与上述类同的经变，同属梵网经变。

　　第454窟，伯希和编号119，张大千编号228，朝向东偏南5°，位于

图6　莫高窟第454窟梵网经变

窟群中部高处，创凿于五代前期，为莫高窟大型洞窟之一。主室北壁画四铺经变（图7），其中东端一铺，原定名金光明经变，实际上是梵网经变（图6、7）。画面取竖构图，中间纵贯上下的说戒会占整个幅面的大半。其最上画摩醯首罗天王宫，与榆林窟有所不同（图8）。佛髻升起七化佛。围绕七化佛，各方佛、菩萨乘浮云来赴会。画面的这一部分布局较为疏朗，显得天空辽阔。下部卢舍那佛坐莲花台藏说戒会，与榆林窟不同之处只是香案东侧多了释迦率五弟子听戒的形象（图9），榜题"尔时释迦牟尼佛初坐菩提树下说戒"（表1）。画面左右两侧绘十重四十八轻戒，都采用一佛二菩萨二弟子授戒图的形式。题榜都较大，既醒目、利于宣讲戒律，又能界隔画面。全画以42～51号计十方榜题和九组画面表现十重戒。轻戒画面共二十二组，第一画面（30号）为劝学轻戒经文内容，以下二十一组表现轻戒十一条，其中第三十六条涉及十

二愿，计用十一组画面（40、52～61号）。在西侧中部，为了构图上的
对称整齐，宁将说谤三宝戒画面删减，只留戒文榜题一方（51号，见表
2、图10）。在东侧则相反，在19号与20号之间，六畜画面省去了榜题
（未编号），亦是为了局部画面的完整。再者，为了突出说戒会的庄重
肃穆，特意将轻戒第三十六条血淋淋的发愿画面，置于不很显眼的东西
两下角（图11）。由此可知古代匠师在经变创作中经营构思之用心良
苦。

图7　莫高窟第454窟梵网经变实测
图(霍熙亮实测,霍秀峰绘)

图8 摩醯首罗天宫

图9 释迦率弟子听戒

图10 谤三宝戒榜题

图11 轻戒第三十六(部分)

第454窟梵网经变共有榜书六十一方，与《梵网经卢舍那佛说菩萨心地戒品第十卷下》经文大都吻合；榜题数量之多，在经变画中也颇少见，实为大乘戒律画最完整而又宏伟的珍贵资料，内容具见附表。

第456窟，伯希和编号118，张大千编号229，朝向东偏南5°，位于第454窟之南，仅相隔一隋代残龛。此窟原系北周开凿的一个小型洞窟，五代时整窟抹泥重绘，壁画又多被宋初涂色重描（图12、13）。北壁通壁画经变一铺，过去一直被当作金光明经变，实乃梵网经变（图14、15）。其构图形式基本同于第454窟，但布局均衡、形象生动似更胜一筹，可惜早年被盗，迄今刀痕犹存，令人愤慨。被揭取处露出的底层北周壁画，原都已遭严重烟熏，蒙受破坏，现可看到壁画上沿的飞天、垂幔，以及布满壁画的千佛画痕。相邻两窟的梵网经变，内容上有

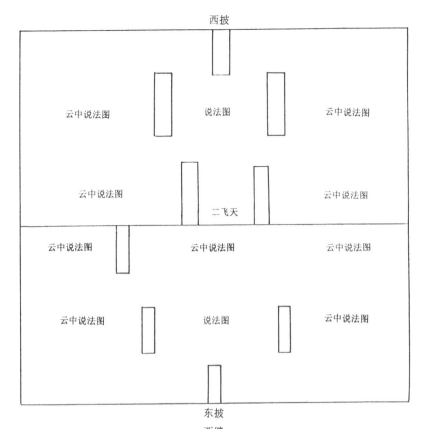

西披

云中说法图	说法图	云中说法图
云中说法图	二飞天	云中说法图
云中说法图	云中说法图	云中说法图
云中说法图	说法图	云中说法图

东披

图12 莫高窟第456窟内景

西壁

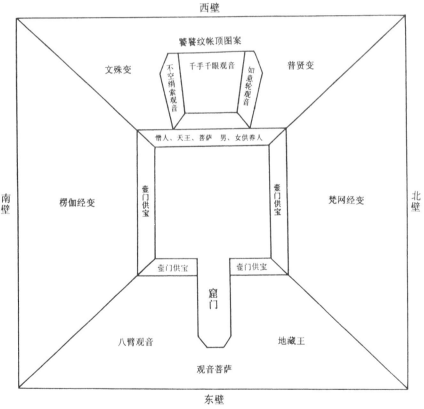

饕餮纹帐顶图案

文殊变　　不空绢索观音　千手千眼观音　如意轮观音　　普贤变

僧人、天王、菩萨　男、女供养人

南壁　楞伽经变　壶门供宝　壶门供宝　梵网经变　北壁

壶门供宝　壶门供宝

窟门

八臂观音　　地藏王

观音菩萨

东壁

图13 莫高窟第456窟壁画布局

不小的差异，说戒会的具体描绘，也并非完全一致。例如，第456窟北壁上沿，天王宫上方及西侧有浮云三朵各坐一佛，即是由佛髻中升起的七佛再现"千百亿释迦"，为第454窟所无。七佛西侧上有浮云两朵各坐一佛二菩萨，下画浮云三朵上面分别为一坐佛、一跪姿菩萨、一托盘飞天，这些都是来自天宫的赴会圣众。

图14　莫高窟第456窟梵网经变

此窟梵网经变内容上最大的特点是未画十重戒，只在四十八轻戒中选画了授戒图若干。由于壁画东侧大部被盗揭破坏，现仅西侧保存八组。各组多画一佛二菩萨，上有菩提宝盖，前有供案、香炉，案前多为一僧人胡跪合掌受戒。只有几组稍有不同。23号授戒图，画一佛一菩萨二弟子，案前一王者与夫人、王子胡跪合掌受戒，身后一僧人手持剃刀跪地，作静候为王落发之状。29号画面在佛西侧多画天王一身。最上部的三组授戒图（24、25、26号）因受壁画局限，佛顶仅画菩提三花以代宝盖。各图之间藉山树河岸为界，给画面增添不少生气。综观这幅经变，虽遭破坏缺失，若依西侧布局，可推想与之对称的东侧原也有八组受戒图，全壁应有十六组。此窟题记蚀失严重，授戒图中只有24号榜题尚可识读，为轻戒第三十八条不次第坐戒。23号画面出现王者及夫人、王子形象，与榆林窟第32窟所画轻戒第一条受戒人物相仿，因知属同一内容。八组授戒，按斜向可分上下四排，24、23号分居第二、四排，均为轻戒内容。如此看来，这是一铺只描述轻戒的梵网经变。只是，由于绝大部分画面既无榜题文字可资依据，人物形象、组合又都十分雷同，除推测其内容皆属轻戒外，已再无从稽考。

上述梵网经变三铺，共有的特征有二：1. 佛髻上升起七朵云，每朵云端一坐佛。2. 莲座每枚花瓣上，各坐一化佛（图16）。据此，今后在一切经变之中识别梵网经变，即可一见而知。

三　几个有关问题

（一）　梵网经变榜题书写混乱的情况

榆林窟梵网经变中十重戒画面与榜题之紊乱，在经变画中确实罕见。十重戒，又称"十禁戒"、"十无禁戒"、"十不可悔戒"、"菩萨戒"、"十重波罗提木叉"、"十波罗夷"。后二名称为梵音；"波罗提木叉"意为处处解脱，"波罗夷"意为严重罪，亦谓"弃"。违犯此十条，就构成破门罪，要被驱逐出僧团。古代画师们为突出这一主题，在横贯中部与人等高的显著壁画绘制十重戒画面十三组，其中戒条十组、劝学戒经文三组。南段十重戒图，一排五组依次衔接，榜题也应是自南而北，由第一戒条至第五戒条。错就错在多写了两条，于是挤进了轻戒画题榜中。在北段，则继第八、第九戒条之后，第十戒条折向南，误写进展经诵读图的画榜，由此一错再错。下邻本是第二组展经诵读图，却误题劝学经文第一节。展经诵读图第三组，今误书文字蚀失；就其左右上下关系推断，蚀失的榜题应是劝学经文的第二节，而劝学经文第三节（末节）却又误写入了下方金刚题名榜中。回头再说榜题文字蚀失的下排三组画面（9、10、13号），当时不会有意空缺，笔者估计曾误写进轻戒第三十六条中的三条愿文。如上，一再的错误终致全面的混乱。如何才得顺理成章，前文已述，不再赘言。

除此之外，轻戒图榜题也有不少误写的情况。就榜题能够辨识的画面而言，与榜题相合的，唯有重戒二图（11、12号）及轻戒一图（17号）。究其原因无非是画师与写经生分工脱节、各自为主。画师专心绘事，写经生对壁画情节理解未透，信笔而书，以致"张冠李戴"，大错而特错。

莫高窟的两铺梵网经变与此不同，榜题与画面不符的情况极少，在第454窟一铺画面56号和53号是仅有的例子。56号榜题字迹今已蚀失，画面为一僧坐床上举槌，一男子托盘跪侍于前。而53号画面为一僧开腹抽肠，榜题却作"复作是愿，宁以铁槌打碎其身……"。这条愿文理应题写于56号举槌画面的题榜，是轻戒第三十六中所言第七愿。僧人抽肠画面，与榆林窟梵网经变8号酤酒戒画面类似，但从布局看，此处所画也应属轻戒中的愿文，而非重戒酤酒。轻戒第三十六条愿文之三："……终不以破戒之口食信心檀越百味饮食"，在此用洗肠形象予以表现。此外，第454窟壁画一些画面无榜书或有榜书无画面的情况，是出于构图上的考虑，已见前述。30号画面及榜题，内容出之劝学四十八轻戒的经文，虽同为授戒图形式而非戒条，应予注意。第456窟梵网经变，因画面缺损，榜题亦多有蚀失，其中是否确无误书，竟未可知。

莫高窟两铺经变，榜题对经文的摘录较为简略，也是一个值得注意的特点。

（二）　梵网经变是榆林窟第32窟主题壁画

梵网经变居于榆林窟第32窟的正壁即全窟最主要的位置上，窟顶和对面前壁壁画皆与它密切关联，其余如南北两壁通壁的劳度叉斗圣变（图17）和维摩诘经变（图18）则是两铺大乘经变，在此作为大乘戒

图15 莫高窟第456窟梵网经变实
测图(霍熙亮实测,霍秀峰
绘)

图16 佛髻上升起七化佛,莲座花
瓣上各一化佛

图17　榆林窟第32窟南壁劳度叉斗圣变

图18　榆林窟第32窟北壁维摩诘经变

律的陪衬。

　　先从窟顶说起，五代初，曹议金任归义军节度使后，在莫高窟创建第98窟，窟顶四隅凿为浅拱龛形，绘制四大天王以镇摄四方，后继子孙三代相沿成习。在榆林窟只有第32窟类此形制，但只在顶西北隅绘北方天王一身，其南侧榜题"南无北方天□.."。其余三隅内容更新。西南隅画柱杖婆薮仙一身，榜题崩毁。东南隅画月光明如来一身，趺坐五天鹅莲花座，榜题"南无月光明如来"（图19）。东北隅画日光明如来一身，趺坐五马莲花座，榜题"南无日光明如来"。这两幅日月如来，画在窟顶前部的两角，同梵网经变遥遥相对（图20）。其含义出自《梵网经》："我化为千释迦据千世界，复就一叶世界，复有百亿须弥山、百亿日月"，即表明卢舍那佛现身说戒，日月天即在上空出现。

　　前壁（东壁）门南侧上部画五台山图（文殊变）一铺（图21），图中三朵云平地而起，中间云上文殊菩萨乘青狮，驭者牵随于侧，左右云

图19 榆林窟第32窟壁画布局

图20 榆林窟第32窟顶东南隅月光明如来

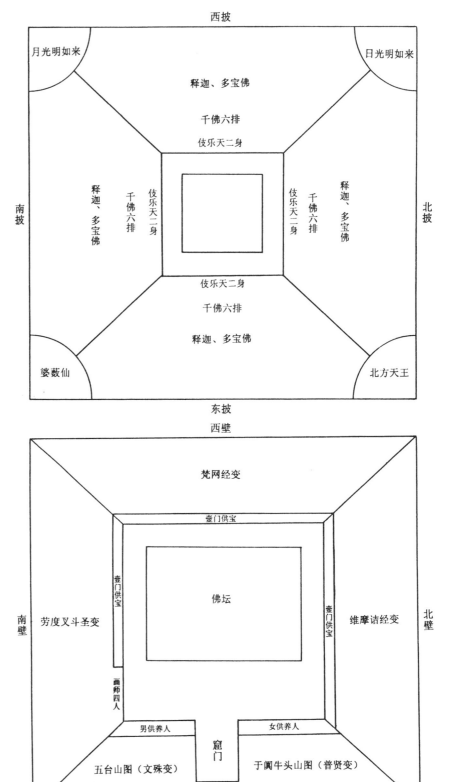

上各立持花树菩萨一身和举彩幡菩萨一身，伎乐菩萨各三身随行。画面北侧自山根升起一朵云，云中赴会比丘十四身。南端自山根升起一朵云，云中赴会菩萨十三身。门北侧，画于阗牛头山图（普贤变）一铺（图22），图中亦非三朵云由地面升起，云中普贤菩萨乘白象，有驭者牵引，两侧各有举幡菩萨一身、持花树菩萨一身、伎乐菩萨三身随

行。其北侧有榜题："□（普）贤菩萨来会时"。据此，可知前壁门两侧表现的是文殊、普贤菩萨各率众眷属天人腾云驾雾前来赴会共听戒法。窟顶之下，前后两壁相映，愈显说戒气氛庄严浓重。当年此窟有可能是古代寺僧在此广度僧尼的戒坛。梵网经变便充作现场说教的图解。

（三）　榆林窟第32窟四画匠自画像

据榆林窟供养人题记，五代瓜沙曹氏政权设有画院。例如，第35窟东壁窟门南侧下部北起第三身供养人题名"□主沙州工匠都勾当画院使归义军节度押衙银青光禄大夫检校太子宾客筮保一心供养"，第四身题名"节度押衙知画手银青光禄大夫检校太子宾客武保琳一心供养"；第33窟东壁窟门北侧下部南起第八身供养人题名"清信佛弟子节度押衙□□相都画匠作银青光禄大夫白般緵一心供养"。以上列举三人，据题名结衔都是画院中不同级别的官员，即便其中有人参与绘事，恐非长年累月作画之人。各族画师的题名虽然在莫高、榆林二窟游人漫题中屡见不鲜，但他们自己的画像过去却从未得见。1973年，笔者赴榆林窟校勘

图23　莫高窟第454窟顶西披多宝塔

图24　莫高窟第454窟东壁北侧底层五代题记

供养人题记录文，在第32窟南壁东下角久已漫漶的残色断线之中辨识出四身画匠供养像，高不逾尺，面西而立，同东壁南端拐角处高大的女供养人相比，形成鲜明的对照。现将四人画像自西而东分述如下：

第一身，戴灰红色平翅幞头，穿花袖紫色袍，腰束红带，下襟残毁，双手合掌捧三瓣红花礼佛。绿色题榜残高29、宽4厘米，墨书一行："画……"。

第二身，衣着、动态同上，身高略低。绿色题榜残高22、宽4厘米，墨书一行："画匠……"。

第三身，衣着、动态同上，身高更低些。绿色题榜残高28、宽3．5厘米，墨书一行："画匠弟子……"。

第四身，漫漶严重，残存幞头一翅及模糊的颜面、红唇画迹，身高愈低，残高30厘米。白色题榜高20、宽3厘米，墨书一行："画匠弟子李园心一心供养"。

前三身面部及双手赭色晕染隐约可见。这师徒四人，就是当年壁画的实际创作者，供养像无疑是自画像。这在迄今的发现中尚属孤例，尤为可贵。能在梵网经变壁画发现的同时，发现壁画作者的肖像，实乃难得的幸事。

（四）　莫高窟第454窟的原建时代

此窟时代原定为宋，其依据大概是甬道南壁曹延恭、曹延禄画像的题名结衔。殊不知，现存甬道曾经过曹氏后人的重修补画。笔者认为，原修时代应是五代，理由如下：

1．窟顶西披中央的多宝塔（图23）是宋代补画的，其周边补痕迄今犹显。在东壁（前壁）北侧甬道门沿，表层宋代揳泥作画，覆盖了底层五代的题记，剥露处可见明显的字迹（图24）。甬道壁画的用色和线描与窟顶多宝塔格调一致，而异于窟内五代画迹。

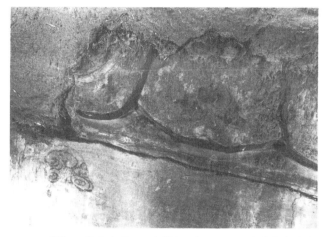

图25 莫高窟第454窟佛坛西面坛沿五代莲花座残迹　　　　图26 莫高窟第454窟佛坛北面坛沿五代莲花座残迹

2．窟室中央马蹄形佛坛，南北西三面均于宋初揎泥重绘，其上沿揎缝明显。西向面中间画香炉供器，两侧各一供养菩萨、一蹲狮。南、北向面分别画比丘或比丘尼供养像各一排，皆多擦伤，严重漫漶。坛上西、北边沿尚存五代莲花佛座各一（图25、26）。

3．笔者在窟内测绘梵网经变时，发现壁画表层的石绿色都是宋代重新填涂的，其中多处菩提宝盖石绿色之下隐露五代线描，香案桌巾石绿色下亦可见五代图案。整窟普遍如此。另外，部分人物形象也经过宋代加描。这些费工不少的填绘劳作，估计是重修甬道时所为。

4．还可以列举一些文献和文物做旁证。敦煌石窟遗书P.3457，《敦煌遗书总目索引》[⑩]中定名为《河西节度使作佛会斋文》，若究其内容，改为《河西节度使司空开窟功德记》或较贴切。文称曹议金的回鹘夫人"国母天公主"，说明议金已经去世。文中又提到"河西节度使司空"其人，"舍珍财而开大窟"。记文在述及"宝宫装画毕功"后，详录了整窟壁画，但是漏记了佛顶尊胜陀罗尼经变，而且也将梵网经变误记为金光明经变。佛顶尊胜陀罗尼经变和梵网经变在当时都方在初创，众人颇感生疏，也许连录事先生也茫然无知，以致功德记中出现疏误。文中所言在新窟建成后，"庆设斋会无遮剃度僧尼传灯鹿苑"，适与梵网经变密切相关，说明石窟确实做过戒坛，利用壁画梵网经变解说戒律。

图27 莫高窟第454窟东壁南侧帝王供养像

文中还记曰："天公主倾心而恳切舍珍财于宝地"，这就是说，天公主也是此窟施主。她将自己父亲甘州回鹘可汗扮作头戴七星冕旒、身着日月纹天子服饰的汉装帝王模样，绘于东壁南侧供养人行列的首位（图27）。东壁北侧南起画比丘尼供养像二身、回鹘装女供养人二身（图28），榜题字迹蚀失，估计其中有曹议金亲女、甘州回鹘可汗夫人和可汗之女天公主供养像。综上所述，笔者认为此窟完工应在曹元德之世，当时只有他才有"司空"头衔[⑪]。

5．再据1963年配合加固维修工程进行窟前遗址考古发掘时，在崖面下层第487窟外积沙中清理出粘连壁画的岩石，遗存墨书字样："河西陇右伊西庭楼兰金满等州节度……"[⑫]，是曹议金的结衔。这正是从第454窟甬道崩塌下来的文物，足资证明该窟现存甬道壁画是曹氏后人修缮时补画的。所以，本窟开凿时间为五代，而且是曹元德的功德窟。

⑩ 商务印书馆《敦煌遗书总目索引》，p.287，中华书局1983年新一版。

⑪ 敦煌莫高窟第108窟甬道北壁供养人题名："敕河西归义等军节度押蕃落等使检校司空谯郡开国公曹元德一心供养"。

⑫ 潘玉闪、马世长《莫高窟窟前殿堂遗址》，p.96，文物出版社，1985年版。

213

图28 莫高窟第454窟东壁北侧女供养人

图29 莫高窟第454窟嘉庆十九年题记

此窟还经清代重修，在中心佛坛上砌墙，塑假山及送子娘娘一铺十二身（已毁），又在坛左右砌墙留关口筑门楼，等等。因此曾将梵网经变部分遮盖。图中卢舍那佛和供案等处曾加以沥粉刷金，但手法拙劣。1987年将部分门楼拆除，使梵网经变得窥全豹。清代重修的时间，由窟内墨书题记："乾隆十七年四月"和"嘉庆一十九年"（图29），可知在1752～1814年间。

（五）　佛顶尊胜陀罗尼经变的出现

佛顶尊胜陀罗尼经变与梵网经变均属五代首创，其同时出现于第454窟亦非巧合。据唐·志静《佛顶尊胜陀罗尼经序》[13]和宋·赞宁《宋高僧传》卷二[14]，罽宾沙门佛陀波利（觉护）于唐仪凤元年（公元676年）礼拜五台山遇异人，告以汉地众生多造罪业，出家之辈亦多犯戒律，唯有《佛顶尊胜陀罗尼经》能除罪业，命彼回天竺取此经来，故返西国，至永淳二年始再来。后由佛陀波利、地婆诃罗（日照）和鸿胪寺典客令杜行颛等将此经译成汉文。此经与梵网经变比肩联袂于同一壁画，一边宣讲严守戒律，勿犯重轻诸罪，一边又以密宗神咒为僧俗解除罪业，恰好是相互补充的关系。

（六）　莫高窟第456窟的原建及重修时代

第456窟原建时代，原来都认为是隋代。但是，若将北壁东部剥露出来已被熏黑的壁画诸如飞天、垂幔及千佛同隋窟相比，不论布局或形象、格调，都略早于隋代，因而此窟原建似应在北周。

重修时代，原定为宋。笔者认为主要重修是在五代，宋代仅部分重画或改描朱线，依据如下：

1．此窟梵网经变中各授戒图，凡宋代重绘的佛头及手都略小，并改描了朱线，与被覆盖的原作不同。光头也经宋代涂色并重描墨线。窟内还有多处被宋代人填涂墨色或用朱线改描。

2．西壁龛下北端一女供养人，身着贵族服装，属曹氏前期式样。南邻一男供养人，身形高大，已漫漶。此二像各有绿色题榜一方，字迹蚀失。其南画比丘二身，着山水袈裟，共有黄色题榜一方，字迹也已蚀失，估计是曹氏本族出家人，彩色袈裟的样式明显早于宋代。

[13]　《大正藏》卷19，p.349。
[14]　《大正藏》卷50，pp.717～718。

因此，早于宋代重画重描的壁画原作，应完成于归义军曹氏前期，即五代时期；具体而言，大概同第454窟相去不远，为曹元德、曹元深时期。

榆林窟第32窟，供养人画像尽皆漫漶。窟内壁画为典型的五代画风，修建时代定为五代向无异议。其经变画上也有宋代局部重描痕迹。考虑到都有梵网经变的出现，此窟大约也与莫高窟的二窟同期。

四　结　语

五代时期，题材新颖的梵网经变在莫高窟和榆林窟的三座石窟中同期出现，正值节度使曹议金卒后，他的继承者长子曹元德、次子曹元深先后执政。当时由中原经敦煌西去求法的众多僧人，其中多"罕习经艺而质状庸陋"[⑮]，深研教学和修业者极少。在这类求法僧中，不乏破戒律、贪私利的人，更有同行抢劫和边界马贼流寇时出，使丝绸之路不宁，又加庸俗僧徒携入大量梵文伪经[⑯]。中原更替频繁的短命王朝，也不得不下令整顿芜杂混乱的佛教界。面临这种局面，瓜沙地区统治者一方面加强武力护卫，确保丝路畅通，另一方面利用石窟寺创作、绘制了大幅戒律经变，开设戒坛，以加强对僧侣和信徒的教化。由是，梵网经变应运而生。

梵网经变的出现似昙花一现，到宋代只在原画上局部填色或改描，以后再不见绘制。但在今天，大乘戒律最重要的经典《梵网经》在敦煌石窟壁画中被发现，却为我国佛教艺术内容填补了长久以来的空白。

附　录

据黄永武编《敦煌遗书最新目录》（新文丰出版公司1986年版），将敦煌石窟遗书中同梵网经变有关的经文抄件列目于下：

S.: Stein　Collection（斯坦因藏品）

P.: Pelliot Collection（伯希和藏品）

一、《梵网经》卢舍那佛说菩萨心地戒品第十卷下

S. 0048	S. 0185	S. 0506	S. 0566
S. 1395	S. 1646	S. 2970	S. 3123
S. 3298	S. 3365	S. 3867	S. 4163
S. 4371	S. 4695	S. 4808	S. 5059
S. 5400	S. 5425	S. 5429	S. 5485
S. 6741	S. 7275	S. 7307	S. 7468
S. 7501	S. 7525		
P. 4553	P. 4635	P. 4733	

日本·中村玉折藏第874号（前段缺失）

以上共计30件。

二、《梵网经》卢舍那佛说菩萨十重四十八轻戒

S. 2665	S. 3363	S. 3476	S. 6281

以上共计4件。

⑮ 宋咸平六年(公元1003年)知开封府陈恕上奏(宋·李焘《续资治通鉴长编》卷五十五)。

⑯ 日·土肥义和《归义军时期(晚唐、五代、宋)的敦煌》(李永宁译),《敦煌研究》一九八七年第一期。

沙州回鹘石窟艺术

刘玉权

① 刘玉权《关于沙州回鹘洞窟的划分》,《1987年敦煌石窟研究国际讨论会文集·石窟考古编》,辽宁人民美术出版社(即将出版);其摘要刊于《敦煌研究》一九八八年第二期。

② 公元十一世纪二十年代末三十年代初,归义军曹氏(此时曹贤顺任节度使)与中原北宋王朝间的联系中断,节度使曹贤顺在沙州突然失踪。1030年当党项军队远在千里之外的甘、凉一带时,瓜州王率千骑降于西夏。1036年,党项军攻取瓜、沙、肃三州时,抵抗者是回鹘武装而并非归义军曹氏的军队……这一系列突发而又令人费解的历史现象背后,分明掩盖着一场瓜、沙二州的重大政治变动。在这场变动中,沙州回鹘人扮演了至关重要的角色。种种迹象表明:1023年后,归义军曹氏基本上丧失了对瓜、沙二州的统治实权,局势逐渐被回鹘人所控制。1030年,极有可能是回鹘人掀起了一场实质上无异于政变的动乱,彻底夺取了曹氏政权,曹贤顺可能就此被害。而在瓜州的曹贤惠一时间成为惊弓之鸟,投奔西夏是他唯一的生路。关于这个问题,参见汤开建、马明达《对五代宋初河西若干民族问题的探讨》,《敦煌学辑刊》第四期(1983年)。

③ 元·脱脱等《宋史》卷四百八十五《外国列传·夏国上》:天圣八年(公元1030年),"瓜州王以千骑降于夏"。但对其降夏的动因,过去曾多有不解,今推其与沙州回鹘起事有密切关系而遂疑自解。参见注②。

④ 宋·李焘《续资治通鉴长编》卷一百十九:景祐三年(公元1036年),西夏元昊"再举兵攻回纥陷瓜沙肃三州,尽有河西旧地"。此前,河西走廊分别为吐蕃、甘州回鹘、沙州曹氏和沙州回鹘所据。西夏各个击破,方使河西统一于党项治下。

⑤ 据戴锡章《西夏纪》卷六:西夏盛期疆土"东尽黄河,西界玉门,南接萧关,北控大漠",可知瓜沙二州为西夏最西之边镇。从现有考古资料看,也证明如此。

河西及新疆一带,自古为各民族杂居之地。五代、宋、元时期,东自甘、凉,西及伊、西乃至龟兹,回鹘族的居住地连成一气。甘州和西州,还分别建立了以回鹘族为主体的民族政权。他们所生活的地方,都是佛教文化高度发达之处,高昌回鹘在今吐鲁番地区,曾创造了灿烂的回鹘佛教文化艺术。近年来,我国考古工作者在北庭、龟兹等地,还新发现了回鹘佛教寺院遗址及佛教艺术遗迹。近几年来,我们再次对敦煌晚期洞窟进行了复查,参照新疆吐鲁番地区高昌回鹘石窟的情况,吸收史学界关于沙州回鹘的研究成果,经过反复比较,试划分出二十三个保存着沙州回鹘遗迹的洞窟,其中莫高窟十六个,西千佛洞五个,榆林窟二个①。

一

公元九世纪中叶以后,回鹘正式进入沙州地区;初期,先后为吐蕃(河西吐蕃)和张义潮归义军政权的附属部落;继后,又为曹氏归义军政权辖下。曹氏政权自曹延禄之后,其势渐衰,至曹宗寿和曹贤顺时期,更是日薄西山,岌岌可危。与此同时,回鹘势力渐强,虽仍系曹氏臣民,却已表现出与日俱增的独立性。1028年甘州回鹘被党项击破,其部众除一支入青海归附于吐蕃之外,另一支向西流散,经瓜、沙进入伊、西,归入高昌回鹘,有的则留居瓜、沙一带,同沙州回鹘汇合。长期聚集养精蓄锐而强盛起来的沙州回鹘,日益成为瓜、沙地区举足轻重的强者。一二百年间,回鹘同汉族杂居,特别是十世纪末叶以来,归义军政权上层汉族统治者同回鹘人通婚,血统相互渗透融混,在回鹘人汉化的同时,汉人也在回鹘化。随着回鹘势力的强大,随着党项羌人对"丝路"的阻隔,汉人与回鹘人进一步相互融合。公元1030年,沙州回鹘人起事,掀起动乱②,曹氏政权被瓦解,曹贤顺本人可能就在这场动乱中被害。沙州归义军的历史由此告终。消息传至瓜州,曹贤惠在这场突变面前进退维谷,为免遭其兄曹贤顺同样的厄运,率亲信及精骑奔降于党项③。这时的瓜、沙地区,实际已是回鹘人的地盘。所以,当1036年党项人攻取瓜、沙、肃诸州时,回鹘人是他们唯一的对手。经过一场旷日持久的鏖战,党项军队终于战胜回鹘人,攻下瓜、沙等州,并由此完全控制并统一了河西走廊④。

公元1038年,西夏正式立国,瓜、沙二州便成为"大夏国"疆域中的最西边镇⑤。但是,西夏统治者在其建国之初,一度忙于政权建设与旨在南侵宋朝的备战,无暇顾及这边远州镇。因此,西夏对瓜、沙二州的控制是比较松散的。另外,回鹘被党项击败,并不意味着被消灭,他们一方面努力联络邻近各族势力,另一方面千方百计突破党项人的阻挠与封锁，同中原王朝保持联系。他们大约在十二世纪初叶，才最后销声匿迹，逐渐融合于其他民族之中。在党项拥有河西之后的一段时期，沙州回鹘仍保有相当实力，在瓜、沙地区的政治、经济、宗教、文化领域里，数十年间屡有建树。沙州回鹘也敬奉佛教，崇拜偶像，在敦煌这具有悠久佛教文化传统的"善国神乡"，继续修建（主要是重修）了一批洞窟，为我们留下了一批回鹘佛教艺术遗珍。

二

调查统计表明，沙州回鹘洞窟除极个别有可能是新开凿外，几乎全是利用前代旧窟重修重绘。被回鹘重修重绘的洞窟，绝大部分原建于隋唐时期。这是一个耐人寻味的现象⑥。由于重修中基本上不更改石窟形制和造像⑦，我们可以集中探讨有关壁画的内容题材和形式风格等问题。

沙州回鹘石窟壁画的内容题材，基本沿袭唐宋以来的传统格局，而无重大的变化，但细微处又确有些新的发展。壁画题材如说法图、药师净土变、阿弥陀净土变、文殊变、普贤变、药师佛尊像、七佛、五方佛、三身（或三世）佛、十方佛、千佛，十六罗汉、儒童本生、行脚僧、千手经变，千钵文殊、六臂观音、供养菩萨、帝释天、水月观音，以及比丘，天王，胁侍菩萨、飞天、供养人像，藻井、平棋、团花、边

石窟名称	窟号	原修时代	主要回鹘壁画内容
莫高窟	306	隋	说法图、阿弥陀经变、七佛、行脚僧、供养菩萨、壹门供宝
	307	隋	说法图、净土变、药师佛、飞天、壹门供宝
	308	隋	说法图、净土变、行脚僧、供养菩萨、壹门供宝
	363	中唐	净土变、药师佛、七佛、行脚僧、佛、菩萨、弟子、天王、供养人
	399	隋	净土变、药师佛、供养菩萨、飞天、菩萨、比丘、供养人
	418	隋	说法图、阿弥陀经变、药师经变、药师佛、文殊普贤变、供养人
	244	初唐	千佛、菩萨、壹门供宝
	409	隋	千佛、药师佛、供养菩萨、供养人、飞天、壹门供宝
	237	中唐	供养人、菩萨、帝释天及天女、水月观音
	148	盛唐	供养人画像
	309	隋	说法图、药师佛、七佛、文殊普贤、六臂菩萨、供养人
	97	唐	十六罗汉、观音像、供养比丘、十方诸佛、飞天
	330	回鹘	说法图、天王像
	310	隋	药师佛、说法图、天王像、供养人画像、飞天
	245	唐?	说法图、药师佛、五方佛、文殊普贤、供养菩萨、供养人
	207	隋末唐初	说法图、药师佛、七佛、供养比丘、菩萨、飞天
西千佛洞	4	隋	说法图、药师佛、供养菩萨、壹门供宝
	12	北周	供养菩萨
	15	隋	说法图、药师佛、七佛、供养菩萨
	16	唐	说法图、药师佛、七佛、供养人
榆林窟	21	唐	说法图、药师经变、千佛
	39	不明	说法图、儒童本生、千佛、药师佛、罗汉、千手观音经变、千钵文殊经变、三身佛(三世佛)、供养菩萨、飞天、供养人、壹门供宝

⑥ 在全部二十三个窟中，除一个(莫高窟第330窟)回鹘时期新凿、一个原建于北宋、一个原建时代不明外，其余二十个窟的原建时代均为隋唐两代(其数量各半)。选择洞窟重修，似并非无意识的偶然行为，但究竟出于何种考虑，目前还难以完全明了，初步推想可能是因为回鹘及其先民同隋、唐(特别是唐朝)中原皇室建立过友好亲密的关系。

⑦ 沙州回鹘重修石窟，系利用前代洞窟，对原有彩塑也基本不加改塑，只是重绘壁画，因此可以不涉及造像的问题。

图1　榆林窟第39窟东壁儒童本生

图2　伯子克里克石窟壁画儒童本
生(勒柯克《火州》图版23)

饰等装饰图案，壶门供宝等等，不下二十余种，但主要（比较流行）的，仅说法图、药师尊像、净土变和七佛等几种而已（参见附表），比较贫乏单调，远不如唐宋时期丰富多彩。唐宋时期那种内容充实、结构饱满、规模宏伟、造型生动、富丽堂皇的各种巨型净土变相，已渺无踪影。但也有一个不容忽视的特点，就是在几种较为流行的题材中，与药师信仰有关的题材占了非常突出的地位。那种简便易成、左右两幅对称的药师佛尊像画尤其盛行[8]。这表明回鹘人对药师经、像的特别信仰与重视。

　　壁画中还出现了过去未见或极为罕见的几种新题材。一是儒童本生，一是十六罗汉，一是行脚僧画像。

　　儒童本生，过去仅见于五代时期的莫高窟第61窟，绘于该窟佛传故事屏风画中，共占据了四扇屏风，绘出十九个场面，十分详尽细腻。沙州回鹘窟中的儒童本生图，在榆林窟第39窟后室东壁甬道口南、北两侧壁，系左右对称的同样的两幅。它以类似说法图的独幅画形式来表现，与莫高窟第61窟儒童本生相比，不但表现形式大小相同，而且内容简化到仅仅表现定光佛践踏儒童布地长发的一个故事情节[9]。画面上除中央形体较大的定光佛之外，左右只有两身胁侍菩萨，上方花蔓华盖，半空中有莲轮一个，中央画儒童之化生（图1）。这种独幅式构图的儒童本生，在新疆吐鲁番地区回鹘高昌时期石窟壁画中可以见到。伯子克里克石窟第18窟中心塔柱右侧面绘有一幅，惜大部已毁。德国人勒柯克编著的《火州》一书图版第23，是一幅较为完整的独幅式儒童本生图，与榆林窟第39窟的儒童本生图相比，结构严谨，画风细腻而更为富丽（图2）。

　　十六罗汉，虽然唐初已见于汉译经典，但现存画迹最早的已是五代作品。在敦煌石窟中，最早见于回鹘石窟，且仅莫高窟第97窟一例，画在窟室东、南、北三壁，为该窟的主体内容。每壁分上下两层，东壁绘

⑧　沙州回鹘在二十三个窟中，绘制药师佛尊像或药师经变的窟达十四个，计三十余铺。其中，莫高窟十六个窟中，画药师佛经像的有九个，约二十铺；西千佛洞五个窟中，画药师佛经像的有三个，约六铺；榆林窟二个回鹘窟均画药师佛经像，约四铺。具体分布情况见附表。

⑨　儒童本生，讲佛在前生为珍宝仙人弟子时，修行圆满，为报师恩，赴雪山南之人间巡游，到钵摩国遇定光如来，作种种供养，最后解散了五百年未曾解散过的发髻，铺道掩泥，让定光如来踏发通过泥泞道路。通过这个故事是要说明，"学菩萨道，能供养爪发者必成无上道。"见姚秦·佛陀耶舍共竺佛念等译《四分律》卷三十五《受戒犍度》之一（《大正藏》卷22，p.785）。

图3　莫高窟第97窟北壁罗汉　　　　图4　榆林窟第39窟北壁罗汉

四尊（门两侧二身），南、北壁各绘六尊，各尊图像之间隔以棋格花边
（图3）。以现存的各尊榜题同唐代高僧玄奘所译《大阿罗汉提密多罗
所说法住记》相对照，都能吻合⑩。榆林窟第39窟后室也绘有罗汉图，
然剥蚀过甚，从壁画布局情况和人体大小比例上看，似乎并非十六身。
其像形体比莫高窟第97窟的罗汉高大得多（超等身），画在3～4米高的
壁面上，甚觉雄伟。各尊之间没有边饰界隔，也未见榜题（图4）。

　　行脚僧图，或称达摩多罗像，以前历代敦煌石窟中不曾见过，而在
沙州回鹘时期莫高窟第306、308窟和第363窟均有绘制，计六幅，画在
甬道两侧壁上，取左右对称形式。行脚僧头戴斗笠，身着窄袖裙衫，脚
登木履，背着行李、经卷，一手执麈尾，一手引虎，庞眉隆鼻，一
副"梵相胡貌"，表现出禅僧们为寻师访友、求道化缘，不辞长途辛
劳，风尘仆仆的情状（图5）。

图5　莫高窟第306窟甬道东壁行脚
僧

　　供养人画像，敦煌石窟中几乎历代都有。出现大量回鹘装供养人画
像，尤其是回鹘可汗、首领及其眷属侍从们的画像，这是沙州回鹘石窟
内容的一个重要特点。在全部二十三个窟中，现存有回鹘供养人画像的
洞窟计十三个。其中有些窟内的供养人画像均为回鹘人形象，如莫高窟
第237、148、409、309窟和西千佛洞第10、13窟。有的窟中回鹘装与汉

图6　莫高窟第245窟西壁男供养人

图7　莫高窟第245窟北壁女供养人

图8　伯子克里克石窟壁画回鹘可汗及汗妃供养像(勒柯克《火州》图版30)

⑩　见《中国石窟·敦煌莫高窟》第五卷《图版说明》145～149，文物出版社、平凡社合作出版(1987年)。

⑪　据考古资料，这种勾填法波状卷云纹边饰可追溯到唐代，如德国人勒柯克《火州》(A. Le Coq: Chotscho, Berlin, 1913.)所刊载的新疆唐代壁画残块。图版第16，方形藻井四周花边即为在铁红底色上用勾填法绘出的波状卷云纹。但是，虽然在吐鲁番和敦煌，这种纹样于高昌回鹘石窟和沙州回鹘石窟中广为盛行，而就敦煌地区而言，在沙州回鹘之前之后都不曾出现。所以，似可认为它主要是在回鹘族(西州、沙州回鹘)艺术中流行的一种纹饰。当然，这种纹样还曾见于中原北宋墓室建筑的彩绘(见宿白《白沙宋墓》，文物出版社1957年版)。

装并存，如莫高窟第363、418、97、310、245窟和榆林窟第39窟等（图6、图7），只是汉装仅限于女供养人，男性供养人画像均为回鹘装的回鹘人形象。

这些回鹘供养人画像，特别是回鹘可汗及汗妃们的画像，与新疆吐鲁番伯子克里克高昌回鹘石窟中的同类画像相比，人物造型和衣冠服饰都颇近似（图8）。

沙州回鹘石窟装饰艺术的新纹样，最有特色的是云纹边饰（图9）、小瓣花叶卷草边饰（图10），编织纹佛光图案（图11）等。其中，云纹边饰尤为盛行，见于十二个窟。此外，在莫高窟第409窟中，云纹边饰虽不作为洞窟装饰却出现在供养人画像的地毯上（东壁北侧回鹘王妃供养像）。上述图案纹饰，在敦煌地区的石窟寺中，既不曾见于前代，也不见于后来，而常见于吐鲁番地区高昌回鹘石窟壁画，如伯子克里克石窟第9、15、18、22、23、27、28窟，雅尔湖石窟第4窟，吐峪沟石窟第6窟，等等。所以，就敦煌和吐鲁番地区来说，可以认为这是回鹘文化艺术中特有的装饰纹样，在很大程度上体现出回鹘佛教艺术的地方特点、民族特点及时代特点⑪。

此外，还有九个窟的藻井绘制（或者塑制）蟠龙纹饰（图12）。在

图 9　榆林窟第 39 窟云纹边饰

图11　莫高窟第245窟北壁说法图编织纹佛光

洞窟建筑顶部装饰中，还相当盛行牡丹团花图案（二十三个窟中有十二个窟绘制，见图13）。这些纹饰虽然并非回鹘佛教艺术所独有（唐宋时期曾在各地普遍流行），但毕竟是沙州回鹘石窟中相当重要的装饰图案内容。

图10　莫高窟第418窟卷草边饰

三

沙州回鹘壁画艺术，在自身发展的进程中，其风格和特点也呈现着变化，大体可归纳为前后两种类型。

一、第一种类型：

图12　莫高窟第245窟蟠龙纹藻井

图13　莫高窟第418窟窟顶牡丹团花图案

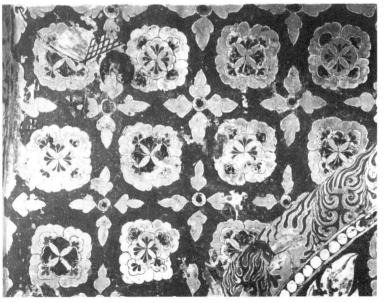

图14 莫高窟第307窟南壁阿弥陀
　　　经变

这种类型见于如下洞窟：莫高窟第306、307、308、363、399、418、244窟（前室、甬道），榆林窟第21（前室甬道）、39窟，不见于西千佛洞。其相对年代应在公元十一世纪二十年代末至七十年代前后（关于相对年代问题，见注①，以下同）。

这类石窟壁画的内容题材及其布局，与北宋归义军曹氏时期石窟颇为相似，在壁画构图、人物造型、线描技巧、敷彩渲染等表现手段方面也相当近似。试以莫高窟第306、307、308等一组窟为例。这组窟原建于隋代。第307窟居中为主窟，坐西朝东，正壁开龛，规模较大。第306和308窟在两旁为配窟（或称附窟、耳窟），两窟窟门相向，第306窟坐南朝北，第308窟坐北朝南，规模均较小且未开龛。三窟之内，主要壁画均为净土变、说法图等，画幅较大而组织结构紧凑饱满，密集工细，

图15 莫高窟第399窟北壁经变

图17　榆林窟第39窟前甬道南壁男
　　　供养人

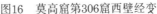

图16　莫高窟第306窟西壁经变

保持着唐宋以来大幅经变画这方面的特点（图14）。也有些壁画，如莫
高窟第363、399窟，榆林窟第39窟等，结构布局比较疏散（图15）。在
人物造型（主要指佛、菩萨、弟子、天王、力士等佛教尊像造型）方
面，多未改归义军曹氏时期那种过于规范化的模式。唐代（尤其是初盛
唐）人物（即使是佛教人物）画那种写实而又富于个性，多样而又充满
生机，健壮丰腴而又婀娜，有筋有骨，有血有肉的生动优美的造型传
统，已失之殆尽（图16）。但是，一批回鹘族供养人画像的出现，为这
个时期人物画造型增添了风采。遗憾的是，作为人物画最为重要的面部
造型，或因磨损脱落，或因褪色变质，大都难睹其完整的本来面目，仅
能从人物形象的外部轮廓和衣冠服饰，来识别那不同于其他民族人物造
型的独特风貌。回鹘男性供养人形象，丰满壮实，身材并不太高大，面
形浑圆而两颊肥硕，眉眼修长，鼻梁高直，嘴小，具有该民族彪悍英武
的气质（图17）。

　　这时，由于河西走廊中段党项人与甘、凉地区回鹘、吐蕃人的频繁
战斗，中西交通受阻，颜料来源困难，艺术风格上也发生了转变⑫，反
映在敦煌壁画上，颜料品种相应减少，常用的仅有铁砵（赭红）、石
绿、石青、白、黑等寥寥数种。与隋唐时期相比较，缺少豪华富丽的色
调及丰富的层次；在敷彩技巧上，也趋向于简单粗放，流行比过去省工
易行的"勾填法"。那就是在先勾勒好的轮廓线内淡彩平涂，留出白
边；敷彩完毕，不再描出定稿线。即使在涂色时不小心覆盖了起稿轮廓
线的情况下，也不再重描。丰厚饱满、富丽华贵、工艺精细的叠晕技术
已几乎不见。这时，除少数洞窟敷彩比较浓重以外，多数趋于单薄，有
一定的透明度，加上部分颜料的变色，致使现存的壁画多为偏冷的青绿

⑫　敦煌壁画的颜料，一部分来自敦
　　煌本地及河西走廊，一部分来自
　　中国内地，一部分来自西域。唐、
　　五代时期，敦煌东邻的张掖、西邻
　　的高昌都是既大且近的颜料市
　　场。北宋以来特别是十一世纪后，
　　党项人争夺河西走廊，甘、凉一带
　　战斗频仍，交通受阻，社会不宁，
　　使敦煌壁画颜料来源受到影响。
　　更重要的一个方面，由于宋代程
　　朱理学的兴起，社会风气、审美观
　　念和美学思想相应发生较大变
　　化。反映到美术上，简洁朴质、淡
　　雅清秀的风格流行于画坛。敦煌
　　宋代壁画也正是如此。这种自北
　　宋以来波及全国包括敦煌地区的
　　潮流，直接影响到沙州回鹘时期
　　的石窟壁画。

色调。然而洞窟顶部的装饰图案画有所不同，多用铁红作底而使色调趋于温暖甚至热烈。

二、第二种类型

这种类型见于如下洞窟：莫高窟第409、237、148、309、97、330、310、245、207窟，西千佛洞第1、4、12、15、16窟，不见于榆林窟。其相对年代应在公元十一世纪七十年代至公元十二世纪初。

这类石窟壁画的内容题材及其布局，与第一类洞窟比较，有明显的差别。唐宋以来那种人物众多、场面宏伟、结构繁密、描绘细腻的净土变相已基本消失，而代之以人物稀疏、结构松散、描绘粗率的说法图或者佛、菩萨、罗汉等尊像画。无论洞窟大小，一般在重要壁面上（如南、北两侧壁）各绘制一铺说法图，画幅大而人物寥寥，用增大人物形体的办法去填补偌大的空间。例如莫高窟第309、330、310、245、207等窟，西千佛洞第4、12、16等窟（图18）。其余像西壁龛外两侧，东壁甬道口两侧等较狭小的壁面，也多安排药师、文殊、普贤等尊像画。而东壁甬道口上方的横长方形壁面上，则多绘制七佛或五方佛等题材。洞窟各种建筑结构的顶部（前室顶，甬道顶、后室窟顶、西壁龛顶），几乎一律被装饰图案所占据，除后室窟顶中心藻井以外几乎均绘满了牡丹团花图案。图案紧凑饱满、敷彩艳丽、描绘工整精细。给人们的印象是，这时对装饰画的重视似乎甚于佛教人物画。

这种类型的人物造型，不再是北宋曹氏壁画那种旧的模式而形成了一种新的模式。新模式的特点是体态健壮、面形长圆、两颊丰肥、柳眉细眼、高直鼻梁、小嘴，同高昌回鹘时期的佛教人物画[13]颇为相似。考虑到沙州回鹘石窟中回鹘供养人特别是其中的回鹘可汗及汗妃的画像，与高昌回鹘佛教壁画中的同类画像在造型特点上相当接近（图

图18　西千佛洞第16窟东壁说法图

⑬　参见中国社会科学院考古研究所新疆工作队《新疆吉木萨尔高昌回鹘佛寺遗址》，《考古》一九八三年第七期。

19、8），他们的衣冠服饰也极相似，显然强调了回鹘民族的外貌、气质以及某些社会特征。可以认为，这在相当大程度上正是回鹘佛教艺术民族化的重要体现。

这类洞窟壁画的敷彩，大量施用铁红，并往往用以作大面积窟顶图案之底色，从而使洞窟的基本色调偏暖，造成喜庆吉祥的热烈气氛。这种铁红颜料，以氧化铁红为主，常混入石膏和硬石膏，此外还含有微量白垩[14]。某些回鹘壁画中出现一种浅红色颜料（如莫高窟第310窟等），其成份是石膏、铅丹与雄黄[15]，丰富了洞窟暖色调中的层次。这种暖色调明显区别于第一种类型及北宋曹氏晚期画风而与高昌回鹘石窟壁画相当类似。

在作画程序和表现手段上，也与第一种类型洞窟有所不同，不再是只勾描一次赭红线（起稿），而是大多描线两次；起稿一般用较淡的墨线，敷彩后再用浓墨线或朱赭色线定稿（人体多用朱赭线，衣裙巾带等多用浓墨线）。也有两次线描都用墨线的（如莫高窟第245窟）。起稿线一般较粗较随便，定稿线则一般稍细，比较慎重。

但是，第二种类型壁画的粗放简率，却与高昌回鹘石窟有着较为显著的差别，只有莫高窟第245窟壁画工整精细，造型、线描、敷彩等方面都表现出良好的技巧和功力，同高昌回鹘佛教艺术的杰出代表伯孜克里克石窟最为接近。其壁画中出现的编织纹、三珠火焰纹等是高昌回鹘石窟中常见的纹饰，但在沙州回鹘二十三个窟中仅见于此窟。有理由推测，莫高窟第245窟的壁画作者可能直接来自高昌。或者至少可以说明，沙州回鹘后期，与高昌回鹘保持着艺术交流上的密切关系。

四

沙州回鹘石窟艺术的两种类型，其间有前后早晚的衔接关系和交错更迭关系。它们分属于沙州回鹘早期和晚期[16]。

上述第一种类型的壁画，无论从内容题材或者表现形式来说，与敦煌北宋归义军曹氏晚期壁画一脉相承。然而，它比起北宋壁画，布局结

图19　莫高窟第409窟东壁供养人

⑭　徐位业、周国信、李云鹤《莫高窟壁画、彩塑无机颜料的X射线剖析报告》，《敦煌研究》一九八三年第一期(创刊号)。
⑮　同注⑭。
⑯　同注①。

构松散得多，画风粗放简率得多，还出现了北宋壁画所没有的回鹘供养人画像。第二种类型的壁画，则同敦煌北宋壁画迥异，而与高昌回鹘壁画相当近似，沙州回鹘石窟与敦煌本土的佛教艺术传统（主要是唐宋以来的佛教艺术传统）关系密切，同敦煌西北方近邻的高昌回鹘佛教艺术关系也很密切。但是，它与上述两种佛教艺术传统和流派都不尽相同。这种近似和不同，构成了沙州回鹘石窟艺术的特殊风貌。

沙州回鹘长期同以汉族为主体的归义军属下各民族杂居共处，受汉族文化影响较深，尤其是回鹘上层统治者（可汗及诸首领们）及长居城镇及其近邻的回鹘人，汉化程度较深，不但与居住在瓜沙地区的汉人关系密切，而且还与中原汉人（包括汉人的上层统治者）关系密切。甚至还有迹象和材料表明，沙州回鹘同瓜沙一带的汉人有着亲密的血缘关系[17]。当他们接受了佛教文化之后，也同本地的汉人一样，在古老的"千佛灵岩"上积累自己的"功德"。他们虽然仰慕佛教艺术全盛时代那无比富丽堂皇的唐风壁画，但此时此地毕竟已没有再产生这种唐风艺术的物质基础和精神氛围。生活在十一世纪上半叶的回鹘人，只能在归义军政权崩溃时遗留下来的并不富裕并不景气的物质和精神文明的基础上，去进行自己的佛教文化创作活动，因此在很大程度上直接受到敦煌北宋佛教艺术流派和风格的影响。到了后来，西夏人加强了对沙州的统治，回鹘人及曹氏后裔与中原北宋王朝的联系变得越来越困难，最后终于失掉了这种联系。于是沙州回鹘人只有向西北近邻住在伊州（哈密）和西州（吐鲁番）的高昌回鹘靠拢。在当时，他们几乎是仅有的可以寻求支持、帮助和依靠的盟友。沙州和伊、西二州在归义军时期，尤其在五代、宋时期，一直往来频繁，当东去中原王朝的联系纽带被西夏人切断之后，孤立无援的沙州回鹘人不得不在政治、经济、军事、文化诸方面有赖于高昌回鹘，所以沙州回鹘后期壁画艺术自然受到高昌回鹘的影响；有的壁画，甚至有可能出自高昌艺术家的手笔。

由以上敦煌莫高窟、西千佛洞及安西榆林窟沙州回鹘时期石窟及其艺术的讨论，可以大致归结如下几点：

1．历史上的甘州回鹘、高昌回鹘和沙州回鹘，大体在同一时期相继接受了佛教信仰。甘州与高昌回鹘还分别建立了自己的政权。在归义军曹氏行将覆没之际，沙州回鹘已强大到足以控制本地区的政治局势。被划分出来的二十三个洞窟中的沙州回鹘壁画，那许多回鹘可汗、首领及他们亲眷侍从的供养画像，都是不容忽视的资料。这在很大程度上弥补了文献记载的不足，对于研究沙州回鹘的历史乃至河西回鹘史，具有重要的价值。

2．过去，研究回鹘文化和艺术所能借助的材料，基本局限于高昌回鹘的范围。沙州回鹘石窟艺术的发现，为研究回鹘美术开辟了新的领域。从沙州回鹘和高昌回鹘佛教石窟艺术初步的比较研究中可以看到：两者之间从内容到形式关系密切，而又有各自的地方特点。然而，无论是沙州还是高昌的回鹘石窟艺术，尽管都以不尽相同的方式表现出鲜明的民族个性，却都能看到他们对于唐代佛教艺术风范的不懈追求。上述敦煌沙州回鹘后期石窟（第二种类型）的壁画及新疆吐鲁番伯子克里克一大批高昌回鹘石窟，就是这种复杂而微妙的合成。它们的精华之处，

⑰ 自唐以来，因回鹘有救国难之功，中央王朝屡以皇室之女下嫁回鹘，由此建立起非同一般的亲密关系。至五代、宋初，沙州归义军统治者又与甘州回鹘及于阗王室（可能亦系回鹘系统）联姻。回鹘与汉族"代为亲眷"（敦煌石窟遗书p.3931《回鹘上表》），两者之间血统早已相互渗透、相互融混。至沙州回鹘时期，瓜沙一带的回鹘人与汉人，血统上的融混与渗透，更其明显，回鹘人汉化和汉人回鹘化的程度日益增加。上述情况，无论由史料还是石窟供养人画像及题名，都可得到充分证明。

闪烁着唐代艺术的光芒。

3．沙州回鹘石窟艺术，是瓜沙地区特定历史、地理条件下的产物。她一方面继承了敦煌唐宋石窟艺术的传统，另一方面又接受了高昌回鹘石窟艺术的影响。但她并不是对以上两者的简单抄袭和照搬，而是具有本民族本地区特点、自成一种风格的艺术。

图版说明

李其琼　关友惠　万庚育　霍熙亮　马世长　黄文昆

1　榆林窟外景

　　榆林窟位于甘肃省安西县境，距城西南75公里的踏实河（榆林河）峡谷断崖间，两岸洞窟隔河相望。西崖洞窟较少，计十一窟。大部分洞窟在东崖，分上下两层开窟。榆林窟的开窟时间史无记载，石窟艺术的现存遗物大抵始于初唐，现存唐、五代、宋、回鹘、西夏、元、清等时代的洞窟四十二个，尤其是建于吐蕃时期的第25窟，和其他晚期洞窟中的西夏、元代的艺术成就，与莫高窟紧密衔接，形成彼衰此兴、首尾相济的完整体系，是敦煌艺术宝库中地位仅次于莫高窟的重要组成部分。

　　东崖下层洞窟多数有窟前建筑，上层洞窟在距地面约10米高处的崖壁上，大都凿有深约7～8米的甬道，甬道尽头开凿窟室。窟室深藏不露，但内部通风良好，有利于窟内壁画的保存。

　　图中所见错落有致的佛塔和一些窟前建筑，是东崖前一片稍见开阔的区域，自古到今，同榆林窟有关的活动主要在这里进行。今天的榆林窟石窟文物保管所也坐落此处。榆林河穿行于峡谷间，河床宽不足2米，却水流湍急，吼声如雷。榆林河一路呼啸出峡，沿岸人工种植的杨、柳、榆树，与野生的红柳间杂，夏秋之际也有风和日丽、明媚灿烂的景色，一派超凡脱俗的境界。

2　第28窟　中心柱东向面

　　这是榆林窟中的一所中心柱式洞窟，一说建于北朝，但现在可以见到的最早壁画绘于初唐。中心柱东向龛内的壁画显示出典型的初唐风格。龛内主尊坐佛虽经后代重修，但姿态、坐式及束腰莲座均一如唐代原作。图中可见坐佛的火焰纹背光和右胁侍，以及上方的飞天。在菩提树与翠竹掩映下，阿难身穿绿袍，外披黄色袈裟，手持如意，面佛而立。菩萨头有圆光，顶饰华盖，双手合十胸前，天衣严身，披巾下垂，腰系重层锦缘短裙，下着绛色透体纱裙，回目龛外作倾听状。阿难温顺恭谨，菩萨和悦可亲。二人以目光传神，形成联系龛内龛外的媒介和纽带。飞天在菩提树上方倏然飘降，在彩云间散花供养，这生动欢快的形象为龛内肃穆的气氛增添了生机。

3　第28窟　中心柱北向面及后甬道

　　中心柱北向龛内塑立佛一尊，龛壁的背光和立佛足下的莲台都是唐代作品，但明显经过重修而面目全非的立佛略显古朴的造型，却引起某些争议，一种意见以此作为洞窟开凿于北朝的依据之一。同样的雕塑题材似向未在敦煌石窟的中心柱背面出现过，但在莫高窟的一些唐代中心柱的背面，曾有绘制大幅壁画立佛的数例。其左手握衣带于胸前，右手下垂，双脚略分开，作经行佛的立姿，背景往往是崇山峻岭，因而又被称作倚山像。史苇湘氏曾将其与

刘萨诃瑞像联系在一起作过富有启发性的探索。至于雕塑或壁画立佛的这一种姿态，在中国则自十六国至五代、宋，跨越了六百年以上的漫长岁月。

4　第15窟　前室北壁　天王
5　第15窟　前室南壁　天王
6　第15窟　前室北壁　东侧力士

　　这是一个中唐时凿建的覆斗形顶窟，设中心佛坛，坛上造像系清塑，四壁及顶部均经宋代重绘，中唐壁画原作主要保存在前室和前甬道。前甬道南北两壁均画有吐蕃装伎乐。前室主要内容为前壁（西壁）门西侧的文殊变、普贤变，以及左右两壁和后壁两侧的四天王。

　　佛经"天部"讲四天王居须弥山的四陲，东方天王名提头赖吒、南方天王名毗琉璃、西方天王名毗留博叉、北方天王名毗沙门，按意译则为东方持国天、南方增长天、西方广目天、北方多闻天。他们镇守四方，是佛、法、僧的保护神，佛经对此描述甚多，故施主可随意出资请画师绘制。由于在流传的过程中，外来的佛教在中国的大地上与民间喜闻乐见的神异故事不断地融合，四天王的形象逐渐具有了中国传说中四大天王的特征。前室南、北两侧壁相对各画一铺天王，均未书题记。

　　位于前室南壁的一铺天王像，依方位应是南方天王（图版5）。天王面目和善，肌肤白净，全身甲胄，左臂挎弓，双手执箭审视，似在做发射前的准备。座下二鬼，肌肉隆起，面目狰狞，均有不堪重负的表情。天王身后的夜叉右手手抱箭囊，左手扬掌了望，卷发蓬松，巨齿獠牙，兽面人身，状甚可怖。敦煌莫高窟五代壁画南方天王也是手持弓箭。

　　与南壁天王相对的位置上，天王坐须弥宝座上（图版4），不著甲胄，赤裸上身，身饰璎珞臂钏，发披两肩，双目圆睁颇有威势，右手握棒，左手中有一吐珠貂鼠，后倚背靠、菩提双树，头有项光，顶饰华盖，飞天散花于空中。右侧天女奉宝盘、左侧力士持宝袋，共为这尊天王的眷属。此图在天王造像中实属罕见的一例。据《修药师仪轨坛法》，药叉大将"右手各结自印当胸前，左手皆持宝鼠，口吐宝珠，众宝庄严，身著天衣，腹大体胖，形相可畏，皆犹帝王游戏而坐"，与此画像颇多吻合，但此像身份显然非夜叉之属，按位置似为北方天王，其手握貂鼠却与中国传统中的东方天王一致。总之，这是一幅融合了更多吐蕃艺术内容的天王像。

　　天王右侧的力士（图版6）肌肉发达，以虎皮为衣帽。向达《蛮书校注》称，此虎皮衣名大虫皮，亦称波罗皮，乃吐蕃将士中战功卓著者的荣誉服制，南诏亦袭其制。莫高窟吐蕃时期的供养人画像中有"……大虫皮康公之女……"的墨书题记即其一例。这种服制在壁画艺术中

始见于吐蕃时期，莫高窟中唐第205窟佛坛北侧的披大虫皮天王塑像，亦是与此同时期的作品。

7 第15窟 前室东壁南侧 地藏菩萨

图为前室东壁南侧壁画天王左上方的地藏像。据《地藏菩萨本愿经》载，地藏菩萨是释迦灭后、弥勒降生以前众生赖以得救的大菩萨，地藏自誓必尽度六道众生后始愿成佛。佛教认为，人生而复死，死后再生，无非是在地狱、饿鬼、畜生、阿修罗、人间、天上六条道路中轮回转世，无有止息，是充满了痛苦的。地藏菩萨则分身到六道中去救度众生。此图地藏作僧形，顶饰华盖，头有圆光，手拈宝珠，名宝珠地藏，是饿鬼道的救主。由地藏的身体出六朵云彩，云上各绘一人物形象以表示六道，壁画用这样的图解形式表现了地藏菩萨的职能。

8 第15窟 前室东壁南侧 天王

这一身天王像位于东壁南侧，与北侧的毗沙门天王十分近似，均头戴莲花冠，腰挂长剑，穿长身甲，系人面护胸镜，脑后有翼形圆光，为单身立像，只是此天王手持长矛与北侧天王托塔相异。他们与同窟南、北壁上的两幅大型天王像同绘一室，构成四天王的格局，但东壁与南北壁所绘，规模悬殊，风格各异，显系不同施主分别出资各请画师绘制而成。吐蕃时期的瓜沙地区渐失安宁，于是捐资绘佛菩萨像祈求保佑之风盛行一时，此窟无计划地同绘四个规模风格迥异的天王像，也反映了吐蕃时期的特色。这身天王按其与北侧天王的相对位置，似应识为南方天王，但若认为南壁画南方天王，北壁画东方天王，则此应为西方天王。东壁二天王的衣冠造型，同莫高窟中唐第154窟南壁西侧的毗沙门天王十分相似。

9 第15窟 前室东壁北侧 菩萨

菩萨位于前室东壁北侧壁画天王的上方，戴三珠宝冠，项饰璎珞，右臂长垂过膝，左手托一透明宝珠，宽肩细腰，束羊肠裙，披巾绕双臂垂下，双足踏莲台，神态安详、腰肢略作扭动。这是中晚唐流行的菩萨式样之一。

10 第15窟 前室顶北端 伎乐天

前室窟顶中部已坍毁，南北两端各存飞天一身。图为北端的飞天，长巾舒卷随风，冠带上扬，云流寻声漫卷。飞天演奏凤首箜篌（独弦琴），轻拨琴弦，动作伴随着思绪，整个画面充满宁静舒缓的抒情意味。

11 第15窟 前室顶南端 伎乐天

这是前室顶部的另一身飞天，位于南端，飞天颜面丰腴，躯体丰满，神情专注地沉浸在笛声中，仿佛任随长巾的飞舞，渐入云霭的深处。

12 第25窟 北壁 弥勒经变

第25窟是榆林窟最著名的一所洞窟。窟凿建于中唐，即吐蕃占领时期，这是由壁画中的古藏文题记和吐蕃人形象而确知的。此窟前甬道、前室和主室甬道大都为五代、宋代重绘。中唐的壁画原作保存在前室后壁（东壁）和主室。主室中央设佛坛，坛上坐佛经清代重修，窟顶覆斗形，中唐画千佛仅有少许残存。四壁唐画保存良好。其中右壁（北壁）画一铺巨幅弥勒经变。弥勒经变以《弥勒下生成佛经》为依据。画面的主体是弥勒三会。初会居中，成为画面的中心，未来佛弥勒在龙华树下倚坐说法，法华林菩萨和大妙相菩萨左右胁侍，诸听法圣众、天龙八部围绕。第三会和第二会分别安置在左右下角，与初会组成品字形的整体构图。画面的其余空间用来表现弥勒菩萨从兜率天宫下降到翅头末城时的阎浮提世界：诸如道路平整、人寿绵长、一种七收、树上生衣、路不拾遗、夜不闭户，等等，各种情景、故事，错落穿插在三会说法场面的周围，形成一幅内容详尽而又主次分明的宏伟构图。此图画风细腻，色彩绚丽，艺术造诣尤高，不仅是吐蕃时期的艺术珍品，也是敦煌艺术系统中不可多得的杰作。

13 第25窟 北壁弥勒经变中 弥勒初会（部分）

弥勒经变主尊弥勒佛，置身于碧绿掩映的龙华树下，身后山石嶙峋，上方宝盖装饰华丽，宝盖顶端为重层莲台上的摩尼宝珠，其上为须弥山。左右两侧一对飞天乘祥云飞起在半空。动态舒展自如，远景山水意境深远。唐代画家的山水卷轴所见甚稀，此虽为窟寺壁画，系民间匠师所为，仍可一瞥唐代山水画艺术的高度成就。

14 第25窟 北壁 弥勒经变（部分）

图为弥勒经变中间初会的下方，供案左右分别为男女剃度场面。供案前的场面说明弥勒下生成佛的缘由。佛经说，翅头末城国王儴佉富有，有七宝四藏及七宝台，台高千丈广六十丈。儴佉王和诸人臣一起，将七宝台赠送下生的弥勒。弥勒又将七宝台送婆罗门。众婆罗门瞬及拆毁七宝台，弥勒见此深感须臾无常，于是坐龙华树下修道成佛。儴佉王亦率大臣、太子、王后、宫女等八万四千人随弥勒出家，因有上述的剃度。图中画一些婆罗门正在拆毁一座楼阁。已揭去顶盖的楼阁显示出古建筑的内部结构。

15 第25窟 北壁弥勒经变中 王妃剃度

弥勒三会前方均有剃度场面，图中两处都是妇女剃度，描绘的是儴佉王后宫宝女舍弥婆帝领四万八千众宫女出家。所绘王妃落发时，宫女前后随侍，表明剃度人具有王妃贵妇的身份。在宣传佛教信仰的同时，画师笔下的妇人带有几分忧戚的神情，似凡心未泯，形象中寄寓了作者内心对于描绘对象的理解和同情。

16 第25窟 北壁弥勒经变中 四大宝藏（部分）
17 第25窟 北壁弥勒经变中 象宝·玉女宝
19 第25窟 北壁弥勒经变中 马宝·兵宝

弥勒初会的供案上和供案两侧，列置儴佉王的七宝：轮、象、马、珠、女、藏、兵，供案上中间是摩尼宝珠，左为金轮宝，右一宝函，即藏宝。供案右侧有一白象和一女子，即象宝和玉女宝；左侧一匹白马和全副武装的将军，是马宝和兵宝。六牙白象装饰华丽，鞍上驮宝珠。侧立玉女头戴金冠，蝉翼双环髻高耸，身穿红襦白裙、羽袖云肩，手握团扇，是中晚唐流行的贵妇装束。供案前方象征七宝台的楼阁两旁,半空中各有一团彩云,云中各有两个宝函(图版16)。这是佛经所说分散在阎浮提四国的珍宝库藏。虽然宝藏四溢无人拾取,仍有四条神龙终年守护,人不得近。

18 第25窟 北壁弥勒经变中 弥勒二会
21 第25窟 北壁弥勒经变中 弥勒二会(部分)

此图位于经变西下角,表现弥勒三度法会的第二会,弥勒在菩萨眷属簇拥下说法,案上摆香炉,两侧床上陈列剃下的发束、戒除的酒食器物和叠放着的崭新袈裟。已出家的僧人在床前列坐。新剃度者在案前跪拜。案前又有正在削发的场面。据佛经,弥勒二会度人九十四亿。法会背后绘有路不拾遗的翅头末城人。图中部众肃穆,菩萨雍容端丽,呈冥想之态;天王力士威武雄壮,虎虎有生气,人物造型尚未失盛唐风格。

20 第25窟 北壁弥勒经变中 弥勒三会
22 第25窟 北壁弥勒经变中 弥勒三会(部分)

这是与二会相对称的另一组说法会,位于画幅的左侧(东侧)下角,会众眷属的组成也同二会一致。佛经说,第三大会九十二亿人得度,获阿罗汉果,三十四亿天龙八部发三菩提心。法会前是儴佉王公大臣剃度,法会后面有弥勒降生的阎浮提世界女人五百岁出嫁时的婚礼场面。壁画中菩萨温婉恬静,天王怒眼圆睁、虬髯飞动,反映吴道子一派的唐画风貌。

23 第25窟 北壁弥勒经变中 临终

这个画面在耕获图(图版25)的下方,表现的是一座墓园。佛经说,弥勒之世"人命将终,自然行诣冢间而死"。墓园内洋溢着人们与死者依依惜别的亲子之情,有拜别的稚子、掩面哭泣的男人和不忍别离的眷属。墓园门边尚有一搓手嗟叹的老翁,不知是为死者还是为自己也将要离去而伤感、失措的神态,增强了画面的人情味。墓园下方另一场面(图版12),画一宝函置之于地,二人路过回首而去,表示弥勒之世,阎浮提世界"路不拾遗"。图中下部可见古藏文题记。

24 第25窟 北壁弥勒经变中 嫁娶

经变东侧诵经、写经画面之下,画树下穿衣的场面,即佛经所说"树上生衣"。再下方,即此图中所表现的弥勒之世女人五百岁出嫁,实际上是一幅嫁娶图。据唐·段成式著《酉阳杂俎》记载:"北朝婚礼,青布幔为屋,在门内外,谓之青庐,于此交拜","拜阁日妇家亲宾妇女毕集……",所述场面与壁画酷似,图中还有几位穿左衽服的吐蕃客人,反映了这种古老的北朝风俗,在瓜沙地区一直延续到唐代中期。吐蕃装人物形象的出现,也为确定此窟修凿的年代提供了依据。

25 第25窟 北壁 弥勒经变(部分)

经变右(西)上角绘弥勒佛说法会后率四众前往耆阇崛山,在山顶上见到大迦叶,接受迦叶献上的袈裟。据佛经,弥勒像开启城门一样地用双手辟开耆阇崛山,使迦

叶从禅定中觉醒。迦叶从山洞中走出,向弥勒行礼,献上袈裟。袈裟是释迦牟尼临终前交付给迦叶的。图中描绘了加迦叶依山傍水、束尸为室、凿岩而居的禅修环境,溪流紫回,山石峥嵘,花树参差,禅窟错落。山水间景色空旷幽雅,叠叶疏枝藤蔓各尽其态,勾山勒石则纹有粗细、笔有顿挫,线的变化与墨色皴染紧密结合,群山峭壁各有体势,已走上与敦煌壁画盛唐青绿山水完全异趣的道路,同中原山水画艺术的发展息息相通。

图中下部的耕获图,说的是在弥勒之世,播种一次可以收获七次,即所谓"一种七收",是一个人民安乐、不愁衣食的绝妙世界。作者不可能画出同时收获七次的场面,只是如实地描绘农家耕种与收割的生产劳动图景,有驾牛耕地、播种、收割、扬场等情节。旁坐一僧一俗。此图以浓郁的生活气息,再现了唐代的农业生产和人民的劳动生活。

26 第25窟 北壁弥勒经变中 弥勒初会(部分)

唐·义净译《弥勒下生成佛经》云,弥勒坐于金刚庄严道场龙华菩提树下,释提桓因、护世天王、无数天子于华林园头面礼足,合掌劝请转法轮,于是弥勒受请说法,度人九十六亿。图为其中前来劝请并听法的天龙八部形象,如迦楼罗、乾闼婆、摩睺罗迦等,皆武将形象,分别以金翅鸟、雄狮、蟒蛇等头饰标识,以表示迦楼罗为食龙的金翅鸟王,摩睺罗迦则是大蟒神。

27 第25窟 北壁 弥勒经变 (部分)

经变的左(东)侧边沿处,与右侧相仿,画阎浮提世界诸事。左上角画一城。城池建筑可见方形城廓、城垣、两面城门、门楼和角楼。护城河绕一周。城内有一座六角形楼阁建筑,阁内一女子支颐而卧,阁外有一菩萨乘云而来,这是弥勒观父母的情节。据佛经,弥勒菩萨在兜率天宫观看父母,选定修梵摩妻梵摩越王女,美妙如天帝妃,可为其母,于是投胎下生。图中画城外一佛率众行来,这是弥勒佛于三会说法后偕菩萨弟子回翅头末城的情景。大力龙王多罗尸弃见弥勒来忙细降雨,使道路润泽。有毛头罗刹在弥勒佛前胡跪合十行礼,扫帚放在一旁,城外另一罗刹挥动扫帚,正在清扫,即佛经所说,夜叉神跋陀波罗赊塞迦洒扫护城,使巷陌清洁。一龙乘彤云飞起在空中,是大力龙王多罗尸弃忙降细雨,使道路润泽。图中宫殿巍峨,城廓高广,布局有序。

28 第25窟 北壁 弥勒经变(部分)

凡修塔立寺,缯采供养,读经写经,都是佛教信徒修"福田"的善行。《弥勒下生成佛经》亦许诺是诸人等当来之世必"得遇慈氏下生,于三会中咸蒙得度"。图中在林间景色中画二信徒。一人跪地合掌聆听经文,一僧人坐床上,展开经卷正在诵读。另一人在树下床上伏案执笔书写经卷。二人上方均有云缕升起,人形坐于其上,表示得度升天。

29 第25窟 北壁西端 菩萨

北壁两端、弥勒经变的两侧,各画一尊菩萨立像。图

中弥勒经变西侧，菩萨顶饰重层华盖，头戴化佛冠，高髻垂后，长发分披两肩，右手持柳枝，左手提净瓶，意态端严，线描简劲，表现了唐代纯莱条线描的高度造诣。这是一尊观音菩萨像。

30　第25窟　北壁东端　菩萨

这尊菩萨位于弥勒经变东侧，头束高髻，戴三花冠，长发垂肩，绿巾绛裙，双臂屈肢胸前，头罩华盖，足踏白莲，色调明快。菩萨神态和悦，静中有动，若缓步徐行。

31　第25窟　南壁观无量寿经变中　西方净土

主室南壁，与北壁的弥勒经变相对，画观无量寿经变。它们都是唐代最为流行的经变题材。观无量寿经变是根据刘宋·畺良耶舍译《观无量寿经》绘制的。其中作为主体部分的"极乐世界"，与阿弥陀经变的描绘并无二致，仅有的区别在于《观无量寿经》还提出了往生极乐净土尚须观想如法。该经序分借频婆娑罗王与太子阿阇世之间的"未生怨"故事，宣扬"众生皆苦"的佛教思想。韦提希夫人因而决心皈依佛法，并采用十六种观想的方法，往生西方净土。经变画家将未生怨和十六观的画面分别配置在净土图的两侧，形成了比阿弥陀经变更为复杂的结构。这种组合自盛唐流行以后经久不衰，成为西方净土变的常见形式。

这是观无量寿经变的主体——西方净土图，位于经变的中部，占有画幅的大部分画面面积。为解脱已生未生之怨苦，通过种种想观、发愿，即可往生极乐的净土。据佛经的描述，极乐净土中有七宝池、八功德水，黄金为地，金绳界道，殿宇巍峨，宝树成行，百鸟合鸣，微风吹动行树自然出微妙音声。在民间，如敦煌变文所说，极乐世界是个"无有刀兵，无有奴婢，无有欺屈，无有饥馑，无有王官，即是无量寿佛为国王，观音势至为宰相"的世界。寄托的理想更切合劳苦大众的生活实际。这是他们对幸福生活的向往，以及对于起码的物质生活的渴求。但对于上层社会来说，则更热衷于净土的奢华。西方净土变在经变画中具有经久不衰的生命力，在发展过程中，净土变的构成形式逐渐固定为以宫廷建筑为构图框架的模式。这一铺观无量寿经变的作者技艺高超，画面布局严谨，所绘建筑群规模宏大，较好地表现出了宫殿建筑的雄伟气魄。作者对此的着力，似乎甚于表现极乐世界的欢乐情绪。在人群并不拥挤的建筑群中，作者甚至别出心裁地在佛身后的殿堂中，画了一只穿庭过户的老鼠，多么富有生活情趣！这可以说明作者的用意不在天上，而在赞扬世间造物之美。

32　第25窟　南壁观无量寿经变中　白鹤·迦陵频伽

人头鸟身是佛教艺术中一种人格化的鸣禽形象，《正法念经》称"山谷旷野多有迦陵频伽，出妙声若人若天"。图中的迦陵频伽人身鸟尾，有羽翼能演奏乐器，为美音鸟，与白鹤、孔雀等都是常住净土的灵鸟。图中绘白鹤与迦陵频伽鸣奏应和，位于所绘正殿东侧廊庑前，具有丰富的想象力，形象生动。

33　第25窟　南壁观无量寿经变中　共命鸟·孔雀

这是图中大殿西侧廊前的一对灵鸟：共命鸟和孔雀，与上图的迦陵频伽、仙鹤组成两组鸟的乐队。这类由鸣禽结组互相应和的形象，出之于丰富的想象与智慧的创造。据《酉阳杂俎》，"频伽、共命鸟一头两身"，但艺术形象中一头两身或两头一身往往取决于画家的选择。此图所绘双头共命鸟演奏曲颈琵琶，孔雀搧动双翅作舞蹈状。

34　第25窟　南壁观无量寿经变中　舞乐

佛经说极乐世界"常有种种奇妙杂色之鸟……昼夜六时出和雅音……譬如百千种乐同时俱作"。作者据此除在经变中穿插演奏乐器的伽陵频迦，共命鸟及仙鹤、孔雀、鹦鹉等鸣禽之外，均以庞大的歌舞乐队，重点表现千百种乐同时俱作的盛况。此图画出两组乐队，一名舞伎组成，乐队中有一人打拍板，同时引吭高歌，作为领唱。舞伎在中间挎长鼓蹬踏起舞，乐声悠扬，舞姿雄健，是了解唐代歌舞艺术的形象资料。舞伎造型略显肥胖，但动作轻捷并不笨拙。

35　第25窟　南壁观无量寿经变中　大势至菩萨·十六观

十六观，即经文所述的"日想观，水想观，地想观，树想观，池想观，总想观，华座观，像想观，佛身观，观观世音菩萨色身像，观大势至菩萨色身像，普想观，杂想观，上辈生想观，中辈生想观，下辈生想观"。十六种观想如法的图像，一般取条幅、立轴的形式与未生怨相对称，画在经变大幅净土图的一侧。其中上、中、下三辈生想观，又各因其功德果报有别，再各分上、中、下三等，通称九品往生，也就是能进入极乐世界的往生灵魂。他们有时被直接画在净土里的七宝池中。这是敦煌壁画十六观的常见样式。图中上部有残损，但可辨认最上为日想观和水想观。韦提希夫人"正坐西向，谛观落日，使心坚住，专想不移，见日将没如悬鼓形。既见日已，闭目开目皆令了了"。"次作水想，见水澄净，亦使明了，无分散之意"。画师将日轮倒映在宝池水中，使一个画面表现了两种想观。下面的另一水池，池水已封冻，表示"既作水想已，当作冰想"。以下俱列诸种想观，如画一楼阁表示总观，画菩提树林表示宝树，画分格的水池表示八功德水即池想观，画一立佛表示佛想观和佛真身观，画一须弥座表示华座想观，画莲蕾、莲中化生和盛开的莲花表示上中下三辈生想观，等等。

同北壁弥勒经变的两侧一样，观无量寿经变两侧也各画菩萨立像一尊。南壁的两尊用笔更为工细。东端为大势至菩萨，宽肩细腰，肌肤白皙如雪，不施晕染，下着红裙，裙裾的褶襞处理得极为精致，长巾飘垂，为静止的姿态增添了律动感。

36　第25窟　南壁观无量寿经变中　未生怨观音菩萨

未生怨故事是《观无量寿经》的主旨，叙述频婆娑罗王当初求子心切，结下了未生怨。阿阇世太子长成后，将父王频婆娑罗囚禁深宫，断其粮水。王后韦提希身藏蜜面，璎珞盛果浆，探望国王，为其延续性命。阿阇世发现后，盛怒之下几欲弑母，幸被二大臣劝阻。阿阇世因此同时因禁父母。被幽闭的频婆娑罗王夫妇，由是一心向佛。壁画中情节自下而上，却又根据构图的便利，并未完全遵循情节发展的顺序。最下端画阿阇世王执父。接着画阿阇世王拔剑欲杀母后，而发生在先的韦提希探看国王送去蜜面一事画在上方。从构图上看，将执父安排在宫城门外，门内是院落；弑母在外院，送蜜面在内院；把内院作为囚禁国王的处所显然比较合理。第四个情节已是后院外的空旷之地，点缀着几株树木，老王和王后向乘彩云飞来的佛下跪礼拜。再往上，景色进入了更遥远的荒野；河对岸、草庐前，一人走出行礼，面对一王者及一侍卫。侍卫正佩剑，这可能画的就是频婆娑罗王杀死修道山中的无辜仙人。所以仙人与王结怨，转生为阿阇世对国王进行报复，构成未生怨的因果关系。这本是故事的发端，应居画面各情节之首，现在则画在最后。远处山水景色再往远处延伸，已到了画幅的右上角，描绘上深得"三远法"之妙，显得纵深十分开阔。

西端画观世音菩萨，肌肤晕染虽因烟熏变色，仍可看出柔和细腻的笔触。观音天衣、长裙一色素白，仅内着僧祇支赋以朱红色。画师显然怀着虔敬的心情努力表现菩萨的圣洁。

37 第25窟 东壁 药师佛、八大菩萨曼荼罗经变（部分）

38 第25窟 东壁 八大菩萨曼荼罗经变中 佛座

39 第25窟 东壁 八大菩萨曼荼罗经变中 卢舍那佛

主室东壁画卢舍那佛一铺。壁画南侧大部残毁，现存主尊榜书"清净法身卢那舍佛"。"卢那舍佛"应为"卢舍那佛"，系知书手题写之误。这是法身佛名"毗卢遮那"的略译，为密宗崇奉的至尊（图版39）；图中作菩萨形，华冠高耸，卷发垂肩，于狮子座（图版38）上结跏趺坐，定印，是四种法身中的变化身。主尊两侧只存北侧的四身菩萨，按对称的构图，南侧亦应有相应的四身，合为八大菩萨。现存四菩萨分别榜书师名为"虚空藏菩萨"、"地藏菩萨"、"弥勒菩萨"、"文殊师利菩萨"，按名称与唐·不空译《八大菩萨曼荼罗经》一致。这一铺经变是窟内引人注目的密宗壁画，风格与其余各壁显宗经变迥异。作者以遒劲流利的铁线描刻画形象，造型严谨，描绘细腻，色调柔和，构图疏朗而规整。这是一幅珍贵的早期密宗壁画作品。据《宋高僧传》，不空曾于天宝年间应哥舒翰之请前往河西传布密教。这以《八大菩萨曼荼罗经》为题材的绘画同时见于敦煌藏经洞所出的绢画，与此几乎完全相同，和不空的传教活动当不无关联。经变的两侧以同南北两壁相似的形式画尊像。现存北侧药师佛一身（图版37）。

药师佛是东方净琉璃世界的教主，名药师琉璃光如来，又有大医王佛之称，成佛前曾发救度众生的十二大愿，因能帮助信徒解脱贫乏、困厄、病痛、灾邪而倍受信仰。唐代中后期，除绘药师净土变之外，单身药师佛像日见增多。所画药师佛多作立像，一手托药钵，一手持锡杖。《药师经》云，人临命终时若闻药师佛名号，会有八菩萨乘神通而来，示其往生净土的道路。所以，此窟将药师佛与八大菩萨共绘于东面一壁。

40 第25窟 西壁南侧 普贤变

41 第25窟 西壁北侧 文殊变

文殊与普贤同为卢舍那佛的胁侍菩萨。分别绘于主室前壁（西壁）北侧和南侧，在门两侧作对称的布局。二图与对面正壁主尊卢舍那佛遥相呼应。据《华严经·菩萨住品》说："东方过十佛刹微尘数国，有世界名金色佛号不动智，有菩萨文殊师利，来诣佛所恭敬供养頫面礼足，即于东方化作莲花藏师子之座结跏趺坐。"《续清凉传》谓文殊菩萨乘青毛师子。图绘文殊乘骑三菩萨悠然行进。驭者昆仑奴用力驾驭着雄狮，紧张的神态与意态闲适的菩萨形成对照。另据《妙法莲华经·普贤菩萨劝发品》说普贤菩萨出行时乘六牙白象，故青狮、白象常为文殊、普贤菩萨画像的特征。普贤变与文殊变构图相似，人物相等，唯驭者昆仑奴举锤驱赶大象，与遏制雄狮的文殊驭者一放一收、一进一退，从而取得变化统一、生动和谐和效果。

42 第25窟 前室东壁北侧 北方天王

《金光明最胜王经·四天王品》说，四天王既是佛的护法神，也是所有诵读、讲授佛经的人王、百姓的保护神。凡有人于讲法处设四天王座，香花供养，四天王就率其部众、诸药叉眷属保护其人。北方天王又名多闻天、毗沙门天，以托塔为标志，在我国古代信奉甚殷，四天王中最为著名。据佛经，毗沙门天身着七宝金刚庄严甲胄，其左手托塔，右手持三叉戟，足下踏三夜叉鬼，率夜叉、紧那罗等诸眷属神将，左右使女分别为尼蓝婆天女和毗蓝婆神王。诸经典对毗沙门天王描述甚多，画师博采众经，综合造型，创造出神采各异的天王像。

北方天王图中北侧为随行护法的天王太子形象，头披大虫皮，左手托宝珠，右手握宝鼠。据佛典记载，天宝元年（公元742年），大食、康等国围安西城，毗沙门天遣二子独健领天兵救安西，使敌营弓弩弦诸器械并被金鼠咬损。可见这就是毗沙门天勇敢的二王子独健。手握金鼠为其形象特征。身披虎皮是吐蕃武士特有的装束，名大虫皮，多见于吐蕃时期石窟艺术中。

43 第25窟 前室东壁南侧 南方天王

南方天王，又名增长天、毗琉璃天，画在东壁南侧，与北侧的北方天王相呼应。天王戴头盔，穿战袍，右手握剑，左手扬掌，足下横卧一鬼，右随天女，左随持槊夜叉。南方天王颜面和善，肌肤洁白，与两眼圆睁、肤色黧黑的北方天王适成对照。图中线描有力，造型严谨，色彩和谐，人物传神，显示了唐代人物画的高度成就。

在南方天王左侧的游人题记，分别用汉、藏、回鹘三种文字书写。其中汉文题记为"光化三年（公元900年）十二月廿二日悬泉长史齐乞达宁膚柱齐夔磨／都知兵马使冯铭略兵马使王仏奴游奕使齐钵罗赞兵马／使杨仏奴随从唐镇使巡此圣迹因为后记。"这则题记说明瓜沙二州六镇之一的悬泉镇，早在晚唐时期已有建置。悬泉镇所在地，向达先生考证说，"唐宋时代悬泉堡或悬泉镇即在汉广至县旧地，今安西踏实西北之破城子是其处也"，黄盛璋则认为"踏实堡可能为悬泉镇"，二说均在榆林窟东北七十余里处，今统属踏实乡辖区。此壁三种民族文字题记，是研究当地古代史的重要资料。

榆林窟第25窟在敦煌地区唐代诸石窟中，规模较大，形制完整，艺术水平属最佳之列，而保存程度堪称第一，具有极高的历史文物价值。

44　第24窟　西壁　不空绢索观音变

此窟晚唐时期开于第25窟前甬道南壁，东部被后代开通道破坏。覆斗形窟顶画盘龙莲花藻井，四披各画说法图。正壁（南壁）说法图，东壁残存经变画迹，西壁壁画保存较好，为一铺不空绢索观音变相。图中间画六臂观音，上双臂上举，右中臂屈肢胸前托如意珠，左中臂于胸前作印与宝珠手呼应，右下臂垂右膝侧手握绢索，左下臂下垂抚左膝。菩萨于莲台上游戏坐，左右有菩萨、天女、婆薮仙、金刚明王等六眷属，各有字迹斑驳的榜题。整壁显示晚唐时期常见的密宗图像构图。

45　第36窟　前室东壁南侧　法华经变

此窟位于万佛峡西崖，建于唐代。主室覆斗形顶，四壁均经五代重绘。前室保存唐代壁画，后壁（西壁）五代重画日、月、赴会佛、供养人及发愿文题榜，南、北壁五代画天王，东壁门两侧为晚唐原作；门北画弥勒经变，门南为法华经变。榆林窟的法华经变现存只此一幅。画面布局与莫高窟唐代法华经变形式一致，中央画法华会，与会文殊、普贤及诸众菩萨、弟子、八部天左右簇拥。环绕法会的是提婆达多品和从地涌出品，诸小菩萨从海中、地里涌出，驾云飞升，会集于上部多宝塔（见宝塔品）前。法会下画"涅槃"（方便品）。自然构成一个以法华会为中心的主题。法会四周诸品仍以"譬喻品"火宅为主，画在下部中间。火宅左为鹿野苑说法，右为十六王子请转法轮，代表化城喻品。法会左右两侧可辨者，右为：观音普门品、安乐行品、常不轻菩萨品、信解品，等等。经变在描绘上趋于简化。通常所见多人连续的情节变成简单的示意图。图中强调对称的构图形式，譬喻品中的牛、羊、鹿三车画了四乘，分布于左右。穷子喻的马厩、穷子逃走倒地则分开画在两侧。画面情节简化。画面还强调装饰美。由细腻的刻画转而着重简练鲜明的外观整体效果，是这时期经变画的特点之一。

46　第12窟　东壁南侧　佛弟子·菩萨

繁荣昌盛的唐文化伴随着李氏王朝的倾覆已成为过去，代之而起的是动荡纷纭的五代。但是，曹议金及其后代的归义军政权却为瓜、沙一带赢得了长期的和平与稳定。瓜、沙二州五代、北宋石窟艺术的发展中，始终坚持以唐代的传统为主流。此窟建于五代前期。前室多画天龙八部、夜叉、神将等。甬道画供养人。主室覆斗形顶，正壁（东壁）主尊塑像早已圮毁，现存清塑，壁面两侧画与会十大弟子、八大菩萨和帝释、梵天。护法诸天神像延伸至左右壁面，成为绘塑结合的巨幅法会场面。图中人物有舍利弗智慧第一、阿难陀总持第一、罗睺罗密行第一、迦旃延论义第一、优婆离持律第一和南无海天菩萨、南无药王菩萨、南无智山菩萨、南无卢舍那菩萨、南无口光菩

萨、南无梵王，均有题名。人物形象方中见圆、弧眉、弓眼，下颏略小。弟子素面，菩萨轻施晕染，神情沉静，是曹氏画院佛画造型的典型样式。

47　第12窟　北壁西侧　阿弥陀经变中　舞乐

主室南北侧壁前部（西侧）分别画药师经变和阿弥陀经变。这两种经变以渲染东方、西方净土世界为主题，画面下部均描绘乐舞场面。图中长鼓舞伎和坐部乐伎皆沿袭唐代画样，乐器有琵琶一，笙二，横笛三，螺一，排箫一，拍板二。人物素面，土红色线勾描，赋色以石绿为主，少叠晕，规整中略显板滞。

48　第12窟　西壁北侧　普贤变

西壁门两侧出行图的上方，画文殊变和普贤变。图为门北的普贤变。普贤变，是榆林窟壁画的主要题材之一，现存十九铺，大都与文殊变对称地画在窟室的门两侧，此图属于最常见的构图形式，承袭着中唐以来的传统。图中普贤菩萨乘白象，左右众菩萨、弟子、诸天随行，前有昆仑奴驭象、天女供养、乐伎奏着嘹亮的音声，还有宝盖和华丽的幡幢高举在人群的上方，远景起伏的山峦是传说普贤示现的道场峨嵋山。

49　第12窟　西壁北侧　慕容夫人曹氏出行图（部分）

南北两壁前部（西侧）经变画下方，分别画慕容归盈出行图和慕容夫人曹氏出行图，二图分别延展到西壁窟室门的南侧和北侧。前室甬道南壁第一身供养人题名："敕授墨厘军诸军事瓜州刺史检校司空……"，主室甬道南壁第一身供养人题名："皇祖检校司空慕容归盈……"，主室甬道北壁女供养人像第一身榜题："曹皇姊曹氏一心供养。"据此，出行图的主人公是慕容氏夫妇。墨厘军驻瓜州，临近榆林窟，慕容氏为沙州归义军节度使曹议金的姻亲。他们的出行图仿照敦煌莫高窟第156窟张议潮夫妇出行图和第100窟曹议金夫妇出行图。此图规模虽不及后者，仍不失为重要的历史人物画卷。这是慕容夫人曹氏出行图折向西壁的后部画面，图中有曹氏的形象。

50　第16窟　内景

这是五代前期的一所保存较完好的大窟。前甬道顶画千佛，两壁画男、女供养人，前室顶画棋格团花，四壁画帝释梵天、天龙八部、菩萨、夜叉等。主室甬道顶画不空绢索观音一铺，两壁画供养人。主室设中心佛坛。窟顶中部藻井残毁，四披画伎乐飞天和千佛，千佛中有说法图。千佛，是敦煌石窟艺术最为多见的题材，几乎无窟不有。是佛国无量"化佛"之意。佛教讲过去现在未来各有一千佛出世，现在千佛称贤劫。北朝绘千佛于四壁，隋唐以后绘于窟顶四披，大多为定印像。四壁画大幅经变，正壁（东壁）画劳度叉斗圣变，南壁画药师经变、报恩经变，北壁画阿弥陀经变、天请问经变，西壁画文殊变、普贤变。图中由前甬道可见前室和主室。前室东壁门上画七佛。门两侧各画夜叉五至六身，皆为窟内护法之众。主室中心佛坛不设背屏，这是榆林窟洞窟形制的特点之一，不同于敦煌莫高窟。坛上造像系民国初年重塑。

51 第16窟 东壁北侧 劳度叉斗圣变(部分)
52 第16窟 东壁南侧 劳度叉斗圣变(部分)

劳度叉斗圣变最早见于初唐,晚唐时已形成规模宏
大、构图完整的巨幅经变,一般画在窟室的后壁,五代继
承晚唐传统,以此为重要的壁画题材。画面表现舍卫国大
臣须达在祇陀园为释迦建立精舍,外道六师弟子因此与佛
弟子舍利弗斗法的故事。劳度叉能知幻术,舍利佛智慧无
穷。劳度叉先后化出树、池水、山、龙、牛、夜叉鬼,均
被舍利弗所化出旋岚风、六牙白象、金刚力士、金翅鸟、
金毛狮子、毗沙门天王等战败,最后五体投地削发皈依佛
门。画面因袭晚唐画本,作两方对峙布局。画面劳度叉所
在的一侧主要描绘六师弟子遭到旋岚风袭击时的惊恐和狼
狈。劳度叉的高台宝座摇晃欲倒,外道和外道信女们都乱
成一团,是一片动乱的气氛。舍利弗一侧,作为胜利的一
方,是一派庄严宁静的气氛。特别是那安详稳重、富于智
慧的青年比丘舍利弗形象,以及那悠然自得撞击金钟的比
丘,都描绘得生动传神,表现了佛门弟子庄严欢快的情
绪,其中富有戏剧性的是外道落发皈依的情节。

53 第16窟 南壁西侧 药师经变(部分)

五代的经变壁画保持着如唐代一样宏伟的规模,同样
以建筑物为框架,于其中组织众多的人物,题材也依旧。
这些经变作品显示,曹氏画院的画师们,在构图、色彩配
置和人物造型上,都堪称技艺娴熟,但因袭和摹仿代替了
创造,过分的程式化造成僵化和板滞,殊少早年生动传神
的艺术形象。

54 第16窟 窟顶南披

主室窟顶覆斗形,中央藻井井心已毁,各披残损程度
不同,图为保存最完整的南披,可见藻井外周的回纹、卷
草纹、云头纹边饰及璎珞垂幔。垂幔下伎乐飞天环绕一
周。四披的下部画千佛。千佛上方均有菩提宝盖,身侧各
有醒目的题名榜。各披千佛的中央画一佛二弟子二菩萨说
法图一铺。千佛以石绿与赭红造成色彩上的对比,使单调
齐整的画面显得丰富多彩,华贵而又清新。飞天体态轻盈
柔美,一抚琴,一吹排箫,一摇鼗鼓。画师在窟顶上表现
的是佛说法时上空有无量化佛显现,伎乐飞天遍奏天乐,
华盖覆盖三千大千世界,一派壮丽的景观。

55 第16窟 西壁南侧 文殊变
56 第16窟 西壁北侧 普贤变

文殊司如来之智慧,普贤司理,是如来左右最上首的
菩萨。自盛唐以来,文殊变和普贤变成为流行的石窟艺术
题材,莫高窟多画在佛龛外两侧,榆林窟由于窟内正壁不
开龛,因此画在窟内前壁的门两侧。此图依照唐画样本,
稍有不同,驯狮、驭象的昆仑奴此时变为头束髻,周身肌
肉凸起,如同力士的形体。这有可能是在于阗"新样文
殊"图像的影响下发生的新变化。画面人物众多,已有壅
塞之嫌,但图中的奏乐人物仍是画面生动的因素。从他们
专注的神情,仿佛能感受到悠扬的箫管之声。

57 第16窟 甬道北壁 回鹘夫人供养像

画像高1.66米,榜题"北方大回鹘国圣天公主陇西
李氏一心供养"。五代沙州曹议金为巩固其政权,东娶甘
州回鹘女为妻,西嫁女于阗回鹘为妇。此画像是曹议金的
甘州回鹘夫人,穿紧袖翻领长袍,戴凤钗步摇冠,面
贴"花子",是当时流行的回鹘装。身后有婢女捧镜举扇
随侍。

58 第16窟 甬道南壁 曹议金供养像

画像高1.67米,穿绛色大袍,戴直脚幞头,双手执
香炉,面佛供养,榜题"救归义军节度使检校太师兼托西
大王谯郡开国公曹议金一心供养"。身后画有二侍从持弓
袋、箭囊、宝刀。另外,前室甬道南壁有议金长子曹元德
供养画像,榜题"□□□归义军节度瓜沙等州□□谯郡开
国侯(中略)曹元德(下缺)"。根据题名结衔,可推断
此窟修建当在曹元德执政期间,即936至940年之际。

59 第16窟 前室北壁

前室两侧原有天王塑像,已毁。壁上满绘天龙八部、
八大菩萨等。北壁所绘有四大菩萨和摩睺罗迦(蟒神)、
狮神王、龙王、迦楼罗、阿修罗及诸夜叉鬼众等。鬼众的
队伍又转入东壁。佛说法时,他们护卫在左右,也是各种
经典的主要听众。

60 第16窟 前室西壁北侧 天女

前室壁画天王鬼众由帝释、梵天率领。帝释、梵天画
在西壁两侧,均有眷属相随。此天女位于梵天南侧上方,
在最前面导引着诸天的队伍。佛经中有吉祥天女,亦称功
德天,身端正,装饰华丽,手持如意珠,梵天、帝释在其
左右,天上五色云倾诸宝物灌其顶。此天女执香炉,回首
顾盼,含有几分少女的稚气。她的身后有五色祥云,云中
载三伎乐天,下方为供宝的昆仑奴。

61 第19窟 西壁南侧 文殊变

这一铺文殊变系用更为粗犷的手法画成,效果强烈。
值得注意的是上部用作背景的五台山景色中,较多地穿插
了人物的活动,表现出当时信徒朝山进香、虔诚礼佛的情
形,已颇具后来莫高窟第61窟五台山图的意蕴。此外,驭
狮的昆仑奴,胡服战靴,头戴宝冠,已了无蛮荒之气,倒
像是当年官府家人的打扮,显然也是受到晚唐以来新样文
殊的影响。

62 第19窟 甬道北壁 凉国夫人供养像
63 第19窟 甬道南壁 曹元忠供养像

此窟的洞窟形制与前述第16窟相仿,前室甬道南、北
壁画轮回图、地狱变,前室东壁门两侧画八大龙王赴会,
南北两壁各画天王一铺,西壁门两侧画说法图各一铺。主
室甬道南、北壁画曹元忠夫妇供养像。主室窟顶莲花井
心,四披画飞天、千佛及说法图。四壁画经变,东为劳度
叉斗圣,南为阿弥陀、天请问,北为药师、报恩,西为文
殊、普贤。

曹元忠像高1.73米,榜题"推诚奉国保塞功臣救归

义军节度特进检校太师兼中书令谯郡开国公曹元忠一心供养"。其后一身小的男像，榜题"男将仕郎延禄"。凉国夫人像高1.75米，榜题"敕授凉国夫人浔阳郡翟氏一心供养"，其后一身小的女像，榜题"长女小娘子延鼐一心供养"。元忠是曹议金第三子，凉国夫人翟氏即元忠之妻。约在940年其兄元德死去之后，元忠为归义军节度留后；显德二年（公元955年）敕沙州节度使，检校太尉同平章事，翟氏后晋封为凉国夫人。宋建隆三年（公元962年），他自称"推诚奉国保塞功臣"并得到宋王朝的承认。元忠供养像与曹议金像无异，只是身后未画随侍。凉国夫人翟氏画像穿大袖襦裙，衣外披帔子，戴凤冠，插步摇、花钗，两鬓包面，面贴花子，是当时十分华贵的妇女装束。

前室窟门上方有后唐同光四年（公无926年）正月十五日发愿文榜题一方。左右壁下部各有五代侍掌扇，抱镜、奁、弓箭，架鹰的供养人侍从像，与第12窟前室甬道供养人侍从相似。此窟前室及主室画供养人及侍从逾七十身，表明是五代前期曹氏府僚们集资建造的。及宋初，又画了元忠及夫人翟氏的供养像。

64 第32窟 窟顶东南角 月光明如来

亦名月光菩萨，画题"南无月光明如来"，是药师佛二胁侍之一，与日光菩萨光明遍照，共为诸菩萨之上首。又为天众之一，胎藏曼陀罗外金刚部之一众。本图与经文所说相同，左手持杖，杖端有一月，右手按住右膝，乘五鹅，坐月轮内，与窟顶东北角的日光菩萨相对照。背光边沿画为火焰纹，月轮上半画彩色光焰，以示月天光明普照。五鹅中央一只正面，四只侧面，对称布局，独具匠心，是一幅很美的装饰图画。

窟顶四角作成弧面的凹进。东北角和东南角分别画日光明如来和月光明如来，另两角分别画毗沙门天王和婆罗门老人（或为婆薮仙）。日、月光明如来，或为药师佛的二胁侍，又名日光遍照菩萨和月光遍照菩萨，为诸多菩萨之上首；或为天众，即日、月光明天子，简称日天、月天。佛经所述日天手持莲花，乘四马车；月天手中杖上有半月形，乘三鹅。图中月光明如来持杖，杖端有半月，乘五鹅，居月轮中。论形象似乎应该是月天。按，月天即大势至菩萨化现之身，为月宫之主，与日天配合以光明遍照世界。

65 第32窟 窟室内景
66 第32窟 西壁南侧 梵网经变（部分）
67 第32窟 西壁北侧 梵网经变（部分）
68 第32窟 西壁中间 梵网经变（部分）
69 第32窟 西壁北侧 梵网经变（部分）

此窟位于西崖，在洞窟形制上与前述几所五代窟相同，但在内容上十分独特。窟内前室已毁，甬道残损。主室宽敞，覆斗形窟顶中央画莲花藻井（残），四披垂幔下画伎乐飞天、千佛，千佛中央画多宝塔。窟顶四角分别画日、月光明如来、婆薮仙和毗沙门天王。正壁（西壁）画梵网经变一铺，南、北侧壁分别画劳度叉斗圣变一铺、维摩诘经变一铺，东壁画文殊、普贤变相。中心佛坛上塑像

系清代重修。

梵网经变是五代时石窟艺术中新出现的一种大乘戒律题材，表现卢舍那佛所说"十重戒"和"四十八轻戒"。《梵网经》共一百二十卷，现存不过《卢舍那佛说菩萨心地戒品第十二》二卷。经文一开始描述，卢舍那佛坐莲花台藏座上说：我住莲花台藏世界，其台周围有千叶，一叶一世界为千世界。我化为千释迦据千世界，一叶世界复有百亿四天下，因而释迦又各各现百千亿释迦。"千花上佛是吾化身，千百亿释迦是千释迦化身"。图中卢舍那佛头上出现的化佛，便是他化现的千释迦。佛上方云朵中的化佛和莲座花瓣上的化佛，是梵网经变的主要特征之一。梵网经变现除此窟一铺外，还有莫高窟二铺。在此，它是全窟的主题。图中间画卢舍那佛演说戒律，左右菩萨、弟子、诸天部围绕，下部更有帝释、梵天、僧众、日月天子、贫困老幼、禽兽六畜竞相前来听法。两侧上部以众多的画面描绘僧人不以刀伤身，见疾病施医药，不贪好触，严守戒律的各种愿行。画者以不同的位置、服饰、动态表现了不同身份人物赴会听法时的不同情绪。

图版67为梵网经变的左（北）下角，可见到画面上部（全图的中部）的重戒图和下部的听法场面。听法场面十分丰富，有席地而坐的听众，为菩萨、金刚和僧俗形象，榜题所书则有："十八万天仙来听此会时"、"十八万大众来听此会时"、"十八万国王从梵天来听十刑时"等。他们的身后，有帝王出行前来赴会的人物形象，榜题"尔时日月天子来听此会时"，所绘帝王代表着日月天子。帝王戴冕旒，冕板上面绘北斗七星，肩饰日月，在近侍扶持之下，高视阔步，群臣在后跟随，前面还有二臣作前导。其上方，画着一些聚集的人群和成群的动物。人群中男女携幼子前来听法，榜题"一切贫困者来听此会时"。动物群的榜题"尔时一切禽兽六畜来听此会时"。这些都是图中饶有生趣的情节。上部的重戒图都是血淋淋的画面。图86显示出十重戒的第六戒，一僧倚坐床上，裸露腿膝部，右手举利斧斫之。所表现的戒律内容，按画面排列顺序，应当是说四众过戒。画师没有直接表现戒律的内容，只是描绘对犯戒者的惩戒，几乎都采取自裁的方式。腿上鲜血流淌的形象给人以深刻的印象。当年，这样的经变画曾为宣讲佛家戒律所用，对僧俗信徒曾有过劝诫的效应。

70 第32窟 北壁 维摩诘经变
71 第32窟 北壁 维摩诘经变（部分）
72 第32窟 北壁 维摩诘经变（部分）

窟内南、北两壁各画一铺通壁巨构的大乘经变，以与正壁的大乘戒律梵网经变相呼应。南壁的劳度叉斗圣变残破较甚。北壁维摩诘经变大体保存完整，系依据鸠摩罗什译《维摩诘所说经》绘制。这是敦煌石窟常见的经变题材，最早见于十六国时代的西秦壁画，在敦煌则始于隋代，至唐代形成复杂的大幅构图。画面（图版70）以文殊菩萨问疾品为主体。据经文，维摩诘居士佯病，文殊菩萨前往问疾，两人展开论道。画面沿袭前代的对称形式，同对面南壁舍利弗与劳度叉两军对垒的构图适成照映。宝帐中的维摩诘和莲台上的文殊各居一侧，前来问疾听法的国王大臣和各族王子分列其下。画师围绕着这一主要情节，

穿插诸经品内容。中央为阿修罗王头顶须弥山，示意"妙喜极乐世界"景观。上方有释迦在毗耶离城说法，令五百宝盖合成一盖，"遍覆三千大千世界"（佛国品）。须弥山两侧各画一香积佛品故事，众菩萨捧香钵香饭飘然而至。维摩诘、文殊前又各画一天女散花。上登妙喜世界的天梯旁，一缕烟云直上天空，云中有四艺伎，是波旬魔女戏扰持世菩萨修禅的故事。毗耶离城外的远景，画阿难乞乳、维摩入棋奕处劝化。横长鲜亮的城垣把左右两侧维摩诘、文殊的对立双方联系起来。这是一幅既规整而具有鲜明的装饰艺术效果，其间又有丰富的人物活动，洋溢着生活气息的五代壁画佳作。壁画东侧被后代开穿道损坏。

画面西侧表现维摩诘经变中的主人公。维摩诘身居榻上的宝帐之中，头裹软巾，手执麈尾，身姿微微前倾，注目启齿，正在与文殊菩萨论道。帐顶上有彩云载来的须弥座。维摩、文殊及诸大众去庵罗树园听佛说法，只缺坐席，维摩即用方便神力"持诸大众并狮子座，置于右掌，往诣佛所"。这里表现了维摩诘居士的"辩才过人"、"神通无边"（不思议品）。

在维摩诘宝帐前，画劝众生品中舍利弗与天女（图版72）。佛弟子舍利弗去维摩诘居所听法，维摩诘室内有一天女，见诸众人来听说法，便以天花散诸菩萨大弟子身上，众人着花即落，唯佛弟子舍利弗的袈裟上着花不落，以此遭到天女的戏弄。图中舍利弗面向维摩聆听说法，天女在他背后悄悄散花，是具有戏剧性的表现手法。上部阿难乞乳（弟子品）。维摩诘去博奕处劝化，路遇阿难持钵乞乳，加以责难，阿难狼狈不堪。图中画居士与比丘相对而立。远处有妇人挤乳的情节，是农家生活的写照。舍利弗前方有众多菩萨乘云持钵而来，表示化菩萨捧香饭来，令饭香遍毗耶离城及三千大千世界（香积佛品）。

经说，维摩诘本妙喜世界一菩萨，为弘扬大乘，化作居士来至此土，常游历于酒肆、博奕处以各种譬喻"方便"之术劝导众人（方便品）。画中两人对奕，一人正举棋运思。维摩诘坐一旁观博奕。古代沙州产上好棋子，此图恰好反映了敦煌一带的棋奕风尚。

73 第32窟 东壁北侧 普贤变

普贤与文殊同为释迦佛教化众生之助手，普贤菩萨变相画面构图亦与文殊变大致相同。此图普贤菩萨坐六牙白象，左手捧莲花杯，右手下垂膝部，驾云而起，化现说法。左右部众驾两朵云，执幡、擎香花，奏音乐（琵琶、笙、箫、笛、拍板、觱篥）供养。背景山川流水。右上部为毗沙门天王与舍利弗掘海。右下部为阗牛头山及大佛寺，信徒正在登山礼佛圣迹。左部为阿育王造八万四千塔，奉者正在对塔礼拜。这幅图，将传统的普贤变与当时盛行的佛教史迹传说故事结合了起来，内容丰富，画面形式有了新意，色调淡雅，层次分明，同南侧文殊变一样，是一种新样普贤变。

74 第32窟 东壁南侧 文殊变

文殊与普贤是佛的左右胁侍，是地位最高的两尊菩萨，唐代以来常画在窟内佛龛或窟门的两侧。这是比较特殊的一铺文殊变，实际上是一幅五台山图。中唐（吐蕃时

期）开始出现以五台山为表现对象的壁画。五台山是中国四大佛教圣地之一，北齐时，已有佛寺二百余所，唐龙朔年间（公元661－663年），西京会昌寺沙门会赜奉敕到五台山"检行圣迹"，修理寺塔，并绘制了五台山图小样，传布于京都一带。传说五台山为文殊师利菩萨道场，文殊与其眷属诸众菩萨一万多人，常在山中演说佛法。图中文殊菩萨乘狮子驾云升起在空中，左手持莲花。牵狮人由原先的昆仑奴形象变为穿长袍、戴毗沙门天冠的于阗王。左右眷属菩萨分别执幡、擎花、奏乐（琵琶、笛、拍板、笙、箫）供养。两侧上方有龙王、比丘俱来听法。五台山峰相峙矗立，每峰各有塔寺，山间流水相通，文殊及其部众、听众均驾云分居于五朵云头上，云地虚实相衬，颇具仙境妙趣。文殊下部画罽宾僧人佛陀波利到山礼巡圣迹，遇文殊化现老人。其两侧画麒麟与五毒龙化现。南上角画阿育王分舍利于诸国，造八万四千塔藏舍利，有一罗汉以神通力伸手蔽日，一时建塔"功绩咸毕"。这幅文殊变是于阗新样文殊变相与当时流行的佛教史迹画相结合的产物。这种集实景风光史迹神变为一体的五台山图，正是著名的莫高窟第61窟五台山图的先声。

75 第33窟 南壁西侧 佛教圣迹图

这是一幅以于阗牛头山佛寺为中心，以多种佛教传说、感应故事和瑞像组合成的圣迹图。

古于阗以佛教立国，其史迹轶事在《法苑珠林》、《大唐西域记》中多有记述。牛头山在于阗王城西，其山名瞿室饺迦，两峰如牛角，大寺内佛像光明、释迦牟尼佛曾到此说法，是个规模较大的寺院。山上石室中有罗汉居住，等候弥勒佛下生。图中央佛殿建筑，即牛头山大寺，殿内一佛二菩萨，并有弟子、僧人出入。大殿台阶中央画一牛头形，下有一架长梯如牛口中之舌。梯上伎乐数人持琵琶、腰鼓、箜篌向上攀登，不胜欣喜。殿前四菩萨乘云而至，阶梯旁有夜叉、狮子、神王。画师在此表现了对牛头山圣迹的无限崇仰。

大佛殿左右上方文殊、普贤乘狮、象，偕眷属腾云而至。上方中间山岩之中立一佛像，僧俗礼拜甚殷，是刘萨诃因缘中的凉州山开所出瑞像，刘萨阿和尚是在河西很有影响的神僧。其像东侧一片碧绿的水面，有人驾船礼佛，水上飘着莲花和佛像。这是表现刘萨诃到江东巡礼佛教圣迹的石佛浮江故事。这片水面上还画出了释迦度商主和迦叶波救如来溺水的故事。下边水口的两岸立着一弟子一天王，是于阗毗沙门天王和舍利弗掘海。水面的东岸，还有刘萨诃礼塔的形象。下方画有阿育王宝塔和罗汉伸手蔽日，以及尼婆罗水火池；还有一佛跪伏于莲花上迎诸如来真身，那是优填王造檀木瑞像的故事。东下角一僧静坐，旁设一椅，为昙延法师百梯山隐居像。牛头山佛殿西侧画七级汉式木塔，塔侧有两树垂柳，四僧人在树下面塔礼拜，是摩竭陀国佛陀伐那山杖林中的大塔。大塔右侧的汉式城廓表示摩竭陀国王舍城那烂陀大寺，为古印度佛教最高学府。据记载，中国求法高僧玄奘、义净等人都曾在此就学多年。大寺上右方的白色六角形塔柱，是阿育王为弘扬佛教建立的著名石柱。大佛殿屋脊西侧上方画一立佛，前有一井，井栏边一人俯身汲水。这是纯陀故井。井在拘

尸那揭罗国都城内，是巧匠纯陀为供养佛开凿的，井水甘美，如来在那里受到最后一次供养。

画面两侧下部横列八身瑞像，画面下方更有一排瑞像，至此，壁画几乎包容了唐、五代以来石窟中所见的所有佛教圣迹故事，形成一铺构图完整的经变。类似的形式，虽然晚唐以来已经出现，但多是小幅构图，一般画在甬道的顶部，如此宏篇巨构，尚属绝无仅有。

76 第33窟 北壁西侧 降魔变

此窟前室一面披顶，壁画多漫漶，甬道两壁画曹元忠父子及夫人翟氏母女供养像。主室形制与各五代窟相同，窟顶内容亦为藻井、垂幔、飞天、千佛及说法图。正壁（西壁）画说法图，南壁东侧画药师经变，西侧画佛教史迹图和瑞像。北壁东侧画阿弥陀经变，西侧画降魔变。东壁门上画地狱变和龙王赴会。

降魔变（破魔变）是佛传中至关重要的环节，表现释迦如来将成道时，魔王波旬率魔军、魔子、魔女诸魔眷属以恫吓威逼、引诱种种办法来施行干扰和破坏。如来使神通力降服了魔王。敦煌壁画中的破魔变始于北魏，如来端坐，双手结降魔印。自隋代迄盛唐未见绘制。中、晚唐至五代重又出现。此图中如来端坐，双手结"禅定印"。魔王皆汉式官服，佩剑。魔军有的披甲骑狮子执弓箭，有的作牛头、象头、怪兽头，裸体，短裙，蓬发，双臂举山、树、风轮、连鼓（雷、电）等，或手持剑、戟、叉、棒等，一齐打向如来。背后熊熊火光更烘托了紧张恐怖的气氛。下部魔女作舞乐诱惑如来。如来用神力，使三魔女现骷髅原形。一人持镜照看自身的原形，这又增加了部分丑态。画面构图沿袭以往的式样，但又有很人的变化，作者在破魔图的两侧如观经变一样增加了对联条幅式的画面，描绘了与破魔有关的情节。其西边的画面表现悉达多太子出家后在山中苦修六载的种种场面。东边则表现他下山在熙连河沐浴，洗多年之垢腻；又遇吉祥长者，广铺草座，以及牧女献乳、四天王捧钵供养等情节。这些画面等于是破魔变的序品。此图敷色以赭为主，间以少量绿与黑色。是一幅疏密、静动、冷热对比强烈而又十分协调的五代壁画代表作。

77 第33窟 东壁门上 地狱变

敦煌壁画地狱变，最早见于初唐，但画面已剥蚀不清。五代、宋，地狱、轮回和地藏菩萨单身像绘制较多。佛经说，地藏是在释迦灭后弥勒未生的无佛世界中现身于人天地狱教化六道众生的大菩萨。此图中部画地藏，作僧像，着袈裟，持锡杖，半跏坐莲台上。左右各一童子分别司铁札、令牌，记录亡人罪福诸业。北侧案上放着铁札，冥王顶盔贯甲，手执令牌，指挥二鬼用刑。上部画一鬼守护一面大镜子，验证亡者生前的罪福，镜后跪男女各一人。又画一汤镬，入地狱道的人纷纷堕入受苦。南侧冥王披甲，戴冕旒，案前男女手捧供物。上部画鬼卒驱赶作恶者进"铁围城"受刑，从善者则被菩萨引导入人道，免受地狱之苦。画史记载，唐代吴道子所画地狱变，"变状阴怪"，观者不觉毛骨耸然。以后的地狱变多依此楷模。榆林窟地狱变常画在甬道或窟门上方，为僧徒信士出入所必

见，以此劝诫众生，弃恶从善。

78 第33窟 东壁北侧 龙王赴会

龙王赴会是五代壁画常见的题材，多绘在窟门两侧，左右各四，合为八大龙王。龙王是八部众之一，能变云雨，到灵鹫山听佛说法之后，坚信佛法，用神力入海底化出大殿，用珠宝装饰得庄严华丽，自海边至海底有三道宝阶通达，与佛过去自天宫降临阎浮提时无异，于是请佛入龙宫供养。佛说诸经，几乎都有龙王与会，作为热心的听众。此图与莫高窟五代第36窟龙王赴会图形式相似，出于同一样本。敦煌藏经洞所出《莫高窟功德记》记曰："出门两颊，绘八大龙王……，龙王在海，每视津源，洒甘露而应时，行风雨而顺节"，反映了佛教信徒在描绘龙王形象时所寄予的真切愿望，祈求风调雨顺。

79 第34窟 西壁 说法图（部分）
80 第34窟 西壁说法图中 菩萨

此窟前室五代画七佛、药师佛、菩萨、天王、供养人。甬道顶画地藏六趣，两壁画曹元忠及夫人供养像。主室覆斗形顶，底层有唐画千佛，正壁（西壁）画说法图一铺，南壁画思益梵天问、药师经变，北壁画天请问、阿弥陀经变，东壁画文殊、普贤变。图为说法图的右部，画五弟子、五菩萨、二天王、二龙王、二夜叉及阿修罗王。布局作上、中、下三层排列，人物动态俯仰相顾，因而绝无整齐队列的僵滞和呆板。面色晕染颜色有淡赭、青灰和赭红，突出额部、鼻梁、上眼睑和面颊的亮部，是唐末五代形成的新晕染法。说法图左右对称。图版80为左部五菩萨之一，题名"雷音菩萨"，面形端正，秀眉舒展，双眼半启似弓形，神情庄静，是五代宋初菩萨造型的典型样式。

81 第35窟 北壁 文殊变
82 第35窟 南壁 普贤变

此窟经五代重修，颇具密宗意味。前室顶部画千手眼、如意轮、不空绢索观音变。主室正壁（西壁）画观无量寿经变一铺，南、北壁画大幅普贤、文殊变，东壁门北侧出现了密宗曼荼罗。

榆林窟的文殊、普贤变几乎都画在窟室的门两侧，左右对称，只有此窟画在南北两侧壁。就规模来说，这是敦煌壁画中最大的两铺。画面也空前复杂，以横卷式的构图表现了文殊、普贤率眷属前来赴会的浩大场面。以保存较好的文殊变为例。昆仑奴头顶巨大的香炉走在最前面，左右有两名力士护卫开道。接着是一组乐队，两侧对列着十身菩萨，高举幡、幢。乐队后面设供案，天女、菩萨在案前、案侧供养。案后便是文殊菩萨及其八尊化身，分乘九狮。文殊真身较大，上有宝盖；八化身小些，头上也都有一覆莲作为顶盖。后随一排供养菩萨，两侧又有天女数身，均手托盘盛香花、珍宝。最后以帝释、梵天为中心，一昆仑奴头顶香炉供宝在前导引，八部天、龙、夜叉，各举兵刃、旗帜殿后。在整个行进队伍中，间有菩萨、天女随侍、童子供养，上空有飞天奏乐、散花。所绘各种人物多达七十身，皆驾云而行，背景为绿色的海水和岸上的远山，水中朵朵莲花，山间草木依稀。普贤变与文殊变构图

相仿，飘洋过海的博大气势很有新意。九狮同行显然比一尊文殊乘狮的形象更能体现佛智之威猛。同样，九象也能更好地象征佛理之广大。此时，人物的造型以及具体的描绘、刻画上，虽然已经远逊于唐代，但画师在构图上的创新却取得了无可比拟的成就。

83 第35窟 东壁北侧 五智如来曼荼罗

密教金刚界曼陀罗，是五代石窟的新题材。此窟东壁门北侧出现了这一铺从题材内容到表现形式均属崭新的五智如来曼荼罗。所谓五智如来，意思是金刚界五智所成之如来。图中央为密教本尊大日如来，法界体性智所成，坐五狮座（示意无畏）。图四角为四方如来。本尊左下方为阿闳如来，大圆镜智所成，坐五象座（示意坚固无碍）。右下为宝生如来，平等性智所成，坐五马座（示意富足尊贵）。右上为阿弥陀如来，妙观察智所成，坐五孔雀座（示意菩提清净）。左上为不空成就如来，即释迦牟尼佛，成所作智所成，坐五迦楼罗座（示意大威力）。图上部有一轮大日，两侧象宝、狮宝，二飞天供养。五智如来俱戴宝冠，人物造型与五代显教形象无异。图两侧及上方画千佛，下方画女供养人。

84 第35窟 东壁南侧 画师供养像

东壁（前壁）门两侧下部分别画男、女供养人。南侧画男供养人八身，图为第三、四身。二供养人均着襕衫，系革带，戴直脚幞头，手持笏。前一身题名"□（施）主沙州土匠都勾当画院使归义军节度押衙银青光禄大夫检校太子宾客筡保一心供养"。后一身题名"节度押衙知画手银青光禄大夫检校太子宾客武保琳一心供养"。沙州曹氏政权时期，曾在敦煌设有画院，从事修建窟寺，绘塑佛像。从榆林窟、莫高窟的画师供养画像题名和藏经洞所出遗书，可知画院设有"画院使"、"知画手"、"都画匠"、"绘画手"、"画匠"、"塑匠"、"书手"、"雕版押衙"以及"打窟人"、"石匠"等，他们是灿烂的敦煌石窟艺术的无名创作者。

85 第36窟 南壁 佛传（部分）

屏风画的形式，在敦煌壁画中起于初唐，中唐开始愈见流行。五代时在莫高窟第61窟壁面下部以三十三扇屏风续成规模空前的佛传联屏连环故事画，主要依据《佛本行集经》，绘制情节达一百二十八个。此窟以近二十扇屏风画佛传，图为其中一扇的上部，画一城垣围成的院落，可见正房与两翼的廊庑。教师在正房案前端坐，学生列坐于廊庑就读。佛传中，悉达多太子年满八岁时向毗奢婆密多罗师学书。所画的就是这所学堂，由此可一瞥唐宋之际的家塾情况。画面学堂下方二人仅穿短裤，正在相扑比武，教师在一侧观看。这是习学技艺品羼提提婆（忍天）应净饭王之请教太子习学武艺的情景之一。

86 第36窟 东壁南侧 文殊变

此窟建于晚唐，除前室部分唐画尚存外，均经后代重修，壁画主要重绘于五代。主室西壁画说法图一铺，南壁画如意轮观音变、千手眼观音变、药师经变，北壁画不空

绢索观音变、观音经变、阿弥陀经变，南北两壁下部画屏风佛传故事及壸门供宝，东壁画文殊变和普贤变。图中文殊、普贤变相与第12、16窟依据同一粉本，区别在昆仑奴的形象，此为赭红色长发披肩，红色肌肤，半裸体，肌肉块块突起，如同护法金刚、力士、夜叉之类，狮子做回首状。可以看出，画工在既定的程式规范之下，仍在力图寻求变化。

87 第38窟 西壁 弥勒经变（部分）

此窟内容丰富。前室甬道两壁画文殊、普贤变。前室窟顶画千手眼观音变，西壁画天王，南壁画观音变，北壁画地藏变。主室甬道画供养人。主室窟顶画团花藻井、伎乐天、千佛以及日天、月天等，西壁画弥勒经变一铺，南壁画天请问经变、药师经变、密教说法图各一铺，北壁画思益梵天问经变、观无量寿经变、密教说法图各一铺，东壁画五佛、龙王赴会。西壁以通壁规模画弥勒经变，经变两边以对联条幅形式表现弥勒世界诸事。嫁娶图，是其中的主要情节之一。佛经说，弥勒世界人寿无量，"女人五百岁乃行嫁"。此图未改唐画的样式。人字形坡房内是宾客席，男女分别列坐。帐前围一帷墙，内铺地毯，是婚礼交拜之处。新妇前置一大圆镜，供梳妆。一对雁在院内徜徉，作为佳偶幸福的象征。还有人跳起舞蹈表示祝贺。敦煌的弥勒经变中，虽然各时代人物服制略有变化，艺术风格亦不相同，但所表现的以"青布幔为屋"举行婚礼的习俗却自唐代以来已延续了数百年之久。

88 第38窟 北壁东侧 净土曼荼罗

敦煌石窟密宗壁画艺术在五代后期渐趋兴盛，在窟室内与显教壁画相杂。此窟南北两壁前部各有密画一铺，大体呈说法图构图。图为北壁的一铺，中间画宝池，池中升起宝装五狮须弥座，佛在座上莲花中结跏趺坐，其后有背屏，上有菩提宝盖。宝盖两侧有日天、月天。佛两侧十四尊菩萨围坐，左右下角各一尊护法金刚，分别执绢索、宝杖。这些尊像均有莲花枝蔓相连，植根于宝池之中。宝池内莲花绽开，二童子于莲中化生而出，胡跪合十供养。由此推测画面与西方净土密切相关，是一铺阿弥陀佛尊像画，因称净土曼荼罗。

89 第38窟 窟顶西披 月天

主室窟顶五代画团龙藻井，四披垂幔下画伎乐飞天各四身，以下画千佛，千佛中央南、北披画坐佛各一铺，东、西披分别画日天、月天。月天，列十二天之一，亦名宝吉祥菩萨，为大势至菩萨之化现。乘五白鹅，戴宝冠，冠上有一化佛。双手捧一月，左右二菩萨为胁侍，外环以一圆形光焰，与东披日天相对应，如同高悬太空的日、月。

90 第38窟 前室南壁 观音经变（部分）

前室南、北壁五代分别画观音经变一铺和地藏与十王厅一铺，其画面中央均被清代塑像背光所覆盖，只能得见两侧的部分画面。南壁观音经变大体依据《妙法莲华经·观音菩萨普门品》绘制，表现观音救济八难及观音三十

现身。图为南壁画面的东下角，上部可见观音菩萨的两种现身，一为宰官身，坐椅上；一为大自在天身，坐床上；面前都有一人合十跪拜。下部画观音济难。经文说，如有一行人乘船出海求宝，被黑风吹至罗刹鬼国，其中有一人念观世音菩萨名号，全船乘客即得解脱。此图描绘比较简单，没有通常所见海中的莲花、珊瑚、摩尼宝珠，恶鬼亦少。船上乘客虽都双手合十，口念观音，情绪并不紧张。空中飘来一团彩云。这是其他相同内容的壁画中所没有的。又有一人站立水中，双手合十，表示溺水人如念观音名号"即得浅处"。

91 第20窟 南壁弥勒经变中 耕获
92 第20窟 南壁弥勒经变中 嫁娶

此窟建于唐代，现存壁画，前室绘于宋代，主室大体为五代作品。东壁画药师经变及两侧毗卢遮那佛、卢舍那佛各一铺，南壁画弥勒经变、五佛各一铺，北壁画思益梵天问经变、五佛各一铺，西壁画如意轮观音，不空绢索观音各一铺。图为南壁弥勒经变左右上角的局部，分别表现弥勒下生阎浮提时，翅头末城的理想世界，可称作弥勒世界或弥勒净土。牛耕与收获的场面表现弥勒世界一种可获七收。榜题为"尔时一种七获用功甚少所收甚多尔时弥勒世一种七收"，与经文大致相同。作者以简洁的画面描绘了有始有终的耕获过程，人畜的动势自然，具有古代敦煌地方的乡土生活气息。嫁娶图与唐代壁画以至五代第39窟的同一内容壁画相比较，画面已大为精简，但仍十分注意人物造型的比例和动态，努力做到生动自然。榜题文字也大大省略，只"尔时嫁娶时"五字。

93 第20窟 北壁 思益梵天问经变（部分）

鸠摩罗什译《思益梵天所问经》是另一部重要的大乘经典，讲述大乘教义而对小乘思想进行批判。在画面左、右上角描绘了圣众前来赴会的情节。西上角画一院落，浮在云上。院内一菩萨及侍者，意欲出门，仿佛一位贵妇离去前仍在犹豫反顾。榜题为"南无兜率弥勒下生来会时"。画师凭见闻所及，将一富户大宅想象成弥勒所居被称作"微妙宝宫"的兜率天宫。乘另一朵彩云来到的是一大神率二僮仆，榜题"尔时梵王来会时"。梵王，即大梵天，古印度的创造万物之神，在佛教诸天中享有崇高的地位，也是这部经中的主要人物。"思益"便是他的名字。

94 第20窟 甬道顶 菩萨

甬道顶五代画一佛二菩萨，佛为释迦牟尼，此为左胁侍，应是文殊菩萨，坐仰覆束腰莲花座上，宝冠，天衣，斜披络腋，束裙，结跏趺坐，双手合十。画师用线奔放有力，挥洒自如，不求谨细却仍十分准确，表现出深厚的功力。

95 第6窟 甬道南壁东侧 阿弥陀经变

这是榆林窟最大的洞窟，窟内塑高约23米的巨型倚坐佛像，窟顶穹隆形。塑像原造于唐，经后代重修。窟内壁画除甬道和上层明窗券顶保存部分唐代原作之外，其余都经五代、宋、西夏、元、清和民国诸代重绘或改绘。其中

宋代壁画为数最多。甬道南壁东侧（里侧）阿弥陀经变绘于宋。

此图沿袭唐以来的基本形式。画面依照佛寺院落布局。前有宝池、平台，正面起双层庑殿顶大殿，面阔三间，左右配殿亦为双层三间庑殿顶式。正壁背后露出后殿，单层。院落后部建廊庑，至左右两端折向前，庑顶上又耸起二楼。前部并列五平台，与殿前大平台之间均以小桥相连。规模依旧，但建筑结构及其装饰业已失去唐代的富丽。法会仍保持着西方三圣特定的位置，体形也略大些，其余弟子诸众菩萨，皆为同一姿容，几乎是等距离地对称排列着，已没有了欢快的舞乐、种种跳跃鸣唱的禽鸟、化生童子的恣意嬉戏，而代之以寂静宁和而肃穆的气氛，富于装饰性。色彩以石绿为主，建筑的廊柱、屋檐、桥栏皆已变为黑色。人物素白，不施晕染，黑绿白三色形成清冷的色调，不同于唐、五代时富于生活气息、活泼、热烈的经变画。

96 第14窟 窟顶藻井

此窟建于宋代，经过清代和民国初年的重修。窟内中心佛坛上主尊经清代妆修。有两身唐代力士塑像残躯及一身五代半跏菩萨像是由别处移来置于此窟前室的。窟内壁画，宋代在前室画木构窟廊；在主室正壁（东壁）画主尊佛背光及胁侍弟子、菩萨，南北壁各画赴会菩萨、净土变，西壁画文殊变、普贤变。在窟顶画莲花藻井，四披边饰垂幔下画飞天。图中藻井，是榆林窟现存最完整的一方。藻井井心以串枝莲花为花饰。周围边饰垂幔外围又有数道边饰和一道垂幔，成为二重相套式样。边饰中回纹、联珠纹、云头半团花等均为常见的纹样。云纹组成的折带式边饰，设计略见新意。图案结构和色调都具有单纯明快的时代风格。

97 第26窟 北壁西侧 净土变（部分）
98 第26窟 西壁南侧 净土变

此窟初建于唐，经后代重修。前甬道经五代改画。前室、主室均为宋代重画。前室南北两壁各画净土变，东壁两侧画文殊、普贤，西壁两侧画赴会菩萨。主室甬道画供养菩萨，东壁（后壁）及南、北侧壁后部画赴会菩萨，侧壁前部各画净土变一铺。南、北壁前部的净土变铺面较大些，构图也较复杂。图版97为北壁净土变的中间上部主尊佛顶，有菩提宝盖，二飞天驾云绕华盖顶而下，捧香花供养。黑色地，绿色菩提树、土红色璎珞花盖、白色的飞天和云彩，合成一个佛顶虚空的奇妙景观。西壁（前壁）门两侧各画净土变一铺。图版98为西壁南侧净土变，除主尊之外，二弟子与诸听法菩萨形体大小相同，均结跏趺坐莲花上，大都双手合十，作几乎等距离的整齐排列。莲花皆以枝蔓相联。石绿地色表现莲池。人物素面，黑线勾描，土红色线勾描莲花，色调简淡，是一种纯装饰形式壁画。这是在五代时受到密宗曼荼罗图象影响之后，新出现的一种艺术样式。论画面的单纯简练，无异于说法图，此图仅凭宝池莲花可确认为净土变内容。

99 第26窟 窟顶（部分）

窟顶藻井大部已毁，仅存部分边饰，纹样有小团花、联珠纹、回纹、菱形小团花纹、莲花卷草纹。无垂幔。窟顶四披满绘棋格团花图案，具有晚唐、五代遗风，其色彩鲜艳明快，为宋代窟顶装饰图案的代表作。宋代石窟往往以图案装饰全顶，殊少变化，由此残存的局部即可推知整体。

100　第17窟　窟室内景

此窟是榆林窟现存三大中心柱窟之一，约开凿于唐代（一说创建于北朝）。主室中心柱四面各开一圆券形敞口大龛，龛内各存一佛像：东向龛（后龛）立像，南向龛倚坐像，西向龛（正龛）和北向龛结跏趺坐像，四像均为唐塑，清代重修。南向龛内双凤卷草纹佛项光和蔓草灵鸟火焰纹佛背光，东向龛内卷草纹佛项光和花枝火焰纹佛背光亦为唐代绘制。其余壁画大都是五代至清代重绘。主室东壁（正壁）画赴会菩萨、飞天；南、北壁后部画赴会菩萨，前部画净土变各三铺；西壁（前壁）窟门两侧各画净土变一铺。甬道两壁画赴会菩萨。前室东壁门两侧各画净土变一铺，南北壁和西壁两侧均画赴会菩萨行列。上述净土变，皆取说法图形式，仅能根据西方三圣形象识别为西方净土变；而主尊为倚坐像者，或有可能为弥勒变。佛与菩萨皆素面单线填色法绘成，是宋至西夏时期一种具有装饰意味的新技法。图中可见排列成行的众多赴会菩萨形象，均为立姿，形象雷同，以线描为主的人物造型准确划一，有如缓缓行来的赴会行列。在瓜沙二州，虽五代、北宋都在归义军曹氏治下，但中原朝代的更迭仍给敦煌石窟艺术带来很深的影响，北宋画风与五代相比，有了明显的改变。这与社会变动、经济盛衰、远远近近的各种影响都有一定的关系，其中曹氏家族统治及其画院的败落当是主要的因素。

101　第20窟　前室东壁南侧　水月观音

此窟前室全经宋代改绘，东壁门上发愿文题榜两侧各画供养菩萨一身、水月观音一铺。图为南侧水月观音，画观音菩萨头戴化佛宝冠，持杨柳枝坐于南海普陀落迦山岩石上，身旁几杆修竹，背后圆月笼罩，榜题"南无水月观音菩萨"。左右下方的岩岸上画前来礼拜的供养人众。北侧榜题为"善男子一心供养"、"善女子一心供养"，南侧榜题为"比丘僧一心供养"、"比丘尼一心供养"。水月观音题材起于唐代，在敦煌地区，五代、宋渐渐兴起。

102　第21窟　前室甬道南壁东侧　水月观音

此窟建于唐，经宋代重修，前甬道又经回鹘重画。北宋时期，瓜、沙归义军曹氏政权走向衰落，当地的回鹘部族却在甘州回鹘、西州回鹘的长期扶助下口益强盛。沙州回鹘石窟的发现，是近年石窟考古工作的新成果。由此可知，在北宋归义军政权之后，西夏强化对瓜、沙二州的统治之前，敦煌石窟经历了一段为时并不十分短暂而且时代风貌和民族特色都别具一格的艺术发展时期，即沙州回鹘时期。图中的水月观音位于前甬道南壁东侧一铺尊像图的右上方，与邻窟北宋的水月观音（图版101）相比较，形象上的差异十分明显。

103　第39窟　前室甬道南壁东侧　供养人
104　第39窟　前室甬道南壁西侧　供养人

前室甬道南、北壁分别画男、女供养人，均作回鹘装。图版126为南壁西侧的男供养人。第一身头戴山形冠，面相丰圆，身穿圆领窄袖团花红色锦袍，腰间束带，佩韖鞢七事，双手握供器。第二身服饰类似，穿四瓣花绿色锦袍，手捧供器。二人身后各有一身量矮小的侍者手执长杖跟随。显然，二人均系武职官员，在此壁供养人行列中地位最高。在他们率领之下，东侧男供养人分上下二列紧随其后。图版127为上列的二身，手执花枝，均穿圆领窄袖锦袍，佩饰与气度均与前者不同，可能是地位略低的官员。

105　第39窟　甬道南壁　千手眼观音变

这是又一个中心柱式窟，形制略同于第17窟，约建于唐代（一说建于北朝），整窟壁画都由回鹘进行了重绘，这在敦煌石窟中堪称孤例，因而可以看作沙州回鹘的代表窟。此窟前甬道两壁各画供养人，前室南、北壁各画说法图，西壁两侧画药师佛，东壁两侧画赴会菩萨，主室甬道两壁各画千手眼观音，主室南北两壁各画三身佛、西壁残、东壁两侧各画儒童本生，中心柱四面龛内各画菩提树、塑像背光和项光，以及龛外花树、彩云等。主室甬道南、北壁的千手眼观音，与同窟诸铺壁画一样，构图都颇简单、疏朗、规整，属于归义军曹氏北宋时期画风的余绪；但在具体描绘上却用笔犷放，大笔涂抹，唯求整体效果而不务谨细。图中的千手眼观音形象，在手中所执诸种法器及其色彩上寻求变化，给人以深刻的印象。所画观音三眼，冠上安住化佛，千手中各有一眼，持杂宝物立莲台上。诸物如日摩尼、月摩尼、宫殿、戟槊、锡杖、宝剑、莲花、胡瓶、梵箧、宝螺、宝珠、宝镜、宝印、髑髅、数珠、宝钵、化佛等。其右下婆薮仙作婆罗门老人形，左下功德天作贵妇盛装，两侧二菩萨胁侍，上有二童子飞天散花供养。

106　第10窟　窟顶
107　第10窟　窟顶藻井
108　第10窟　窟顶西披　伎乐天
109　第10窟　窟顶西披　伎乐天
110　第10窟　窟顶西披　伎乐天
111　第10窟　窟顶南披　象纹边饰
112　第10窟　窟顶南披　狮纹边饰
113　第10窟　窟顶西披　天马纹边饰

窟室覆斗形的顶部是西夏装饰艺术的杰作。顶中央是九佛藻井，边饰垂幔铺于四披。藻井井心外方内圆，所画九佛，为阿弥陀九品曼荼罗图像，以印契区别，圆心（中台）为上品上生之阿弥陀佛，圆心外成八角形，围绕八尊坐佛，如一朵盛开莲花的八瓣，分别为上品中生以下至下品下生共八品诸弥陀佛。方井四饰宝相花纹。这是阿弥陀九品曼荼罗的一种简化的形式，名八叶莲台，省略了内院、外院诸佛、菩萨、天众。这一题材在榆林窟仅见于此顶。井心周围层层叠叠的图案边饰组成方形的帐顶华盖。

图中北披虽然下部残损，但华盖装饰却保存完好。边饰共十四条，如回纹、联珠纹、卷草花卉鸟兽纹、交叠龟背纹、联泉纹等，最外周为垂角、幔帏。纹饰新意迭出。联珠纹以多色叠晕的宝珠连缀而成；颗颗宝珠以白色点出高光，具有立体感。回纹的丰富变化中似含蓄着字形，如"天"、"王"等字。复杂的纹样因石绿色的基调而和谐统一。尤引人注目的是跃然于卷草花卉之间的鸟兽形象，如龙、凤、狮、象、天马、鹦鹉等，使规律的组织变得生动活泼。狮、象在敷色之后又以白线勾出外轮廓，是一种所谓"提神"的线描手法。狮的形象颇壮实，向前疾驰的动态颇为夸张。象的形态原虽笨重，画师以飘带绕其项间，便顿见轻捷。前披左右各一白马，展开彩翼，俯冲而下。画师掌握了马的透视关系，画来既写实又传神。四披，正面画赴会佛，另三披画飞天，迦陵频伽。前披（西披）九身伎乐飞天保存较为完整，飞天皆束高髻，戴宝冠，着天衣、绛裙，手持乐器，分别演奏笙、腰鼓、鼓、笛、二胡、筝、琵琶等。乐器形象清晰，其中二胡是敦煌石窟壁画中仅见的一例，为重要的音乐史资料。飞天以浓重的青色为背景，表示飞翔在深邃幽远的蓝天。天空中点缀着光焰夺目的摩尼宝珠，奇形怪状的珊瑚、瞬息变幻的彩云和美丽的折枝花，伴随飞天巾带的飘舞，纷纷洒落，烘托出音乐的欢乐气氛。飞天面形椭圆，两颊丰满，外眼角略上提，具有西夏人物造型的特点。

第10窟的壁画内容，西夏佛教密宗占很大成份。总的来说，此窟中，既有颇多中土民间流行的世俗图案形象，又有新出现的密教题材。

114　第10窟　甬道顶

此窟中心佛坛和前壁两端像台上均为清代塑像，壁画尽皆残毁，现存窟顶和甬道顶均为西夏所绘，甬道壁又经元代重画。西夏文化，除党项族特点以外，广泛接受汉族、回鹘和吐蕃文化的影响。敦煌石窟中的西夏艺术，早期较多地因袭北宋汉族文化的样式。这在此窟西夏壁画中得到充分的表现。图为甬道顶部的装饰画。顶部中央是一圆形青空，其中有双凤首尾相错展翅回旋飞翔。金色的凤和黑白双色的凤似在互相追逐，组成圆形构图；加之其外两周逆向的青绿叠晕的边饰，色彩斑斓令人眼花缭乱，更增强了快速旋转的效果，与大面积整齐交织着的联泉纹形成动与静的对比。整个顶部华贵、富丽，表明佛教信仰在这一时期的世俗化倾向。

115　第29窟　南壁东侧
116　第29窟　南壁东侧　供养人
117　第29窟　南壁东侧　国师
118　第29窟　南壁东侧　供养人及僮仆
119　第29窟　南壁东侧　童子供养像

此窟位于榆林窟东崖北端的上层，覆斗形顶，是一个中型洞窟，创建于西夏，元代曾在窟内加砌五层圆形中心佛坛，并补画窟顶，窟室各处程度不同地遭受烟熏。此窟壁画从内容到形式均具有比较典型的西夏风格，为西夏晚期的成熟之作。正壁（北壁）以说法图居中，两侧各画一铺水月观音。前壁（南壁）门两侧画供养人，其中东侧男

供养人中以国师为首。国师在西夏享有崇高的地位。除西夏主之外，当时人人都必须礼敬国师，这也说明佛教在西夏国内受到的崇奉。前壁东侧供养人分上下两列。上列前首以栏格辟出一方壁面画国师像，是一铺完整的构图。国师在床上坐方形须弥座，头戴山形冠，穿袈裟，一手拈花，头有圆光，前有供案，一童子在身后为他张起了圆形的伞盖，床下十名僧人围绕礼拜供养，显然他兼有着王者的尊荣和活佛的神圣。碑形题榜上墨书西夏文题名，译作"真义国师信毕智海"。"信毕"，或译作"西壁"，是西夏党项族的大姓。西夏国师见于记载的十数人中，这位信毕智海是唯一见之于画像的。

南壁东侧上列，紧接国师像后面的是三身男供养人，均头戴云镂冠，穿圆领窄袖袍，腰间有护髀，束带，着乌皮靴，属武官服饰；第一身西夏文题名，汉译为"□□□□沙州监军摄受赵麻玉一心皈依"。下列供养人大多漫漶，服制与上列类同，其第二身题名译作"施主长子瓜州监军司通判纳命赵祖玉一心皈依"。由供养人的排列关系和残缺不全的题名看，可大体推知，上列的第二、第三身为沙州监军司首领赵麻玉之子，而跟随在第二身后面的儿童像（图版119），形体甚小，题名"孙没力玉一心皈依"，当系赵麻玉之孙，其父任职为"内宿御史司正统军使"。儿童免冠，头顶秃发，反映西夏人的秃发习俗，也使人想起公元1033年西夏主元昊制颁的秃发令。仔细观察可以发现，这身儿童像是画在纸上后剪下裱糊在窟壁上的，当是壁画完成之后所做的增补。

看来，身居供养人下列的瓜州监军司通判纳命（或译作"奉纳"），是此窟实际上的窟主。西夏地广兵众，曾设立十二监军司，榆林窟所在正是瓜州监军司管辖之地。赵麻玉、赵祖玉等都是当地的军职官员，他们请来国师主持修造此窟，以表示对佛教的虔诚信仰。西夏时期，敦煌一带石窟修造颇为兴盛，与这些地方官员的身体力行是分不开的。男供养人都是体格魁梧，面形长圆，两腮丰满，眼细，嘴小而唇略厚，是为西夏人的外貌特征。

上列男供养人的后面跟随着三名僮仆。二僮秃发，其一穿圆领窄袖长袍，腰系带，着靴；另一穿短衫、斜纹细腿裤，着麻鞋，又一仆人年长，头挽髻，穿短衫细腿裤，着麻鞋，肩负长竿。此三人都是本窟供养人的厮僮仆役，衣着简朴，但动态、神情生动，与呆板站立、姿态单一的供养人全然不同，画师显然饶有兴味并比较轻松自由地表现这些身份低下的人物，使画面多变化、有生趣。

120　第29窟　南壁西侧　女供养人
121　第29窟　南壁西侧　女供养人、比丘尼

南壁西侧与东侧相对称，画女供养人，也分上下二列，上列之前也有僧人一铺，只是上列被烟熏黑严重，僧人题名"出家禅定……那征平一心□□"，应也是一位高僧。西夏的高级僧人，据记载除帝师、国师外，还有法师、禅师等，这一禅定僧人的身份尚难确知。图为下列女供养人。前导者是一僧人，外披袈裟，内着左衽大袖绿色锦袍，西夏文题名两行，汉译为"出家和尚庵梵亦一心皈依／行愿者翟万月成一心随愿"。这可能是一名比丘尼。后随的女供养人共六身，皆戴花钗冠，穿右衽窄袖绣花

衫，内着裙，下着圆口尖钩鞋，形象丰腴而又挺拔、健美，实为西夏贵族妇女的写照。据题名，她们大概都是对侧男供养人瓜、沙二州监军司官员的夫人、女儿和儿媳。

122　第29窟　东壁　药师经变
123　第29窟　东壁　药师经变（部分）

此窟东壁北起画药师经变一铺、文殊变一铺，南端画一金刚像。图为药师经变，其情趣已与唐宋以来迥然不同。画面上部作三间大殿，均建于台上。台基平面凸字形。大殿平面亦相同，居中的一间凸出在前，药师琉璃光如来左手托钵结跏趺坐在里面的莲座上，背光五色光焰四射。两次间内日光、月光二菩萨携弟子、眷属胁侍。殿堂上方悬垂幔帷。对于建筑结构，画师并未作认真细致的表现。台前阶下芳菲碧绿，菩萨、弟子、天众云集，或坐或立，药叉神将正大步流星地赶来。下部正中，有面积不大的宝池一方，池内莲花盛开，并有化生童子坐花上。画面下沿云气缭绕，使人感到这非人间的东方净土浮现在云空之上。

图版123中为药师经变左侧的胁侍，名日光遍照菩萨，与对侧的月光菩萨共居东方无数菩萨的上首。这两身大菩萨是此经变中描绘的重点，也是画面精采之处。菩萨戴云镂宝冠，垂缨，饰耳珰，面相丰圆饱满，长眉细眼，高鼻梁，嘴角上翘，是西夏晚期的人物造型样式，体现了特定时代和民族的审美要求。所率二菩萨、四弟子，分别画作正面、侧面或背立，年龄、性格各异。线描工整，但略显板滞。

124　第29窟　东壁　文殊变
125　第29窟　东壁　文殊变（部分）
126　第29窟　东壁　文殊变（部分）

文殊变位于东壁的中间，是一铺独具特色的变相，背景为耸立如壁的群峰。群峰之间一带云气透迤而来，至近，文殊与其眷属诸菩萨出现在云霭之上。文殊手握如意，半跏坐于狮背，头顶升起化佛。狮奴头戴尖顶双翼冠，须髯满腮，执棒揽辔，约束狮子。周围的圣众，菩萨服饰华美，形容姣好；天王顶盔贯甲，威风凛凛；童子载歌载舞，活泼喜悦。文殊右侧一戴冠侧面像，浓眉、鹰鼻、厚唇，穿世俗官服，头有圆光，似为随侍的帝释梵天之属。这应是党项族官吏形象的写照。背景的群峰是画师想象中的文殊说法道场——清凉山。因山又有五顶之名，故中国佛教徒附会为今山西省境内的五台山。山的画法十分简括而有很强的装饰性。山上点缀着柏树。

127　第29窟　东壁南侧　金刚

这一铺密教尊像位于东壁的南端。尊像作忿怒形，黄发蓬起直竖，束以花冠，三目，各种项饰、璎珞、环钏、花蔓严身，裸体，仅腰间围虎皮，束带。尊像右手握三钴金刚杵高高举起，口中唼蛇，左手执蛇尾，右腿弓步，展左腿于莲台上踏一条三首蛇。金刚，梵语伐折罗，为金中之精，至坚至利。金刚杵原为古印度的兵器，佛教作为智慧坚锐、断烦恼、伏恶魔的象征。手执金刚以护持佛法者，通称金刚神，亦简称金刚。唼蛇、踩蛇无非摧伏之

义。一说此为金刚童子像，据金刚智译《俱摩罗仪轨》，作丁字立，足踏青莲花，身作黄色云，发赤上缭乱，种种璎珞环钏以严身，用虎皮缦胯，左执伐折罗，右下施无畏，当作极迅行。这是西方无量寿佛化现的忿怒童子形。

128　第29窟　西壁北侧　阿弥陀经变（部分）

西壁北起与东壁药师经变相对，画阿弥陀经变。图为经变的局部。在同对面药师变相仿的构图上，这是画面的下部一角，殿堂台基前绿草如茵，菩萨、弟子、天王、夜叉等圣众来此赴会。七宝池中红莲绽开，化生童子相对合十。图中大红、深绿的色彩对比形成秾丽厚重的色调，烘托出西方净土的美好与欢悦。

129　第29窟　西壁中间　普贤变（部分）
130　第29窟　西壁中间普贤变中　童子

西壁中间画普贤变，画面与同窟东壁文殊变相仿。普贤菩萨乘六牙白象来至道场示现，背景为山峦群峰。图为画面北侧的与会圣众。三尊菩萨合十，装束不一。一天王双手执箭，为南方毗琉璃天。另有一老者，头有圆光，布帽束发，三缕须髯，穿圆领大袖长袍，足踏麻鞋，手执杖，形容枯瘦，相貌和善。其身列普贤眷属，却是一位世俗老人的形象。白象前后数名童子，在象前引路的一身最为生动。童子头有圆光，仅额上有一撮短发，身穿圆领羽袖短衫，下露光腔，脚上短袜麻鞋，双手合十，跳跃行进中回首顾望（图版153）。画师能很好地把握儿童的特征，童子形象从衣着到动态、神情无不显示出稚气和天真。

就地方和民族特色而言，这是诸石窟中西夏意味最浓郁的一窟。第19窟甬道有刻划题记"乾祐二十四年（公元1193年）□□□日画师甘州住户高崇德小名那征到此画秘密堂记之"。第29窟位置幽深，附近凿有许多未加绘饰的僧房禅室，据推测就是题记中所谓"秘密堂"；若无误，则此窟的时代和作者均可悉知，这是一所全由党项画师绘壁的石窟，殊为难得。

131　第2窟　东壁
132　第2窟　东壁中间　涅槃
133　第2窟　东壁中间　商人遇盗

此窟朝西，东壁是窟内的正壁，中间画文殊一铺，两侧各画一铺说法图。中心佛坛上现存清塑文殊一铺。推想此窟系以文殊师利菩萨为主尊。图中的文殊乘狮，执如意说法，左右弟子、菩萨、天王胁侍，画面狭长竖幅。文殊上方画佛入涅槃（图版156）；佛枕右手而卧，弟子、菩萨、人众哀悼，所绘虽不详细，却线描纯熟，堪称生动。两侧与说法图之间，均以条幅形式画经品情节，为观音济难故事，其中保存清晰的画面，如右侧的商人遇盗图，描写两个商人在途中遭遇手持刀剑的强盗。画面的边缘露出载货的马匹。商人戴幞头，穿圆领长袍，立者拱手相求，跪者膝前是满装财物的包袱。强盗都是彪形大汉，头裹青巾，上身披软甲，外罩长袍，前襟用腰带扎起，表情蛮横。所画真实而传神，人物形象均属内地汉人，不似过去同一题材中胡商遇盗的情景。

134 第2窟 南壁东侧 说法图
135 第2窟 南壁中间 说法图
136 第2窟 南壁西侧 说法图
139 第2窟 北壁中间说法图中 左胁侍菩萨

南北两壁各并列画三铺说法图,与东壁两侧的两铺说法图均作大体相同的构图;以一佛在八角莲花宝座上结跏趺坐为主尊,两侧胁侍为文殊、普贤二菩萨,后有众弟子、菩萨、天龙八部侍立,前有诸天众、比丘、比丘尼等礼拜。佛教称文殊为释迦牟尼佛的"九代之祖"。据《法华经》,最初日月灯明佛未出家时有八个儿子,后来都随之出家。佛涅槃之后,八子皆以文殊(即妙光)菩萨为师,由文殊教化使他们次第成佛,最后成佛者即燃灯佛。燃灯佛则为释迦之师。此窟以文殊为主尊,文殊图上方画佛涅槃,正壁和两侧壁共画八铺佛说法图,表现的正是上述《法华经》中所说日月灯明佛入灭以后文殊教化八子次第成佛的内容。日月灯明佛当初即因文殊而说《法华经》。此窟正壁画有《妙法莲华经·观世音菩萨普门品》的内容,前壁又画了当时流行的水月观音题材。《普门品》是《法华经》最后一品,称颂观音菩萨开周遍法界之门而济度众生。由此窟内容可知法华信仰在西夏盛行的情况。图版134、135、136顺序为南壁东起的三铺说法图,画面人物大同小异。佛左侧的文殊大多手执如意,右侧普贤多执莲花,花上有梵箧。佛和两尊上首菩萨身后的诸天神龙,可依头饰辨分出阿修罗、龙王、迦楼罗、乾闼婆、紧那罗、摩睺罗迦及夜叉等。图版139是北壁中间一铺的左胁侍文殊菩萨形象,冠饰华贵,线描精湛,赋色浓丽。

137 第2窟 西壁南侧 水月观音

水月观音变相出之唐代,五代见于敦煌石窟,开始多为小幅,到西夏晚期成为鸿篇巨制。第29窟正壁亦有左右两铺水月观音图,惜已熏黑。此窟前壁(西壁)门两侧的水月观音图是西夏佳作。图为南侧一铺,画面上南海茫茫,景色寥廓,在透明的巨大圆光里,显现出头戴金冠、长发披肩、佩饰璎珞环钏、腰系长裙的观音菩萨,其双腿一屈一盘,轻拈串珠,若有所思地坐在水边的岩石上。水中有菩萨承足的一对莲花。一侧的岩石上摆着花盘和柳枝净瓶。背后石柱矗立,高耸入云。石缝间生出修竹。空中鹦鹉双飞。对面一人云中而来,巾帻裹头,大袖长襦,披云肩,双手合十向观音作礼。观音的姿态十分优美,衣纹用线细密流畅。青绿的山石、五色的云霞,造成强烈的装饰效果。

138 第2窟 西壁北侧 水月观音

西壁北侧的水月观音,与南侧对称,但画师在同一中力求变化。南侧观音妆金,北侧肤色已变黑,想必原本白皙并加晕染。图中观音肩披绿色大巾,下穿红蓝二色双裙,在金刚宝石座上斜倚岩壁而坐,意态闲适。水面平静,彩云浮动。一弯新月高悬空中,与菩萨周身的透明圆光交相辉映,宛然月夜宁静。一童子乘云而来,向观音合掌行礼。这应该就是菩财童子至普陀洛迦山寻访观音菩萨的情节,即所谓"童子拜观音"。善财在文殊菩萨处发

心,尔后南行五十三参,拜观音是其中的第二十七参。这一情节与窟内的文殊主题密切相关。另一饶有兴味的情节是观音对面岩岸上的"唐僧取经"。一僧人穿袈裟,双手高举合十,面朝观音遥拜,身后一猴面行者穿窄袖衫、束腿裤,一手牵马,一手遮于额上,仰望观音。这些情节增添了画面的神异色彩。

140 第2窟 窟顶藻井

这是西夏晚期另一重要洞窟。尽管壁画人物造型纳入了西夏规范,但内容和技法却明显融汇了来自中原的影响。洞窟建于西夏,甬道画梵王赴会,窟室正壁(东壁)和南北两壁各画经变、说法图三铺,前壁(西壁)两侧各画水月观音一铺。覆斗形窟顶中央画藻井,四披画千佛。藻井以蟠龙为井心图案的主题。龙的形象在中国具有悠久的历史,至汉代趋于完备。龙的造型可以随意变化,适合做方、圆、三角等各种形状的装饰。古代中国统治者用龙作为皇权的标志。古代印度的龙,在佛教中是护法的天神,成为相当重要的艺术题材。到了中国,佛教的龙与中国传统文化中的龙渐渐合二为一了。这西夏藻井上的已是一条纯粹中国式的龙,体态优美、屈伸自如,首尾相接成环形。龙身晕染后以白色和红色点缀出珠粒般的鳞甲,使龙周身光润而有立体感。龙的周围以黑红白绿诸色相间叠晕成逆向旋转的两层圆环,顿使蟠龙具有疾速旋转的动势。圆环外四周祥云舒卷。井心四周层层边饰,纹样有回纹、联珠、波状花卉、菱形花叶、小团花等,与旋转的龙形成方与圆、静与动的对比,富有强烈的装饰效果。同西夏早期的窟顶装饰作比较,虽然纹样多有雷同,但土红色为主的热烈气氛已与清冷色调的北宋遗风大异其趣。

141 第3窟 窟室内景

此窟与第2窟比邻,亦无前室,建于西夏,经元代重修。甬道现存西夏和元代的供养人画像。窟室均为西夏壁画。弧度平缓的穹窿顶上画曼荼罗一铺,周围画边饰、幔帷、千佛。正壁(东壁)中间画佛砖一铺,两侧画观音变相。南、北壁中间各画净土变一铺,两侧均各画曼荼罗一铺。前壁(西壁)门上画维摩诘经变,门两侧画文殊变、普贤变各一铺。窟内八角形中心佛坛上及四壁清代塑佛、菩萨、罗汉等像四十身。这是一个显密结合以密宗内容为主的洞窟,一些图像的绘制明显具有藏传的样式。

142 第3窟 东壁北侧 十一面千手观音变

千手观音,显宗称大悲观音,为六观音之一,每只手掌中各有一眼,以千手千眼济度众生。千手观音图像多作十一面。图中观音头分三面,戴花冠,冠顶上又出四层,其上数第一、二层皆一面,第三、四层各三面;除上数第二面为瞋怒相外,其余十面均作慈悲相,不尽符合仪轨的规范。千手的画法更有独特之处,没有不厌其烦地将千手一一描绘,而是着重画出几十只手,各持诸宝物,其数不止四十,伸出的角度和姿式异常丰富多变,令人目不暇接,愈增神秘感。诸宝物法器如日、月、宫殿、戟槊、宝剑、金刚杵、梵箧、宝印、数珠、绢索、宝铎、法轮、莲花、柳枝、化佛等等,还有曲颈琵琶、钹、鼓等乐器。画

243

面四角画千手观音部众。

143　第3窟　东壁中间　涅槃

正壁（东壁）中间一铺，以释迦破魔塔为主体，左右两侧画八大灵塔，象征着释迦牟尼佛从降生直至圆寂的毕生经历。据《八大灵塔名号经》等佛典，八塔分别为蓝毗尼园佛降生处宝塔、尼连河畔成道处宝塔、鹿野苑转法轮处宝塔、祇陀给孤独园现神通处宝塔、曲女城边升忉利天为母说法并自宝阶降下处宝塔、耆阇崛山说《法华》、《般若》等大乘经处宝塔、毗耶离城维摩诘示疾处宝塔、跋提河边娑罗树林涅槃处宝塔。图中共有九塔。释迦破魔相置于中间的大塔中，魔王变成中国帝王的形象，魔女作中国后妃衣装，魔军则貌似密教的恶神，与前代降魔变已有很大不同。其塔形制雄伟，结构华丽。塔顶装饰莲花藏，莲花每瓣上各有一小塔，塔中均有一佛。莲花藏顶上又有一座佛塔。这是佛教至高无上的法身佛毗卢舍那的象征。这种塔顶见于多处宋、辽、金遗构，莫高窟附近成城湾的一座宋代土塔，便是莲花帐顶的实例之一，此处见于西夏壁画当非偶然。图上方画涅槃。涅槃佛右胁而卧在中国式的方枕上，身后弟子举哀。佛足端的摩耶夫人为一中国老妪。两端有七佛一菩萨，应是过去七佛和尚未成佛的弥勒菩萨。

144　第3窟　东壁南侧　五十一面千手观音
145　第3窟　东壁南侧五十一面千手观音变左下　八臂金刚

东壁南侧的另一铺千手观音，累头如塔状，共五十一面。五十一面千手观音，此为孤例，但据《首楞严经》，观音菩萨修证圆通，成无上道，能现众多妙容，由二臂、四臂乃至千臂、八万四千臂，由一首、三首乃至千首、八万四千首。因而观音图像出现三面、十一面、二十七面乃至五十一面便都不足为奇。此图中观音头上有七层宝塔三座，中间一座之上升起化佛，化佛佛光上有承露盘，盘中宝珠出须弥山，山顶现忉利天宫，其上又有化佛、云气。观音四十只手各执宝物之外，还列置七宝、各种乐器、兵器、宝池花树等。值得注意的是一些生产活动场面和一些生产工具，如犁、锄、耙、镰、锯、斧、斗、矩、熨斗和船只、耕牛等。生产活动有舂米、打铁、酿酒、耕作、挑担等，还有其他百工、百艺的形象。工艺、技术及历算科学，佛教称作工巧明，与声明、医方明、因明、内明合称五明，是菩萨必修的五种学问，在此则是考察西夏社会经济生活的珍贵资料。观音千手之中又伸出八手各执一净瓶分别从两边倾注甘霖，至画面下部形成波涛汹涌的海水。又有左右两束长臂伸出圈外，以众手呵护着两个凡俗人物。下部的莲台两侧，功德天捧花盘、婆薮仙持杖侍立。左右下角各有一金刚神将，左为八臂蓝身，右为六臂绿身，俱作忿怒相，应是千手观音二十八部众中的密迹金刚、火头金刚。

146　第3窟　东壁南侧五十一面千手观音中　锻铁、酿造
147　第3窟　东壁南侧五十一面千手观音中　舂米、杂技
148　第3窟　东壁南侧五十一面千手观音中　耕作

图版146的上部为打铁图，下部为酿酒图。打铁图中竖立着高大的立式风箱。拉风箱者穿小口裤、麻鞋，衣衫袒左肩，坐在石上。风箱的另一边，两个年轻的锻工正向铁砧上钳住的铁块抡动大锤。从他们的用力动作，似乎听得见那有节奏的铿锵声。文献记载西夏冶炼业规模不小，水平较高，西夏出产的铁制甲胄和刀剑在当时颇享盛誉。立式双扇的风箱也是当时的先进技术。这样的风箱在文献中最早见于元代的记载。酿酒图中是两名妇女，一人蹲在灶前添薪，手中还拿着吹火筒，另一人端着碗，正在与司炉的妇女交谈，像是品尝过后评说新酒的优劣。炉火正旺，烟囱冒出滚滚浓烟。地上放着水桶、酒壶、高足碗等一应用具。一些器形与今天考古发掘出土的西夏文物相同。打铁与酿酒之间，可见乐器钹，还有一座悬挂乐器的木架，似编钟之类。

图版147显示舂米图。一农夫头裹布巾，身穿交领短衫裤，着麻鞋，手扶架杠，用脚踏碓。石臼旁放置簸箕和舂好的谷米。这种舂米器械同中原地区的完全一样。舂米图右侧摆放着盘盛的瓜果，这是瓜州的特产。又有乐器拍板和筝。还有一圆台，台上三人各立一方板上作舞蹈状，似在表演杂技。下方一高足盘上有食食和汤镬，盘下匍匐着一对硕鼠。

图版148为耕作图。图中农夫右手扶犁，左手扬鞭。两头健壮的耕牛一黑一白，项上横置木杆，奋力拉动深深插入土中的犁头，使犁过的泥土如波浪样地翻起。所画的直辕犁在当时早已是落后的工具，这或许能说明西夏时期瓜州农业生产发展缓慢的情况。图中还画了束起的雨伞和多种乐器，如筚篥、胡琴、鼗鼓等。

149　第3窟　北壁中间　净土变

南北两壁中间各画一铺十分精致的净土变，虽然画了众多的人物，但首先是界画的佳作。二图中的佛寺建筑布局相似，以北壁为例，后部正中须弥座台基上建重檐歇山顶大殿，面阔三间；殿左右接后廊；殿前庭院有左右二水池；池中各一座两层楼阁，重檐歇山顶，皆有平座层。前部建筑均沿岸架立在水中的木台上，正中是一座单层重檐歇山顶殿堂，其四面各接出一龟头屋；左右各有一座重檐攒尖顶方亭。如此建筑形式和布局，同河北省正定隆兴寺现存宋代建筑非常近似，是西夏晚期加强了与内地的联系之后，在佛寺建筑上取得高度成就的反映。在后部正殿内，画了主尊阿弥陀佛和观音、势至二胁侍，其余菩萨、天人站立在后廊之中。庭院绿地上，聚集着佛的十大弟子、八大菩萨诸天、四天王、八部众等，秩序井然，人物形体虽不大，描绘却一丝不苟。

150　第3窟　南壁中间　观无量寿经变
151　第3窟　南壁中间　观无量寿经变（部分）
152　第3窟　南壁中间　观无量寿经变（部分）

南壁净土变与北壁大同小异，保存也比较完整。与北壁相异之处如：在后廊的左右两端建有重檐攒尖顶方亭；在庭院左右水池中的楼阁下层四面均接出一间歇山面朝前

的龟头屋；前部的三座建筑都是单层重檐歇山顶三间殿堂并连以廊庑，可看作是寺院的三座门屋，同北壁一殿二亭的形式有别。这铺经变的主体画面净土图以下，最近揭去后代的覆盖物，露出分格描绘的十六方连环画，内容为十六观，因而知道这是一铺观无量寿经变，并可推想北壁亦应同此。若按密教所称，则应名为观经曼荼罗。西夏的净土变与唐、宋已有显著不同；尽管人物众多，却已不是密集重叠地聚在画面的中央，而是相对均匀地分布在庭院和建筑之中；在构图上更多地采用了鸟瞰的角度，更多地注意画面整体配置上的装饰效果。但是，西夏画师也并未忽略细节的刻画。图版151、152分别展示了南壁净土变东侧和西侧的乐舞场面。这时的乐舞不像唐、宋时代那样以庞大的规模集中安排在净土前部中央的平台上，而是退居前部的门屋之中，人数亦大为减少。东侧门屋中，一人握长巾起舞，两侧四人分别以钹、排箫、埙和鼗鼓伴奏。西侧门屋内，伴奏的乐器是筝、阮咸、腰鼓和拍板。舞者颇似藏密菩萨的动态。各种乐器均曾见于唐代。据记载，晚唐僖宗时曾赐党项族首领拓拔思恭"鼓吹全部"；经五代入宋年隔百余，其音节悠扬、声容清厉，犹有唐代遗风。而西夏惠宗秉常时，又曾招诱汉界倡妇、乐人，仁宗时（公元1149～1169年）还设立了蕃汉乐人院，故不难理解壁画乐舞所表现出来的藏汉两个方面的影响。

153　第3窟　南壁东侧　观音曼荼罗
155　第3窟　南壁东侧观音曼荼罗下　供养菩萨
157　第3窟　北壁西侧金刚界曼荼罗左下　供养菩萨

密教求愿观想法中，求八圣道（又称八正道，即正见、正思惟、正语、正业、正命、止精进、止念、正定）当观八臂。南壁东侧曼荼罗中央塔中为观音菩萨坐像，头戴宝冠，冠上有化佛，八臂，手中诸法器唯左上手持弓尚清晰。菩萨两侧二胁侍皆执白拂而立，其四隅画提头赖吒、毗琉璃、毗楼博义、毗沙门四尊天王。坛城四面开门，各有守护之金刚神。城周匝悬幡，坛外四隅均有降伏一切天魔外道的伐折罗（金刚杵）。图版155为此观音曼荼罗下方的五菩萨之一，裸上身，穿短裙，手打拍板，吸右腿，应声起舞。冠上的缯以及耳珰、花鬘、披巾、裙带一齐随着舞姿飘摆，烘托了生动美妙的瞬间。金刚界曼荼罗三十七尊有自大日如来心中流出的嬉、鬘、歌、舞四菩萨，分别供养四方如来，称内四供养。此曼荼罗下方，除中间一菩萨舞剑外，余四菩萨均体态轻盈、形容姣好、载歌载舞、华鬘飞扬，所供养者为曼荼罗中本尊。

北壁西侧与南壁胎藏界八叶院相对，画金刚界成身会曼荼罗，其坛场之外左右下角各画一尊菩萨。图版157中，在蓝色的圆光里，菩萨头戴花冠，项饰花环，左手攀附着柳枝，扭摆腰肢作舞姿。那丰乳细腰、裸体赤足的造型，以及衣饰和动态，颇有南亚艺术形象的风貌。左右两尊菩萨是完全对称的。柳树从地下莲台旁的净瓶中生出，枝叶苗壮，在头顶覆荫，故观者每称此像"树下菩萨"，实际上也是供养曼荼罗中本尊如来的歌舞菩萨。

154　第3窟　南壁西侧　胎藏界曼荼罗
156　第3窟　南壁西侧胎藏界曼荼罗下　风天

曼荼罗意译为坛城或坛场，是密教的主要图像，在形式上体现"轮圆具足"的涵义。此窟五铺曼荼罗分别画在窟顶中央和南北两壁净土变的两侧。图为南壁西侧的胎藏界曼荼罗，中央画中台八叶院九尊。密教胎藏界十二院之第一院中台，称八叶院，即八叶莲花。莲花中胎及八叶分设九座。中胎座上为大日如来，梵名摩诃毗卢遮那，是密教的至尊。周围八叶中，东南西北四方之叶分别为宝幢如来、开敷华王如来、无量寿如来、天鼓雷音如来，表如来之四摄。八叶四隅之叶坐普贤、文殊、观音、弥勒四菩萨，与中胎的大日如来共表如来之五智。密教经典讲述，"凡人心如合莲华，佛心如满月"，只有达到所谓"三密相应"（身密——身结印契、口密——口诵真言、意密——观其本尊），人的肉团心方能像合莲华般开敷而为八叶，从而进入轮圆如满月般的佛心的境界。而为此目的就必须凭藉这样示现九尊的曼荼罗以修持八叶莲花观想。图版156为胎藏界曼荼罗下方的风天形象。风天全身武装，左手执盾，右手持招展的旗帜，猎猎风声如有耳闻。这是胎藏界外金刚部院诸天之一，在曼荼罗中守护西北隅。

158　第3窟　西壁南侧　普贤变
159　第3窟　西壁南侧　普贤变（部分）
160　第3窟　西壁南侧普贤变中　唐僧取经
161　第3窟　西壁南侧普贤变中　普贤菩萨
162　第3窟　西壁南侧　普贤变（部分）
163　第3窟　西壁南侧　普贤变（部分）
164　第3窟　西壁南侧普贤变中　罗汉

普贤变与文殊变相对。普贤菩萨（图版161）手持梵箧半跏趺坐于六牙白象背的莲座上。白象四蹄皆踏莲花，光头的象奴紧拽缰绳，周围梵天、天王、菩萨、罗汉等护从。人物的冠带、披巾、衣袖、裙裾，都随风向前飘动，脚下云浪翻滚，使圣众驾云在半空疾行的动势跃然壁上。远处山峦险峻，山间寺院楼阁鸱尾飞檐高低错落，水榭平台上雕栏曲折，亦有简朴清净雅趣宜人的竹篱茅舍。图版163是普贤变下部北侧的水榭，重檐殿阁坐落在水中架设的平座上。建筑结构刻画具体，是相当出色的界画，也是古建筑的珍贵资料。就自然环境而言，图中的描绘与文殊变的北方景色不同，代替寒冷地带枯疏苍劲的老树的是温润气候下繁茂馥郁的南国草木。图版162显示画面下部的南侧，瀑布飞泉直泻而下，水中绽开美丽的莲花，海水的波纹也略为平缓，水面上往来的是巡海夜叉。西夏晚期画窟匠师显然善于表现风景的地域特点，并熟悉四季山水的技法。前壁的两幅经变都是浅绛结合青绿，赋色极为简淡，造型注重用线而辅以晕染。这种画法本由唐代吴道子首创，宋代李公麟予以发扬光大。图中云气采用双勾，人物造型比例匀称，衣冠明显已进一步中国化，甚至略具道教人物的意味。勾勒以铁线描与折芦描并用，很见功力。构图上疏密有致，对透视关系也有深刻的认识。人物画的成就也是显而易见的。图版164中的罗汉，浓眉、深目、高鼻，头发卷曲，胡须满腮，手足均可见有浓密的汗毛，体格健壮，背负大捆的经卷，是西域行脚僧人的形象。罗汉的衣着却是十足的中原样式，如半臂、裙襦、着履，正是旅途中的装束。

图版160为普贤变的南侧，右下角可见北方天王毗沙门。天王身后海边岩岸上，树木葱郁，唐僧合掌向普贤菩萨礼拜祈祷，猴面行者孙悟空和驮负着佛经的白马跟随在后。唐僧师徒身穿短衫、扎腿裤，足踏麻鞋，都是长途跋涉的打扮。马背上设莲花座，莲花上的佛经虽然包裹着，却仍放射出熠熠的神光。由满载的佛经表明唐僧师徒是在从西天返回中原的途中。敦煌石窟壁画在西夏晚期出现唐僧取经图，保存至今的四处都在安西，它们分别在榆林窟第2窟、第29窟和东千佛洞第2窟的水月观音图中，以及此窟的普贤变中。这些唐僧取经画像比明代吴承恩小说《西游记》早三百余年。它的出现，当与宋人话本《大唐三藏取经诗话》和金人有关戏曲的流传有关。更早的画像，则可能是五代作品，那就是欧阳修于北宋景祐三年（公元1036年）在扬州寿宁寺经藏院所见到的壁画"玄奘取经"。

165　第3窟　西壁北侧　文殊变
166　第3窟　西壁北侧　文殊变（部分）
167　第3窟　西壁北侧文殊变中　文殊菩萨
168　第3窟　西壁北侧文殊变中　帝释天
169　第3窟　西壁北侧　文殊变（部分）
170　第3窟　西壁北侧文殊变中　童子

文殊变和普贤变是唐代以来行之不衰的壁画题材，在榆林窟尤为常见，各时期均有不同的特点和造诣。在西夏晚期第3窟的前壁（西壁），这一题材的绘制达到了它的艺术巅峰。前壁门北侧的文殊变中，山势雄奇，水色苍茫，文殊菩萨（图版167）手持如意在青狮背莲座上半跏趺坐，形象丰腴、俊雅、坚毅、沉静。象征智慧威猛的青狮足踏红莲，步伐劲健。狮奴用力拉着缰绳，但他已不是画师注重表现的对象。文殊和周围帝释、天王、菩萨、罗汉、童子等圣众，在云霭之上汇成了渡海的行列。菩萨的衣着已较多地采用中国服装。尤其作为忉利天主的帝释天形象（图版168），头戴通天冠，冠带长垂，身穿青缘大袖皂袍，披巾，束绿色裙，佩璎珞，云锦蔽膝，着舄，俨然中国帝王的朝服。帝释天双手捧盘，盘中盛珊瑚、犀角、钱币、摩尼珠等，侍于文殊之前。圣众前列有一童子。文殊变所绘多有童子在前引路。图中童子（图版170）似随侍文殊不时求教的善财童子，曾由文殊处发心南行五十三参访求知识。童子顶前留发一束分披两鬓，裸身，戴项圈，长巾绕于双肘，手捧莲花，双足立于莲肉上，状甚虔诚，周身笼罩在圆光之中。图版166是画面背景远处的山峦；群峰耸立在清澈的水面上，环抱着许多巍峨的佛寺神宇。这是《华严经》所说从古以来菩萨居住的清凉山。山背后出现彩虹，山脚下一岩洞大门半开，自内射出一道白光，使画面更添神异之气。中国山水画在北宋，经范宽、李成、郭熙等大师的不断开创与发展，到南宋的李唐、马远、夏珪，已形成极为精致的艺术。这里壁画上的山水景物，体现了两宋山水画的高度成就，尤其大山大水的磅礴气势和界画的精美，几可追当时著名画家的项背。图版169中显示致密的水纹。宋代艺术家画水的技法，曾由马远总其成。此图水纹见于马远水图。水中两

条硕大的鱼，在浪涛间从容地浮游。水中有船，帐形船舱中数人围坐听一尊者说法。岸边大树的枯梢老杈，枝茎虬盘，深得李成寒林画风的意蕴。

171　第3窟　窟顶
172　第3窟　窟顶金刚界曼荼罗中　明王

穹隆形窟顶中央画圆形的金刚界曼荼罗。坛场中心为大日如来，东面为阿閦如来，西面为无量寿如来，北面为不空成就如来，南面为宝生如来。四佛之间的四隅各画誓水宝瓶，合成中心圆轮。圆轮外方形坛场四隅画四菩萨身。坛场四面门内各画一明王身。佛住于自性为法身，称自性轮身。菩萨现真实身，以正法度人，称正法轮身。明王受佛之教令，化现忿怒形，摧伏一切怨敌浮魔，称教令轮身。图版184中，为西面门内的明王，为奉无量寿佛教令现忿怒相的大威德金刚，因常被描述成六头六臂六足，故又称六足尊金刚，系文殊的化身。这是具有浓厚藏传佛教艺术特点的形象。整个曼荼罗图案方、圆套叠，并以三角、半圆相合成形，象征无所不包的佛法。在曼荼罗外的四角各画一伐折罗，象征佛智的无坚不摧。

173　第3窟　窟顶西北角（部分）
174　第3窟　窟顶西披边饰（部分）
175　第3窟　窟顶西披边饰（部分）
176　第3窟　窟顶北披边饰（部分）
177　第3窟　窟顶南披边饰（部分）

窟顶曼荼罗四周边饰纹样由里向外依次为四瓣花联泉纹、回纹、波状卷草宝相花纹、千佛（约四十四身）、莲瓣纹、连锁龟背纹、波状花卉鸟兽纹及垂幔。图版185显示窟顶西北角的部分边饰。清雅精致的图案装饰衬托出强烈浓重的曼荼罗主题图像。

窟顶外周，在垂幔之上的波状花卉鸟兽纹边饰，是窟顶最生动自然的装饰纹样，花卉组织丰满严密，各种祥禽瑞兽从云气中出现，与花朵一一相间，联成波状的结构。图版174中为位于窟顶西披南侧的孔雀纹和狮纹。以蓝、绿、赭三色晕染羽毛的绿色孔雀，昂首展翅飞在深蓝色的青空，周围白云翻卷，色调柔和，造型优美。狮子体肥肢壮，足踏白云腾跃向前，石绿色染头上的须毛、尾巴和四胫，在装饰性的处理中仍努力刻画狮子的勇猛。图版175是西披北侧的凤纹和象纹。凤是中国历史最悠久的纹样之一，从原始社会至今，呈现着千姿百态的变化。图中的凤凰与绿色基调的孔雀不同，晕染以绿、红、蓝相间对比，是一只摇曳着长尾的彩凤，在青天白云衬托下更显绚丽。白云承载的白象，竖耳张嘴，奋力奔驰，画师用线颇简练。图版176是北披中间的孔雀纹和羚羊纹，这只孔雀画法与西披有别，强调用线造型。羚羊奔跑中回首顾盼，表现出这种动物易受惊吓的性格特点。图版177是天马纹和麒麟纹，位于南披东端。天马有角，有翼，翼上以红、绿二色点染。麒麟也是古代传说中的动物，头上有独角，项间系红色飘带。

西夏立国凡一百九十年，文化上的成就值得重视，其中尤以晚期的石窟壁画保存完好，留给后世以光辉赫赫的纪念。

178　第3窟　甬道北壁　供养人

这一西夏晚期洞窟经过元代的修缮，元代供养人的画像保存在甬道两壁的下部，其上方为西夏供养人。甬道南壁现存元代女供养人五身，北壁现存元代男供养人亦五身（其一残毁及半）。图为北壁男供养人之一，头戴笠子帽（钹笠冠），帽顶饰羽毛，辫髻垂于两肩，穿交领半袖长袍（称比肩），内穿窄袖衣，下着长靿靴（称靿鞋）。这是一位年轻的蒙古贵族人物形象，魁梧壮健，但眉清目秀，有两撇八字髭、一撮短胡须，双手合十，虔诚礼佛。成吉思汗二十二年（公元1227年），蒙古军攻破沙州，同年灭西夏，废瓜沙二州，其地隶于八都大王。此后的半个世纪，敦煌一带主要是军队屯戍之地。图中的供养人或许是当时在这里屯田的一位军事长官。

179　第6窟　明窗前室西壁南侧　供养人
180　第6窟　明窗前室西壁北侧　供养人

第6窟是榆林窟规模最大的洞窟，在明窗部分形成前室。前室西壁（前壁）的窗两侧，各有元代画上下二铺供养人像。每铺画像皆作一男供养人和一女供养人床上对坐的构图，所着俱为蒙古服装。男供养人头戴宝冠，垂辫髻，穿比肩、交领窄袖长袍，着靴。女供养人头戴宝冠、冠顶高耸，为顾姑冠（或名姑姑冠、罟罟冠等），身穿交领窄袖长袍。二人均交手于胸前，各握一对三钴金刚杵，身后床上有背靠。两侧各立一人，各戴笠子帽，垂辫髻，穿交领半袖及窄袖袍，拱手或合十。明窗两侧的这四铺男女供养人像，无疑是元朝上层显贵人物的形象；原来像上都画有莲花座碑形题名榜，惜无字迹。自1277年起，元朝重建瓜沙二州，到十四世纪中叶，瓜、沙一带应已恢复了昔日的繁荣。公元1357年（元至正十七年）西宁王速来蛮主持重修莫高窟皇庆寺（第61窟）。同年甘州画师史小玉在莫高窟绘制了精美的第3窟壁画。1367年，临洮画师刘世福在榆林窟作画并在第13窟题壁。看来，由于担任地方长官的蒙古贵族带头兴建，元代晚期方是莫高、榆林二窟修造的高涨时期。

181　第4窟　东壁北侧　说法图
184　第4窟　东壁北侧　说法图（部分）
185　第4窟　东壁南侧　说法图（部分）
190　第4窟　南壁西侧　说法图

此窟系元代所建，除中心佛坛上清代重塑佛一铺九身而外，壁画均系元代作品。正壁（东壁）和南、北壁各画说法图（或曼荼罗）三铺。

说法图是佛教艺术中最常见的题材之一，多以形体较大的本尊为中心，周围圣众围绕听法。此窟正壁曼荼罗的南北两侧各有说法图一铺。图版181正壁北侧说法图中，佛着右袒袈裟，结跏趺坐于金刚宝座上，右手垂至膝前作降魔印，左右侍立阿难、迦叶二弟子，与画面两边所画山岭间禅修的八弟子合为释迦的十大弟子。座前两厢排列着八大菩萨、二金刚力士、释梵天众和天龙八部。图上部山峦中画三身佛。图版184为这铺说法图的下部，描绘上述听法圣众。正壁南侧说法图与北侧的构图相同，内容不

同。图版185为南侧说法图的下部，佛座前为十八尊菩萨听法，均盘腿屈膝而坐，姿态手势各异。

南北两壁的布局相似，中间曼荼罗一铺，其左侧为说法图一铺，右侧度母一铺。图版190为南壁左侧（西侧）说法图，形式略同于东壁的两铺，亦在重山峻岭之中作圆券龛形。龛形内为黑色的水池，衬托得莲花鲜艳。水中央生出一株巨大的莲花，茎干如同大树；花上置须弥宝座，主尊的莲座即在其上。周围莲花丛生，颇为茂密，其中均匀分布着较大的莲花十八朵，每朵上各坐一佛。主尊佛披白色通肩袈裟，双手作转法轮印，结跏趺坐。上方山岭中出现一马头，下方出现象头，左方为狮头，右方为牛头，各喷吐泉水如山中瀑布。上方两侧一对飞天，乘云霭光焰供养。

182　第4窟　东壁中间曼荼罗中　天王
183　第4窟　东壁中间曼荼罗中　天王

在正壁中间一铺曼荼罗圆形界道以外的四隅，绘方形与菱形棋格重叠交错的图案为地，各画天王一尊。图版182为北上隅的天王，手托宝珠莲花盘，于须弥山石上半跏坐，面相庄严端方，全身甲胄。盔上装饰很大一颗宝珠。宝珠之上又升起火焰摩尼珠两颗，辉耀于盔顶。两朵盔缨由两侧垂下。护耳翻卷向上。身着铠甲，披绿色长巾。锁子甲红缘。披膊饰毛皮缘。腰系蓝色缯带，外以玉带束抱肚。下着靴，靴上有皮帮腿。图版183为南下隅的天王，左手托阴阳宝珠，右手持宝盘盛海螺，面相威严，略带怒容。此天王无盔，戴宝冠，冠上饰宝石、宝珠及火焰珠，身披锁子甲，肩带系胸护，披巾和腰带皆为白色。二尊天王均以熊熊烈焰为身光，烘托了护世天王威武的气度和超凡的神力。

186　第4窟　南壁东侧　绿度母
188　第4窟　北壁西侧　白度母

度母又称救度母或多罗母，为藏传佛教的女神、观音化身救苦救难普渡众生的本尊。传说观音菩萨滴泪成湖，湖中长出一朵莲花，莲花开放现出度母菩萨。度母保佑旅人和修行者，能摧一切诸怨魔，除恶梦、烦恼及灾祸、消罪业，以颜色区分，现二十一相，最常见的是白度母和绿度母。西藏佛教徒认为，虔信佛法的妇女便是度母的化身。据传说，著名的吐蕃赞普松赞干布的王妃文成公主就是绿度母，他的另一位王妃尼婆罗（尼泊尔）的尺尊公主是白度母。南壁东侧画白度母一铺（图版188）。图中白度母头戴宝冠，一绺绺卷曲的黑发披于双肩，饰大耳珰、项圈、璎珞、环钏、花鬘，着黑色短裙，所坐莲座从下方水池中生出。莲花池中有五朵大莲花，上面坐五菩萨。周围山峦绘成锯齿状，以交错变化的色块造成强烈的装饰效果。此窟内的各铺说法图、度母图中均采用这同样的手法。此图两侧山峦中亦画有舞蹈菩萨。上部黑色天空与峰峦、白云之间点缀折枝花。图上方，与各铺曼荼罗、说法图一致，画有并坐五智如来。北壁西侧画绿度母一铺（图版186）。图中绿度母面部毁损，全身绿色，半跏趺坐，其余装饰均与白度母相似。下部宝池内莲花盛开，莲座的粗大干茎为龙所缠绕，另两朵较大莲花上各坐明王一尊。

两侧山岭间出现绿度母化身。上空十方诸佛乘云而来。画面上方帏幔下并坐五佛母，以代替窟内同样位置上的五智如来像。度母题材见于安藏译《圣救度佛母二十一种礼赞经》，在藏传密教艺术中流行。

187　第4窟　北壁　灵鹫山说法图

据《法华经》，释迦牟尼在灵鹫山（耆阇崛山）说法毕，多宝佛塔从地涌出，多宝佛于塔内让半座，请释迦入塔并坐，于是宝塔冉冉升空，万众欢腾，赞叹顶礼，这时法会的盛况达到极顶。壁画中往往以多宝塔及二佛并坐形象为释迦灵鹫山说法的标志。

此窟北壁中间画曼荼罗，左侧（西侧）画度母，右侧（东侧）画并坐像一铺。并坐二尊均作菩萨装，锥形发髻，戴宝冠，长发披肩，卷曲作螺旋纹，祖上身，着短裙，佩饰耳珰、璎珞、环钏、花鬘，赤足，半跏趺坐，左舒右舒相对，一足踏莲花。须弥座下为莲花水池，池中左右两朵大莲花上各坐一菩萨。池中间生出枝干，上承一座三层宝盘，盘上三座宝塔，上方覆以三顶宝盖。二佛上方两片云彩自远处山岭处飞来，其上各乘五佛，系十方赴会诸佛。两侧山峦间有舞蹈菩萨六尊。作菩萨装的并坐像与既有的释迦多宝并坐像形式不同，但似应看作是新的外来因素影响所致；此图若为灵鹫山说法图，则南北两壁布局一致，左侧均为说法图一铺。值得注意的是，此窟壁画受西藏密教艺术影响很深，这与元朝请西藏名僧八思巴等为帝师，西藏密教在各地广泛传播有关。特别是著名佛教艺术家阿尼哥等八十名尼泊尔匠师在西藏和内地营建塔寺，并主持梵像提举司，从此形成了一种被称为梵式佛像的新风格。图中人物面相略长，眼呈弓形，鼻梁高挺，下颏微凸出，加以锥形的顶髻、冠饰和更多裸露的衣着，可能是新兴的梵式艺术的表现。

189　第4窟　南壁中间　观音曼荼罗

窟室正壁（东壁）、南壁、北壁均在中间画曼荼罗一铺，为全窟和各壁的主题画幅。图为南壁中间的曼荼罗，坛中央是八臂菩萨，如同《瑜伽大教王经》"四亲近菩萨观想法"中的八臂观音，手持弓、箭等法器，于莲座上结跏趺坐，通体金色。方坛以对角线分为青红绿黑四色三角形。其上方菩萨持宝珠，下方菩萨握绢索，左右两侧为二金刚。四隅似为嬉、鬘、歌、舞等内四供养菩萨。四周方形界道内共十六身飞天。坛开四门，大门两边竖立旗幡。其外周圆形界道分为三层，分别绘莲瓣、金刚杵和火焰纹。界道以外四隅绘蔓生莲花及供养菩萨，似为外供养之香、华、灯、涂四菩萨。密教尊像中，作八臂形象的还有大日如来、文殊、大自在天及不空绢索观音等。这铺曼荼罗的上方画并坐五智如来，右起为不空成就如来、阿閦如来、大日如来、宝生如来、无量寿如来。两端并有二菩萨。

191　第4窟　西壁南侧

前壁（西壁）门北、门南分别画文殊变一铺、普贤变一铺及男、女供养人。供养人画像在西壁门南侧下部约占三分之一的壁面。其上方，以大约占三分之二的壁面画普

贤变一铺。普贤变中，普贤菩萨宝冠青发，面部因晕染变色而呈黑色，石绿画须眉，斜披天衣，羽袖，腰系长裙，手执莲枝，半跏坐于象背莲花座上。象亦全身变为黑色，四足踏莲花徐步前进。牵象人头上金箍束着卷发，饰耳珰、璎珞、环钏，赤上身，穿束膝裤，跣足，手握缰绳。象前有引路童子，头上束发三撮，腰系裹肚、束膝裤，披巾。普贤左有金冠长带、手捧宝盘的梵天王，右有双眉长垂、着右袒袈裟的罗汉，俱在云层之上，下方碧水芙蕖。画面上部青绿山壑间，雾笼烟锁，彩虹如带，林木参天，寺宇隐现。作者用如此幽美神异的远景，表现了普贤菩萨现身说法的道场。

普贤变下方的供养人画像，共四身。前三身为女供养人，第一身和第三身戴顾姑冠。据文献记载，元代妇女"冠用桦皮，高二尺许，往往以皂褐笼之，富者以红绢，其末如鹅鸭，故名姑姑。"所戴者为元朝后妃及受有爵命的大臣夫人们。图中冠上桦皮以红绢笼之，当属"富者"。二人内穿窄袖衣，外罩大袖袍。袍甚宽大且长，汉人称之谓"团衫"或"大衣"。这种大袍往往长至曳地，行走时需有侍女在后牵引。顾姑冠和大袍是元代蒙古族妇女最富有特色的服饰。第二身女供养人免冠，仅以罗帕盖头，或许是一名尚未受爵命的妇女，其身穿半袖袍，内着窄袖衫，双手合十。第四人是一男子，头戴笠子帽，垂辫髻，穿窄袖袍，腰束蔽膝，着尖头乌靴（称鞾）。他在画中身量明显小于三位女供养人，估计是尚在稚年的晚辈。

192　第4窟　窟顶南披边饰（部分）
193　第4窟　窟顶南披边饰（部分）

覆斗形窟顶中央藻井画九佛，已大部残毁，四披下沿的卷草海石榴花鸟纹边饰保存清晰。海石榴花以石绿、土黄、深红等色平涂或勾填，花茎涂假金色，色调淡雅清新。图版192中，一只展翅飞腾的花鸭，红嘴，双翼和背部分别以红色、青色和白色勾填，造型图案化，与花叶融为一体。图版193中为一只彩凤。凤的形象能适应各种形状的空间，这只彩凤亦能与海石榴花叶完美地交织在一起，凤首、颈项染以青色，翅膀以红白二色勾填，在黑地色衬托下显得形象鲜明而生动。

194　第10窟　甬道北壁东侧　大日如来

此窟建于西夏，元代曾重修，在甬道的南北两壁绘制壁画。南壁画佛传、六臂金刚各一铺，北壁画大日如来、六臂观音各一铺。图为北壁东侧的一铺大日如来。大日如来，即密宗对法身佛毗卢遮那的称呼，是密教至高无上的主尊。图中央，佛披右袒袈裟，双手于胸前作智拳印，结跏趺坐；头上冠饰和背项光边缘被铲毁，推想原来这些部位可能是装金的。画面下部被磨蚀，胁侍及佛座前的供养菩萨俱已漫漶不清。上部七身化佛的坐姿、手印、服饰均与主尊相同。画面西侧一角残破处，露出底层西夏画痕，为佛寺建筑之类，应是一铺色彩鲜艳的经变。表层元代壁画，由于色彩褪变，已失去原有的光辉。

195　西千佛洞早春

"敦煌石窟"是一个群体概念，其中规模最大、内容

最丰富、延续最久的是敦煌莫高窟，其次推安西榆林窟，敦煌西千佛洞的重要性应处在第三位。此外，还有安西东千佛洞、水峡口石窟（下洞子）、旱峡石窟、玉门昌马石窟、大坝石窟、肃北五个庙石窟等。这些石窟群之间，既有密切的联系，有统一的地域风貌，又呈现出各自的特点，它们共同合成敦煌石窟寺艺术博大的体系。出敦煌城往西，行大约30公里，党河的河床显得宽阔。下到河滩仰望北岸高耸的崖壁，感到很雄伟。这里本是由敦煌前往阳关的中途，行旅不免在此停留。自北魏以来，人们陆续在这里修造石窟寺，直至元代。由于地处莫高窟和敦煌城以西，故称西千佛洞。现存石窟二十二个，其中第1～19窟栉比开凿在北崖之上，形成一带窟群。另两个洞窟（第21、22窟）则在顺流东下约2.5公里的地方。第20窟在两者之间，离开东头二窟有0.5公里，距西头上游的窟群更远得多。图中显示西千佛洞西区集中开凿在北岸崖壁上的石窟群。这里的一部分河滩，春夏来临便绿树成荫、流水潺潺，大漠中的游人小憩难得有如此佳境。

196　西千佛洞　第7窟　中心柱南向龛内　倚坐佛

魏宗室东阳王元荣及其家族，崇信佛教几至狂热，于北魏晚期和西魏前期任瓜州刺史，对于当时称作瓜州的敦煌，佛教艺术上尤有影响。西千佛洞现存最早的洞窟第7窟，即建于元荣任职瓜州的北魏晚期（公元525年之前起，至534年之间）。此窟形制与莫高窟同期相仿。有人字披顶的窟室前部今已坍毁。后部有直达窟顶的中心塔柱。柱与壁面之间形成右旋礼佛的通道，上方为平棋顶。柱四面各开一佛龛。四壁大面积画千佛。图为中心柱南向面（正面）龛内彩塑倚坐佛，是全窟的主尊；虽已残破，却是唯一未经后世妆修的北魏塑像原作。佛像身姿挺拔、清秀。衣着贴体，透露出肢体的轮廓、结构，却又是宽松的式样。衣纹是用刀斜压着刻划出来的阴线，略呈浅阶梯式的意味。每两条这样的衣纹之间，多还夹有一道纤细而表浅的阴线，作为辅线，增加了衣纹的层次，使服装的质地显得轻软、细腻。这尊塑像的艺术风格，就中国古代的艺术传统而言，是较早的"曹衣出水"式向着源于南朝、当时新兴于北方的秀骨清像、褒衣博带的过渡；就外来影响而言，则有笈多与犍陀罗两种因素的融合。造像残破处，可以看到制作时草木为胎、敷泥而塑的状况。

197　西千佛洞　第7窟　中心柱东向面、北向面
198　西千佛洞　第7窟　中心柱东向龛上部
199　西千佛洞　第7窟　中心柱东向面北侧　菩萨

窟室后部设中心塔柱，系模拟早期佛寺以佛塔为中心的平面布局。而中心柱通连窟顶，显然还能在崖面深处发挥建筑力学上的支撑作用。此窟中心柱仿照佛塔，四面各开一个圆券形大龛，除南向龛内为倚坐佛外，西、北、东三面均塑结跏趺坐佛一身，龛外两侧均各塑一立姿菩萨，为龛内坐佛的胁侍。这些塑像都经过后代特别是清代的妆修。图版224显示中心塔柱的东向面和北向面。图中左侧为东向面，圆券形佛龛保存较完整，龛内坐佛左右两侧各画四菩萨。龛柱上端束帛包裹，柱头上承浮塑而成的龛梁和龛楣（图版198）。龛梁作弓形，其上彩绘间色鳞纹，

尾部装饰两片彩绘忍冬叶。龛楣作尖拱形，中间画一身莲花化生童子，两侧满绘茎蔓相连的忍冬莲花。龛外两身菩萨塑像的上方各画三飞天，下面塑像的左右画四菩萨。由于此窟前部崩塌，中心柱的前部包括东向面的南侧也，遭到较严重的毁损。图版199为东向面北侧上部的菩萨，皆头戴三珠宝冠，上身袒露，下着长裙。前者回首反顾，似与身后的一位在倾心交谈，表现出菩萨听法时的动人情态。图版197中的右侧为中心柱的北向面。

200　西千佛洞　第7窟　中心柱北向龛

中心柱背面（北向面）圆券形龛形制略有不同，龛沿上下代替通常龛楣、龛柱的是双树形。双树形龛，莫高窟时代更早些的第275窟前部已有所见。那是全部浮塑而成，然后填涂彩绘，极富装饰性。此双树树身用薄泥塑出以替代龛柱，其上涂染土红色，再以墨线皴树皮纹理，作法颇写实。双树树冠全赖描绘，整体轮廓形状与通常尖拱形龛楣无异。双树，佛教多指拘尸那城释迦涅槃处的娑罗双树林，是佛祖圆寂的象征。石窟寺常在窟室后部布置有关涅槃的内容，此龛也可能出于同样的用意。唯莫高窟第275窟双树形龛与此不同，解释为弥勒菩萨思惟成道处华林园的龙华树或较妥切。

201　西千佛洞　第7窟　中心柱北向龛顶东侧　飞天
202　西千佛洞　第7窟　中心柱北向龛顶西侧　飞天
203　西千佛洞　第7窟　中心柱西向龛顶
204　西千佛洞　第7窟　中心柱西向面北侧　飞天、菩萨

飞天是北魏壁画中极富特色的题材，多画在佛龛顶部、窟室顶部和经变、说法图的上方。北魏晚期，飞天的姿态日趋活泼、多变化，已逐渐摆脱早期的直硬、单一。此窟所见，以中心柱北向面龛内顶部的一对飞天（图版201、202）最为生动。他们从高空直飞下降，裙裾、长巾高高扬起，双手却从容不迫地做出供养的姿式。龛顶的空间大半已被佛光占去，在剩下的东西两侧狭窄的边缘处，画师仍能随心所欲地变通处理飞天的形态，足见技艺已十分成熟。西向面龛顶的一对飞天大体对称地昂首飞升，但北侧的一身回首反顾，与南侧一意奋进的一身既形成呼应，也加强了对比和变化（图版203）。西向面龛外北侧上部，土红地色上，两身飞天前后相随，翱翔在诸位听法菩萨的上空（图版204）。

205　西千佛洞　第7窟　西壁上部　天宫伎乐及千佛
206　西千佛洞　第7窟　西、北壁下部　力士

此窟壁面依北魏石窟通例分上中下三段，即上沿画天宫伎乐，下部画力士，上下之间铺满大部分壁面的是千佛。天宫伎乐是元魏时期盛行的题材，北周时虽然那些伎乐已统统飞起在空中，不再有宫室形象，但天宫的栏墙建筑却一直保留到唐初。所谓"天宫伎乐"，佛典中并无此名称，只是今天的敦煌石窟研究者们根据所画的内容已经习惯了这样地称呼。壁画中的伎乐天，其实是佛教的音乐神，即八部天众之一，名乾闼婆，意译香音神，寻食香气而作乐音。他们又能幻化楼阁、宫殿、城廓现于空中，犹

如海市蜃楼，譬喻事物的似有实无，佛典称之"乾闼婆城"或"寻香城"、"蜃气楼"，便是石窟里的天宫伎乐。在这些空中楼阁里演出种种乐舞，其中展示诸般乐器及千变万化的舞姿。图版205所见伎乐均作舞蹈，天宫形象都是圆券形的西域式建筑，栏墙用五色宝石、琉璃镶砌而成，瑰丽夺目。作为壁画主体的大面积的千佛，借助色彩的规律迭变，形成斜向的道道光华，表现出装饰意匠的巧妙。下部壁脚的力士（图版206），或曰药叉，无不体魄健硕，动态夸张。他们是承托佛窟的负重者，做出用力的样子，虽丑陋却不失天真可爱。力士与上方千佛之间隔以云气纹和忍冬纹的边饰。

207 西千佛洞 第7窟 中心柱基座西向面北侧 供养人

208 西千佛洞 第7窟 中心柱基座北向面东侧 供养人

中心塔柱座身四面壁画重层。底层北魏晚期原作为力士。西魏时期揌薄泥将底层覆盖，在表层绘制供养人。其中，北向面中间有发愿文题榜一方，两侧供养人行列画成上下两排。上排两侧各比丘一身为首随男供养人。下排两侧为首各比丘尼一身，后随女供养人。东侧的男供养人为八身、女供养人为七身，图版208中有紧随比丘、比丘尼身后的男、女供养人的前五身。男供养人穿圆领窄袖衫、束口裤，女供养人着帔、大袖襦、间色褶裙。图版207为西向面北侧供养人，上排为八身比丘尼，下排为十身女供养人（图中可见到九身）。比丘尼分别穿各色大衣、长裙。女供养人装束与北向面相同，应属当时贵族妇女的常服，其式样受到来自南朝的影响。画面剥落处露出底层北魏所画力士项光。座身上沿西魏画忍冬纹边饰，下部西魏重画力士。

209 西千佛洞 第9窟 窟顶前部人字披北披（部分）

210 西千佛洞 第9窟 中心柱南向龛

此窟可能是西千佛洞现存唯一初建于西魏的洞窟，曾经过北周、隋、唐、回鹘和清代迭次重修，现有遗迹时代参差。窟内前部人字披顶，后部有中心柱。中心柱只在南向面（正面）开一佛龛。龛内主尊坐佛和龛外两侧的弟子，三尊造像均经清代重修或重塑。龛内壁画除化佛火焰纹佛光之外，大多为唐代重画或经唐人重描、涂色。龛外上方的龛楣全为西魏原作，保存良好，所画为一铺构图完整的说法图（图版210）。图中间为一尊菩萨，在水中莲花上交脚而坐，两侧侍立二菩萨，左右各有飞天五身分别作伎乐或以花供养，右边多一身飞步奔驰的力士。画面内容似乎是弥勒菩萨说法。弥勒及二胁侍皆戴宝冠，披巾交叉于腹前，服饰飘逸，风姿潇洒，颇具西魏绘画的意蕴。作者涂石绿为地，水天一色，分外清新、雅致。周围装饰火焰纹。龛楣上方保存着人字披北披仅存的三方较完整的西魏椽间图案（图版209）。此为东起第四、五、六格，分别以忍冬、莲花、飞天和禽鸟组成图案，内容和结构各各不同，但相互和谐统一，自有内在的规律。据考古学家对敦煌石窟北朝椽间图案的排比分析，禽鸟形象与飞天、莲花组合在一起，是西魏时代的特征之一。

211 西千佛洞 第8窟 窟室东隅

214 西千佛洞 第8窟 中心柱西向面 说法图（部分）

这是一所初建于北周的中心柱式窟。窟室前部坍毁严重，前壁（南壁）及窟顶人字披南披均已无存，北披亦部分残损，十二椽间只有东端三格完整。每格皆画一供养菩萨胡跪执莲花供养，颇为简练。窟室后部东壁及东侧窟顶为隋代所画，其余壁面和中心柱作于北周。中心柱南向面开一佛龛，龛内坐佛和龛外二菩萨立像虽系北周原作，可惜损毁过甚。龛楣饰莲花化生火焰纹。龛外两壁上部各画四菩萨、二飞天。柱其余三面，北向面无画，东、西向面各画说法图一铺，图下画供养人。图版214为西向面说法图的北上角，龛右侧众菩萨侍立听法，上方三身飞天，动态舒展自如。飞天和菩萨，肌肤变色呈棕褐色，鼻梁、双眼的白色晕染则相当醒目，形状如一"小"字，研究者将其作为这一时期的特征而习惯地称之谓"小字脸"。

212 西千佛洞 第8窟 西壁上部 伎乐天及千佛

窟室后部壁面布局大体分上下四层，壁上沿画飞天，下方以较大面积画千佛，千佛下画供养人，最低处的壁脚画力士。图为上沿的伎乐飞天，实际上就是天宫伎乐，只是往昔的天宫建筑已大部消失，剩下的唯有栏墙和垂幔。原先在宫殿楼阁中的伎乐，仿佛都从天宫里飞出，在上空排列成行，乘风遨游。飞天姿态各异，有的吹奏排箫、横笛，有的扬臂作舞。飞天的披帛在肩后绕成大大的环状，这在以后成为隋代流行的式样。

213 西千佛洞 第8窟 西壁后部 涅槃变

西壁飞天以下画千佛上下六排，千佛中间下部画涅槃变一铺。画面两端有高大的娑罗双树，中间是右胁而卧的释迦牟尼，火焰纹舟形身光上方簇拥着举哀的众多信徒，各作悲痛状。北端双手抚摸释迦双足的比丘，当是远道赶来奔丧的佛弟子大迦叶。卧佛前方站立着一名着世俗服装的信徒，可看出画有白色胡须，可能是佛最后收为弟子的老年婆罗门须跋陀罗。画面赋色比较单一，描绘不免草率，但显然技巧纯熟，画得有景有情，既表现了亡故的悲哀，更多的却是解脱后的平和、安详。

215 西千佛洞 第8窟 北壁西侧 二佛并坐说法图

北壁壁画非一时之功，据现存遗迹，可知是在北周时代分三次接画而成。整个壁面自东而西一分为三，三部分的布局由上至下都是飞天、千佛、供养人、力士。东侧部分有千佛六排，每排九身。中间部分最宽，千佛四排，每排十八身，以下留出两块横幅素地，为泥皮本色，未画。西侧亦千佛四排，每排十身，以下画释迦、多宝二佛并坐说法图一铺。图中画出圆券龛形，龛柱、龛梁俱全，代表多宝佛塔；塔内二佛并坐，皆右袒，结跏趺坐，塔外两侧四菩萨侍立听法。这一题材，见于《妙法莲华经》中的《见宝塔品》，佛教艺术中将此作为《法华经》的象征，随法华信仰在北朝盛行而盛行，并与千佛结合而成为石窟寺中禅观的主要内容之一，诚如《思惟略要法》所云："三七日一心精进，如说修行，正忆念《法华经》者，为念释迦牟尼佛于耆阇崛山与多宝佛在七宝塔中共坐，十方分身化佛遍满所移众生国土之中"。画面人物形象显见比元魏时代浑圆、粗犷，表现出北周的新风格。图下部的供养人画像多已漫漶。

216 西千佛洞 第12窟 东壁南侧
217 西千佛洞 第12窟 窟顶前部

这是西千佛洞的另一北周洞窟，形制与第8窟相仿，不同的是在窟室前部东、西两壁设像台，台上塑立佛各一铺。现在西壁的一铺只能见到立佛双足和一侧胁侍菩萨的下半身残躯。东壁一铺的左右胁侍菩萨俱已残毁，仅存一足，所幸中间的立佛大致完好，只残损臂部以及脸部数处，作为北周的原作，颇为难得（图版216）。佛像肉髻低平，面相圆润、饱满，肩宽，身躯健硕，内穿僧祇支，外披田相红色袈裟，跣足而立。壁上佛项光饰化佛火焰纹，二菩萨项光饰火焰纹，上方画四飞天。人字披顶上满绘图案。脊枋画水池莲花二十朵。椽条彩绘垂角纹。南披椽间画忍冬莲花禽鸟纹计十六格。北披椽间忍冬莲花图案计十七格，其中第四格中部画猫头鹰一对，下画双猴；第五格中画双雁，下有双鸟；第六格中画上下二长尾鸟；第七格中画双雀；第八格中画长尾对鸟；第九格下部孔雀成双；第十格中画并立三鸭，下画一鸟；第十一格下部画一鸟。鸟兽在花中栖身，姿态灵活可爱，为肃穆的窟寺增添了生气。此窟曾经过隋、唐、回鹘和近代的重修。图版217中所见中心柱正面上部，除了主尊佛光，龛内外大都已在回鹘时期刷粉重绘，龛外上方则是隋代所画坐佛一排共十三身。

218 西千佛洞 第12窟 南壁东侧 劳度叉斗圣变
219 西千佛洞 第12窟 南壁东侧 劳度叉斗圣变（部分）
220 西千佛洞 第12窟 南壁东侧 劳度叉斗圣变（部分）

南壁较完整地保存着北周壁画原作。窟门东西两侧上沿各画飞天八身，以下分上中下三部分：上部画千佛五排，中部分别画劳度叉斗圣变、睒子本生各一铺，下部愿文题榜两侧各画男、女供养人。东侧的劳度叉斗圣变是敦煌石窟现存最早的一铺。画面取横卷式连环画构图，分上下两列，共十一个情节，每一情节附有榜题，写明所画内容。部分画面被烟熏黑，形象和榜题文字难以辨识。可将情节按先后次序编号，其位置，上列左起为第10、1、2、3、4，下列左起为第11、7、5、8、6、9。次第简述如下：1．一座二层庑殿顶建筑中，释迦倚坐，有菩萨胁侍，阶下二人上前跪拜，后随二侍者，榜题："须達長者辭佛□向舍衛國□精舍佛□舍利弗共□建造精舍辭佛之时"（见图版219）。2．二人向前（面西）行走，前者为舍利弗，须达在后，榜题："須達長者共舍利弗向舍衛國爲佛造立精舍□□行"（见图版219）。3．已被熏黑。4．二人于柳树林中穿行，榜题："須達長者□□□太子□園佛□□□舍利弗□□时"（见图版220）。5．一棵大树被风吹折欲倒，榜题："勞度差化作人樹舍利弗化

作□風吹時"。6．已被熏黑。7．一力士举金刚杵指向大山，榜题："勞度差作山舍利弗□□□□□"。8．大鸟啖食一龙，榜题："勞度差化作龍舍利弗化作金翅鳥"。9．一兽咬啮一牛，榜题："勞度差化作牛舍利弗化作□□"。10．一夜叉身在火中，旁立一天王，榜题："勞度差化作夜叉舍利弗化作比沙門使身火焚時"。11．模糊，似有人在拜叉行礼，当是劳度叉被降伏的情景。全图描绘了须达长者为释迦购买祇树给孤独园建精舍和佛弟子舍利弗降伏六师外道劳度叉的故事，内容出自《贤愚经》卷十《须达起精舍品》，同一内容的变文名《祇园因由记》或《降魔变文》。此图平铺直叙，没有明显的重点和高潮，不同于唐代的劳度叉斗圣变以斗法作为画面的主体，是这一题材发展过程中的早期形式。

221 西千佛洞 第12窟 南壁西侧 睒子本生
222 西千佛洞 第12窟 南壁西侧 睒子本生（部分）

睒子本生故事讲孝养父母，与传统的儒家孝道相当合拍，因而在北朝流行一时。敦煌石窟的睒子本生壁画凡七铺，莫高窟的六铺中有四铺是北周作品，西千佛洞的这一铺也画于北周，位置在前壁窟门的西侧，与劳度叉斗圣变相对称。横卷式连环画构图大致也分上下两列，但不如劳度叉斗圣变规整。情节的发展，左起上列为第1、3、4、5，下列为第2和第6。简述如下：1．树丛中一帐，为迦夷国王行宫，帐内二人；相隔树林的西侧，树下一人抬手采撷；榜题："睒子将盲父母到山作草屋将甘/果供養父母時"。2．迦夷国王离宫出猎至此，误射睒子。画面模糊，但可见一人骑马拉弓，榜题："迦□國王……/盲父母聞……"。3．两座草庐，盲父母分坐其中，有二人行近，即国王应睒子临终所请其前往赡养盲父母，榜题："盲父母在草屋裡坐聞時/國王□睒子□向父母邊……时"（见图版222）。4．国王引盲父母往视睒子，榜题："盲父母到兒邊抱睒……/國王□盲父母手將回……"。5．天神自上空飞下，洒药救睒子，榜题："諸天□□藥……伏出/睒子……"。6．睒子复活，盲父母复明，国王于草庐前辞别，榜题："盲父母眼目開□□還活……/父母還國去時"。

第12窟只有前部保存着北周的原貌，却是北周时代一座具有创新意义的洞窟。左、右壁的两铺立佛与中心柱正面龛内一铺坐佛，在窟室前部组成规模宏大的三佛，这种做法开了隋唐的先声。两幅经变故事画，虽然技法说不上先进，但其中的一铺劳度叉斗圣变，内容完整，已为二百年后的皇皇巨幅预作了准备。

223 西千佛洞 第8窟 东壁后部 说法图
224 西千佛洞 第8窟 窟顶后部东侧 平棋
225 西千佛洞 第8窟 东壁上部 伎乐天及千佛

隋代佛事兴盛，以短短三十七年在莫高窟修建约八十窟，但在西千佛洞却仅寥寥二三窟，亦多经后世改绘。北周所建第8窟，窟室后部的东壁和窟顶东侧为隋代所画，在西千佛洞的隋代作品中表现出较高的艺术水准。东壁壁画布局，与其余北周所绘各壁大体相同。东壁上沿中间画一宝珠、二飞天，两侧各伎乐飞天五身。图版225为东壁

上沿北侧的伎乐飞天，分别抱持竖箜篌、琵琶和笙，披帛皆为宽幅，姿态雷同、方向一致。下方栏墙、垂角纹以下画千佛七排，其中间下部画说法图一铺（图版223）。在方形构图中，佛在叠涩方座上结跏趺坐说法，身后火焰纹佛光，上方有菩提树、帐形宝盖；两侧侍立二菩萨，各头戴宝冠，身着大袖交领长袍，披巾，下穿方头履，手中持莲花，左右上角各有一飞天。此图布局均衡、平稳，描绘谨严、工细，色彩丰富、绚丽，与同窟的北周作品相比，自有细巧、粗拙之分。后部窟顶的东侧保存至今只有南端的两方半平棋，是隋代相当成熟的作品。斗四平棋图案中央为方形水池中的一朵轮形大莲花，套叠的桁条上绘云气、忍冬等纹样的边饰，内外岔角分别画坐佛和飞天。飞天形象比北朝的更显轻快、自如。图版224是上述隋代平棋图案的南起第一方。

226 西千佛洞 第9窟 南壁东侧 说法图

唐代在西千佛洞建窟最多，修葺也最勤。在西魏建造的第9窟，唐代只做了零星的补画，但在前壁的门东侧留下了一幅完整的说法图。图西侧边框外有朱墨题记"如意元年……"，可知是初唐作品，画于公元692年或更早。图中佛结跏趺坐说法，上方云霞如同华盖。两侧二菩萨侍立，足下的莲台与佛的莲座由蔓茎相连；其枝蔓的两端，花叶茂盛，高耸可入云端。佛座之下，有供宝和发愿文题榜，左右两侧分别为男、女供养人跪坐，佛、菩萨的脸型、妆束以及供养人的服饰等，都显示了初唐艺术的特色。此图草草勾出边框，构图不求谨严，但佛菩萨的描绘依然准确细腻，技艺纯熟，表现出唐代艺术的韵味。

227 西千佛洞 第5窟 南壁 立佛
228 西千佛洞 第4窟 前室内景
229 西千佛洞 第4窟 前室北壁门上 说法图
**　　（部分）**

第4窟建于隋代，张大千先生编号为"第三窟"。前室东壁初唐凿建一窟，即第5窟，张大千编为"第三窟东耳洞"。第5窟朝西，窟顶人字披形，东壁开一龛；南、北壁东侧尚存原塑力士像残迹，西侧均画立佛。南壁（图版227）立佛左手托钵立莲花上，莲花左右分枝，各有两身坐莲花供养的菩萨。东上方画乘云而来的赴会佛。立佛以西画观音与一信女。另有回鹘画弟子一身。对面北壁所画立佛为释迦及二弟子的行道像。图版228显示第4窟前室的情况。第4窟主室覆斗形顶，北壁开一龛，龛内民国时期重塑佛像，壁画几乎全部经回鹘时期重画。前室窟顶略拱起，回鹘画坐佛一铺。东壁第5窟窟门南侧回鹘画文殊变，西壁回鹘画普贤变。北壁门上保存盛唐时期重绘的一铺说法图（图版229）。图中佛居中结跏趺坐，头上饰以华盖，两侧为二菩提树，二弟子、二菩萨胁侍左右。盛唐的人物造型丰腴，线描准确，着色金碧辉煌，弟子菩萨端坐虔恭听法之状堪称传神。门两侧壁画层次重叠，现在可以见到的有隋代供养人像，唐代项光残迹，回鹘时期重画的项光、佛弟子和供养人像。北壁和东壁的甬道门沿，皆可见早年考察敦煌石窟的艺术家张大千题写窟号风格独特的墨迹。

230 西千佛洞 第18窟 西壁 观无量寿经变
231 西千佛洞 第18窟 西壁南侧 未生怨之一
232 西千佛洞 第18窟 西壁南侧 未生怨之二
233 西千佛洞 第18窟 西壁南侧 未生怨（部分）

此窟覆斗形顶，北壁开一盝形顶龛，龛内屏风画观音普门品，龛外两侧像台上原有天王塑像。东西两壁分别画药师经变、观无量寿经变一铺。南壁门上画降魔变，门西侧画不空绢索观音一铺，门东侧已毁。这是一个从窟龛形制到壁画风格都具备中唐特点的洞窟。窟内保存完好的首推西壁的观无量寿经变（图版230）。通壁巨构的经变中间，以很大的幅面画无量寿佛（阿弥陀佛）、西方圣众和极乐净土的美好景象，中轴线上的平台、大殿为主体，左右建筑群对称环绕，人物上下两列聚集在平台上，略成六组，布局规整。图左边条幅画韦提希夫人修持十六观；右边条幅表现阿阇世王子与其父频婆娑罗王生前结怨，后生恶念，幽囚加害父母，名"未生怨"。观经变是敦煌最常见的大型壁画题材之一，仅莫高窟便有八十余铺，绝大部分绘于唐代。未生怨和十六观画面是观经变区别于一般西方净土变的标志。据《照明菩萨经》：频婆娑罗王因王后无子，"時請相師問曰：夫人何時有身？相師瞻曰：山中有一坐禪道人，命終精神當來後腹化爲太子。王聞是語，即遣人斷道人糧餉。道人得通即知王意，自念，我今爲王示現，死作白兔在王東園。王將國民促得白兔，即敕鍛師作鐵釘，釘兔四足及口、鼻、頭。兔身即便病釘而死，精神來腹化作太子。"此图未生怨画面上部（图版231）有山中道人坐禅的草庐，频婆娑罗王骑马率众围困道人和众人奉命驰马追猎白兔（图版233）等生前结怨的内容，从未见于别处，正是此窟壁画的独特之点。画面下部（图版232）阿阇世捉拿、囚禁老国王，威逼母后，以及皇后以蜜面涂身、璎珞盛酒探视国王等场面，与通常各处所见无异。

234 西千佛洞 第18窟 窟顶藻井
235 西千佛洞 第18窟 窟顶南披 说法图及千佛

覆斗形窟顶中央画藻井，井心为一整四破莲花，花心饰相交成十字的三钴金刚杵（伐折罗）。井心外周多层边饰，依次为云头纹、半团花、菱纹、小花、联珠、云纹、茶花卷草和垂角、璎珞、幔帷（图版234）。窟顶四披均画千佛。各披千佛之中画一铺说法图。各披以小花、龟背纹边饰相隔。千佛中的说法图以南披为例（图版235），菩提宝盖下佛结跏趺坐，莲花座前香案上供宝，二供养菩萨胡跪在案的两侧。千佛皆作定印，各莲花座间连以蔓茎。中唐壁画色彩由盛唐的浓艳转向淡雅，地色多素白，因而千佛画面稍显疏落。

236 西千佛洞 第18窟 南壁西侧 不空绢索观音变

绢索，本是猎取鸟兽的工具，在佛教中作为佛菩萨"摄取众生"，"执系不降伏者"的象征，因其必有所获，故云不空。不空绢索观音是密教大菩萨之一，在敦煌壁画中每与如意轮观音同时画出，位于窟门或龛门的两侧。此图中的不空绢索观音，头戴化佛宝冠，一面六臂，结跏趺坐于水池里生出的莲花座上，周围众菩萨、眷属环绕。六臂各手，胸前的两手左右对称，各以拇指与食指相捻，上方的两手均持三叉戟，垂下的两手分别持军持宝瓶和绢索，所画大体符合密教仪轨。

237　西千佛洞　第19窟　北壁
238　西千佛洞　第19窟　西壁

此窟建造于五代，有纵向的拱顶，北壁开一大龛，龛内塑主尊倚坐佛，西侧残存右胁侍菩萨一尊，由遗迹还可辨出两侧天王足下地鬼的残胎，知龛内原塑像组合为一佛二菩萨二天王。五代雕塑承袭唐代，殊少新的时代特色。龛内壁画主要有十大弟子、六菩萨（与两尊塑像合为八大菩萨）、天龙八部、四天王。窟内引人注意的是为数甚众的罗汉。罗汉塑像，现存西壁八身、东壁五身，推测原塑为十六罗汉。壁画罗汉更多，北壁龛外两侧画了十身，西壁和东壁自顶部而下都画了六排罗汉，西壁现存一百零五身，东壁残损严重，尚存四十九身，合计一百六十四身；若加上塑像，则原有罗汉恐不下二百身。五代时名僧禅月大师贯休以善画罗汉著称，他笔下的罗汉，"胡貌梵相，曲尽其态"，技巧十分熟练，据说"逡巡便是两三躯，不似画工虚费日"（宋·黄休复《益州名画录》卷下）。有这样的大师，他们的技法和作品在世间推广、流传，敦煌石窟出现这样别具一格的罗汉堂当非偶然。这些壁画罗汉，多披袈裟、风帽，虽不如传世的贯休作品那般怪骇突兀，却也在看似千篇一律的禅定形象中，追求着饶有趣味的变化。

239　西千佛洞　第16窟　甬道西壁　供养人

这是一个晚唐洞窟，经后代多次重修。前室现存壁画主要重绘于五代。回鹘时期对主室进行了比较全面的重绘，甬道两壁画了回鹘装的男、女供养人。东壁为女供养人。图为西壁的男供养人。主像高大，头顶桃形冠，身着团龙袍，双手捧一盘。身后四名侍者，或擎伞盖，或持物品。据主像服饰华贵和拥有众多随从，这应当是回鹘可汗或其他上层人物的供养像。公元十一世纪，沙州回鹘曾经是一股强大的民族势力，他们信仰佛教，并从事于敦煌石窟的修建，赋予作品以他们自己的鲜明特色。

240　西千佛洞　第9窟　北壁　涅槃变

西魏时凿建的第9窟，窟室的后部经过沙州回鹘的重修。图为以后壁通宽的幅面绘制的一铺大型涅槃变。因位于中心柱后面，通道窄小，难以拍摄，照片的透视角度很大。图中佛右胁而卧，形体硕大，身边围绕着众多举哀弟子和信徒，作种种哀泣、悲痛之状。画面以土红色为主调，佛的须、眉用石绿勾描，袈裟饰田相纹。此图画幅巨大，但人物形象颇多雷同。

敦煌西千佛洞尽管规模不大，毕竟也是一处重要的中型石窟寺。在这里保存着珍贵的北朝遗迹，又曾有以后各代的增修，在许多方面为莫高、榆林二窟做了重要的补充。

榆林窟、西千佛洞内容总录

霍熙亮编

（以下窟号后注"C："者为张大千编号）

榆 林 窟

第1窟

方向：南偏西30°

时代：清

形制：平顶，北壁开一龛

塑像：龛内塑道教神像四身。室外蹲狮炉一座。

壁画：北壁龛内西壁画寒梅三鹊，东壁竹石七雀，北壁西
起茶花、母子观溪、蝴蝶荷花、山林、花鸟。龛前泥
案画二龙戏珠。

第2窟 （C：1）

方向：西偏南40°

时代：西夏（元、清重修）

形制：覆斗形顶，设中心佛坛

塑像：坛上清塑文殊一铺七身。

壁画：甬道平顶画坐佛一铺。

南、北壁各画梵天赴会（残）。

窟顶藻井盘龙井心，璎珞垂幔铺于四披，下画千佛
二排（残）经元代补画数身。

四壁上沿画垂幔。

东壁中间画文殊变一铺，其上画涅槃图、两侧条幅
画观音济难。南北两侧各画说法图一铺、南北两端条
幅各画故事。

南壁画说法图三铺。

北壁画说法图三铺。

西壁门南画水月观音一铺，下画女供养人四身，侍
女五身（漫漶严重）。门北画水月观音一铺。下画男
供养人七身。

第3窟 （C：2）

方向：西偏南18°

时代：西夏（元、清重修）

形制：浅穹窿顶，设八角形中心佛坛

塑像：佛坛上及四壁清塑佛、观音、罗汉等像计四十身。

壁画：甬道顶毁，南壁上部存女供养人三身。下部存元代
画女供养人五身。北壁上存男供养人四身。下存元代
男供养人五身（一身半残）。

窟顶画坛城一铺，四周边饰、璎珞垂幔及千佛一

排。

东壁中间画佛传一铺。南侧画五十一面千手观音一
铺，北侧画十一面千手观音一铺。

南壁东起画曼荼罗、观无量寿经变、罗荼罗各一
铺。

北壁东起画曼荼罗、净土变、曼荼罗各一铺。

西壁门上残存有维摩诘变一铺。门南画普贤变一铺，
门北画文殊变一铺。

第4窟 （C：3）

方向：西偏南25°

时代：元（清重修）

形制：覆斗形顶，设中心佛坛

塑像：坛上清塑佛一铺九身。

壁画：窟顶九佛藻井大部残毁，边饰铺于四披。

东壁画垂幔下中间曼荼罗一铺，两侧经变各一铺。

南壁东起画白度母、曼荼罗、说法图各一铺。

北壁东起画灵鹫山说法图、曼荼罗、绿度母各一
铺。

西壁门南画普贤变一铺，下部女供养人三身、男供
养人一身；门北画文殊变一铺，下画男供养人五身。

第5窟

方向：西偏南5°

时代：唐（清重修）

形制：清嘉庆年间重建三间一面披顶佛堂

塑像：清修涅槃像一身。

第6窟 （C：4）

方向：西偏南20°

时代：唐（五代、宋、西夏、元、清、民国初重修）

形制：穹窿顶大佛窟，甬道有清修阶道上达崖面；西壁上
部开券顶明窗外接平顶前室，前室有券顶甬道通崖
面。

塑像：东壁通顶塑倚坐大佛（约高23米，经清嘉庆年间彩
绘涂金）。

民间初砌中心佛坛，塑布袋和尚。前塑宝瓶莲株成

龙门形双龙盘柱，柱上塑八仙分立两侧。

南壁民国初塑普贤坐岩石像及一小象。

北壁民国初塑文殊坐岩石像及一小蹲狮。

壁画：甬道券顶元补画千佛。南壁西侧唐画文殊变一铺；东侧宋画净土变一铺，上沿存宋画二飞天及边饰、垂幔，东端存宋画一角。北壁西侧唐画普贤变一铺，东侧画毁，西端上沿残存唐画千佛数身。

窟顶五代藻井圆形卷瓣莲井心大部毁。藻井垂幔下北侧存宋画二飞天，西端存西夏画一飞天；南侧存宋画二伎乐飞天。

东壁大佛背、项光经宋、西夏补绘（大部毁）。

南壁宋画千佛，西上角经西夏、元补画，东下角画幢一座，下部存壶门残痕。

北壁五代画千佛，东下角画幢一座，上部经西夏、元补画。

西壁门上、门南宋画千佛上部经西夏、元补画。门北存五代画千佛，上部多经宋、西夏、元补画。

明窗券顶原五代画千佛半毁，西夏补画。南壁上部东侧五代画不空绢索观音一身，西侧宋补画四臂观音一身，中部宋画曹元忠、曹延禄供养像，下三壶门。北壁上部西夏补画四臂观音与西侧观音立像各一身，中部五代画回鹘装及汉装女供养人各一身（漫漶）。

明窗前室平顶残存宋画十方佛经元代补画。

东壁宋画垂幔下，明窗上唐画七佛经西夏补画五身；窗南宋画普贤变一铺，下元画供养比丘一身、男供养人四身（头毁）；窗北宋画文殊变一铺，下元画坐佛一身（漫漶），下存三壶门（漫漶）。

南壁宋画垂幔下净土变一铺，下存宋画赴会菩萨六身及西端一行脚僧（漫漶）。东侧西夏凿穿道处元补画残毁。

北壁宋画垂幔下净土变一铺，下存宋画赴会菩萨六身及西端一帝释天，东侧西夏凿穿道处元补画说法图一铺（残），下存壶门五方。

西壁门上宋画千佛南侧经西夏补画；门南上部宋画说法图一铺，下部元画男女供养人二铺，下宋画四壶门（漫漶）；门北上部宋画说法图一铺。下部元画男女供养人二铺。

前室甬道券顶元补画火焰宝珠。南壁宋画菩萨一身、飞天一身，下元画男女供养人各一身。北壁宋画菩萨一身、飞天一身，下元画男女供养人各一身。

第7窟

方向：西偏南15°

时代：清

形制：覆斗形顶，东壁开一龛。

塑像：东壁龛内塑道教老君一铺三身。

第8窟

方向：西偏南15°

时代：清道光二年

形制：纵向人字披顶，东壁砌三级台。

塑像：台上塑道教神像五身。

壁画：东壁画山水人物花鸟屏风六扇。

南壁东侧画花卉屏风三扇。

北壁东侧画花卉屏风三扇。

第9窟

方向：西偏南10°

时代：清

形制：覆斗形顶中心方井宽大，东壁设马蹄形佛坛

塑像：坛上塑观音一铺五身。

壁画：东壁画花鸟屏风六扇。

第10窟　（C:5）

方向：西偏南20°

时代：西夏（元、清重修）

形制：覆斗形顶，设中心佛坛，西壁南、北端各砌一台

塑像：佛坛上存清塑观音坐像一身，西壁南、北端台上各塑武将一身。

壁画：甬道平顶画花鸟联泉纹图案，中央画圆形双凤追翔。南壁元画东侧佛传一铺，西侧六臂金刚一铺。北壁元画东侧大日如来一铺（残），露出底层西夏画经变一角，西侧存元画六臂观音残迹。

窟顶西夏画九佛藻井，边饰垂幔铺于四披。东披下沿画五佛赴会四组及珠宝、彩云、花枝等。南披下沿东西两端分别画一献花飞天、一迦陵频伽及珠宝、彩云、花枝。北披下沿东端画一迦陵频伽及珠宝、彩云、花枝。西披下沿画伎乐飞天九身及珠宝、彩云、花枝。

第11窟

方向：西偏南10°

时代：清

形制：纵向人字披顶，东壁开三券顶龛，南、北壁东端各开一券顶龛

塑像：五龛内塑龙王一铺五身。窟顶浮塑檩、椽。

壁画：窟顶檩绘旋子图案及仙人、花鸟等。

第12窟　（C:6）

方向：正西

时代：五代（清重修）

形制：覆斗形顶，沿东壁与南、北壁后部设马蹄形佛床；前室一面披顶，南、北壁各设马蹄形台

塑像：主室佛床上清塑药王等九身。前室南、北台上各塑一身武将。

壁画：前甬道拱顶，西端存千佛二十四身、菩萨一身。南壁画垂幔下男供养人及侍从共十四身。北壁画垂幔下女供养人及侍从共九身（残）。

前室顶残存棋格图案。东壁垂幔下门上画七佛（残存二身），门南、北各画夜叉五身。

南、北壁上沿垂幔下各画天龙八部、神将、菩萨、夜叉。西壁门南、北各画垂幔下梵天、帝释赴会一铺。

主室甬道顶毁。南壁画垂幔下男供养人四身。北壁

255

画垂幔下女供养人五身。

窟顶藻井井心毁，边饰垂幔铺于四披，下画飞天、千佛，千佛中各画佛说法图一铺。

东壁画垂幔下十大弟子、八大菩萨、帝释、梵天。

南壁西侧画药师经变一铺，下画慕容氏出行图（漫漶）；东侧画梵天、天龙八部、天王、神将、夜叉。

北壁西侧画西方净土变一铺，下画慕容夫人曹氏出行图（漫漶）；东侧画帝释、天龙八部、天王、神将、夜叉。

西壁门上发愿文一方，南侧画观音坐像一身，北侧画地藏坐像一身。门南画文殊变一铺，下画慕容氏出行图（漫漶）；门北画普贤变一铺，下画慕容夫人曹氏出行图（漫漶）。

第13窟 （C:7）

方向：正西

时代：五代（宋、清重修）

形制：覆斗形顶，设中心佛坛。前室一面披顶，南、东、北壁各设像台

塑像：主室佛坛上清塑佛一铺三身及一卧鹿。

壁画：前甬道顶崩毁，存佛背光、山石残迹。南、北壁五代画垂幔下菩萨各一身（残）。

前室顶五代画药师变一铺（大半毁）。

东壁门上宋画说法图一铺。门两侧各画一幢、一项光及折枝花。

南、北壁五代画垂幔下天龙八部、菩萨、夜义。

西壁五代画垂幔下门南、北梵天、帝释赴会各一铺，门北下部存五代画男供养人一身（漫漶），门南下部存女供养人（漫漶）。

主室甬道平顶宋画团花图案。南、北壁宋画垂幔下赴会菩萨各二身，下三壶门供宝（漫漶）。

窟顶藻井井心毁，边饰垂幔铺于四披（东披南段毁）。

东壁宋画西方净土变一铺，下画十二壶门供宝。

南、北壁宋画净土变各三铺，下各画十四壶门供宝。

西壁门上宋画二飞天供宝；门南宋画文殊变一铺，下五壶门供宝；门北宋画普贤变一铺，下五壶门供宝。

第14窟 （C:8）

方向：西偏北5°

时代：宋（清、民国初重修）

形制：覆斗形顶，设中心佛坛；前室一面披顶，南、北壁各设马蹄形像台

塑像：佛坛上宋塑清修坐佛一身，两侧清塑菩萨四身，民国初塑力士二身。前室南壁移置一唐塑天王残像。东、西壁各移置一唐塑力士残像。北壁移置一五代塑半跏坐菩萨（残，经西夏彩绘）。

壁画：前甬道券顶崩毁，西端存清画火焰宝珠。南壁西端残存一立虎。

前室顶毁，东侧存宋画部分椽条。东、南、西、北

壁宋画木构窟廊。

东壁门南、北各画一项光。

主室甬道顶毁，南、北壁各画垂幔下一幢、一幡，下各二壶门供宝（南壁漫漶严重）。

窟顶画莲花藻井，边饰垂幔铺于四披，下画飞天一周，东披中间画菩提宝盖、火焰纹佛项光。

东壁中间画火焰纹佛背光，两侧各画垂幔下佛弟子一身、菩萨二身，下十二壶门供宝。

南、北壁各画垂幔下东侧赴会菩萨六身、西侧净土变一铺，下十一壶门供宝（漫漶）。

西壁门上崩毁，两侧画垂幔下门南文殊变一铺、门北普贤变一铺，下各四壶门供宝（漫漶）。

第15窟 （C:9）

方向：西偏南5°

时代：中唐（宋、西夏、元、清重修）

形制：覆斗形顶，设中心佛坛。前室一面披顶，东壁门上开一盝顶小龛，门两侧设像台

塑像：中心佛坛上清塑佛一铺七身。

壁画：前甬道顶毁。南壁西侧唐画吐蕃装男伎乐三身（漫漶），东侧地藏一铺（部分后代描画填色，多划伤）。北壁西侧唐画吐蕃装男伎乐三身（漫漶），东侧比丘一身（剥落、下残），东端中唐画像发愿文一方。

前室顶中部塌毁，两端各存唐画伎乐飞天一身（烟熏）。

东壁门上龛两侧元书修窟题记。门南上部唐画菩萨一身、地藏一身，下部天王一身、菩萨二身。门北上部唐画菩萨二身，下部天王一身、菩萨二身。南壁唐画天王一铺。北壁唐画天王一铺。西壁门南唐画普贤变一铺，下漫漶；门北唐画文殊变一铺（遭烟熏粉刷）。

主室甬道西夏重修盝形顶，画火焰宝珠。两披与南、北壁西夏画折枝花。

窟顶藻井中心毁，宋画边饰垂幔铺于四披，下飞天一周，东披中间残存菩提宝盖、项光。

东壁中央宋画火焰纹背光、莲座，两侧各画垂幔下佛弟子一身、赴会菩萨二身，北侧下存四壶门供宝。

南、北壁垂幔下宋各画赴会菩萨十身，南壁下存九壶门供宝，北壁下存十一壶门供宝（漫漶）。

西壁门上被宋粉刷，底层露出唐画千佛；门南宋画文殊变一铺，下壶门供宝（漫漶）；门北宋画普贤变一铺，下四壶门供宝。

第16窟 （C:10）

方向：西偏北15°

时代：五代（民国初重修）

形制：覆斗形顶，设中心佛坛。前室一面披顶，南、北壁各设马蹄形像台

塑像：主室佛坛上民国初塑坐佛一身。

壁画：前甬道平顶（略显浅拱）画千佛图一铺，南壁画边饰垂幔下男供养人五身及男侍从（漫漶）。北壁画边

饰垂幔下女供养人十一身、侍女四身（多漫漶）。

前室顶画棋格团花，边饰、垂幔铺于四壁上沿。

东壁门上画七世佛，门南画五夜叉，门北画六夜叉。

南、北壁各画天龙八部、菩萨、夜叉。

西壁门南、北分别画梵天、帝释赴会一铺。

主室甬道平顶画不空绢索观音一铺，南壁画边饰垂幔下曹议金供养像及二男侍。

北壁画边饰垂幔下曹议金夫人李氏供养像及三侍女。

窟顶藻井中心崩毁，仅存四角莲花图案，边饰垂幔铺于四披（残），下画伎乐飞天、千佛，千佛中间各画说法图一铺。

东壁画劳度叉斗圣变一铺。

南壁西侧画药师经变一铺，下四壶门供宝；东侧画报恩经变一铺（下部漫漶）。

北壁西侧画西方净土变一铺，下四壶门供宝；东侧画天请问经变一铺（下部漫漶）。

西壁门上中间发愿文一方，南侧菩萨一身，北侧地藏一身；门南画文殊变一铺，下四壶门供宝；门北画普贤变一铺，下壶门供宝（漫漶）。

中心佛坛西向面中间画一壶门内宝瓶供花；两侧各画三壶门内各一菩萨。

第17窟 （C:11）

方位：正西

时代：唐（五代、宋、回鹘、清重修）

形制：前部人字披、后部平顶，有中心柱，柱四面各开一圆券龛，前室一面披顶

塑像：中心柱东向龛内唐塑清修立佛一身。

南向龛内唐塑清修坐佛一身，左右存唐塑二莲台。

北向龛内唐塑清修倚坐佛一身，存唐塑二莲台。

西向龛内清塑坐佛一身，存唐塑二莲台。

壁画：前甬道顶毁。南壁存回鹘补画梵天与二天童赴会、一天王（残）。北壁存回鹘补画帝释（头毁）与二天童赴会、一天王（残）。

前室顶毁，存回鹘补画椽格图局部。东壁门两侧宋画垂幔下净土变各一铺，下各五壶门供宝。

南壁宋画垂幔下二飞天、赴会菩萨五身，下六壶门供宝（漫漶）。

北壁宋画垂幔下二飞天、赴会菩萨六身（西侧毁于穿道），下存五壶门供宝（漫漶）。

西壁门两侧宋画垂幔下赴会菩萨各五身，下存壶门供宝各六方（漫漫）。

主室甬道顶毁，残存棋格团花残迹。南、北壁宋各画垂幔下赴会菩萨三身，下各三壶门供宝（漫漶）。

窟顶回鹘改修补画部分椽格图案，前部西披残存五代画团花图案。

东壁宋画垂幔下十飞天、赴会菩萨十三身，下十四壶门供宝（漫漶）。

南、北壁宋画垂幔下东侧各二飞天、赴会菩萨三身，西侧各净土变三铺，下各十八壶门供宝。

西壁宋画垂幔下门南、门北各净土变一铺，下各六壶门供宝（漫漶）。

中心柱西向面龛内宋画团花火焰纹佛背项光、菩提宝盖、二飞天、二弟子、二项光；龛外两侧画垂幔下赴会佛各一铺，下菩萨各一身；龛下坛中间两层，上层十三壶门供宝，下层三壶门供宝（漫漶），北侧三壶门内残存伎乐天，南侧三壶门内残存伎乐天。

南向面龛内唐画双凤卷草佛项光、蔓枝灵鸟火焰背光，宋画菩提宝盖、二飞天、二菩萨；龛外两侧宋画垂幔下赴会佛各一铺，下菩萨各一身；龛下坛身六壶门供宝（漫漶）。

东向面龛内唐画卷草项光、花枝火焰背光，两侧宋画菩提树及飞天、弟子各一身；龛外两侧宋画垂幔下赴会佛各一铺、下菩萨各一身；龛下坛身六壶门供宝（漫漶）。

北向面龛内五代画莲花项光、火焰背光，宋画菩提宝盖、二飞天、二菩萨、二项光；龛外两侧宋画垂幔下赴会佛各一铺，下菩萨各一身；龛下坛身七壶门供宝（漫漶）。

第18窟 （C:11附洞）

方向：东偏北20°

时代：五代（西夏重修、元代封门开穿道）

形制：横长方形覆斗顶，沿西壁凿佛坛（残）。甬道西夏改修盝形顶（元代封砌）

壁画：窟顶西夏重画千佛。

东壁（前壁）门上中间西夏涂绿色题榜一方，两侧画跌坐菩萨各一身；门北画一半跏菩萨，下存五代画二壶门供宝、折枝花；门南西夏画一半跏菩萨（残），下画壶门（残）。

北壁中间西夏画跌坐佛一身，两侧画半跏菩萨各一身，下五代画壶门（存一方）。

西、南两壁为元改凿穿道所毁。

第19窟 （C:12）

方向：西偏南25°

时代：五代（清重修）

形制：覆斗形顶，设中心佛坛。前室一面披顶

塑像：中心佛坛上清修跌坐佛一身，残存五代塑四莲台。

壁画：前室甬道顶崩毁，东端残存一宝盖、二飞天。

南壁东侧画轮回图（存东半铺），下壶门供宝（漫漶）。

北壁东侧画地狱变一铺（西侧毁），下漫漶。

前室顶毁，西南角残存经变画迹。

东壁门上红色题榜一方；门两侧各画四龙王赴会一铺，下各四壶门供宝（漫漶）。

南壁大面积崩毁，残存天王一身（仅见东上角右手），穿道口西侧残存男侍二身。

北壁东侧画东方天王一铺（残），西侧上部画说法图一铺（残），穿道门上画飞天一身，门西侍女四身。

西壁门南画说法图一铺，下存男侍六身；门北画说

257

法图一铺（残），下男供养人一身，北端画二侍女。

主室甬道平拱顶大部崩毁，存东端两侧天女各一身、西段两侧六趣局部。

南壁垂幔下画曹元忠与子延禄供养像，下壸门供宝（漫漶）。

北壁垂幔下画凉国夫人及长女延鼐供养像，下三壸门供宝（漫漶）。

窟顶藻井莲花井心（大部毁），边饰垂幔铺于四披，下伎乐飞天、千佛，千佛中央各画说法图一铺（东披崩毁）。

东壁画垂幔下劳度叉斗圣变一铺（大部毁），下壸门供宝（漫漶）。

南壁画垂幔下西侧西方净土变一铺，下男供养人十四身、女供养人七身（下漫漶）；东侧天请问经变一铺（东上角漫漶），下壸门供宝（漫漶）。

北壁画垂幔下西侧药师经变一铺，下女供养人十八身（下漫漶）；东侧报恩经变一铺（东半铺毁），下壸门供宝（漫漶）。

西壁画垂幔下门南文殊变一铺，下比丘供养像一身、男供养人八身（下漫漶）；门北普贤变一铺，下男供养人七身、女供养人七身（下漫漶）。

第20窟 （C:13）

方向：西偏南30°

时代：唐（五代、宋、清重修）

形制：覆斗形顶，设中心佛坛。前室一面披顶，南、北壁西端设像台

塑像：中心佛坛上清塑佛一铺五身。

壁画：前甬道券顶崩毁，东端残存双飞天（漫漶）。

南、北壁东端各存一力士（剥落）。

前室顶毁，东北角残存经变画迹。

东壁门上中间题榜两侧宋画供养菩萨各一身、水月观音各一铺。

南壁宋画上部说法图四铺（残），上下穿道门西龙王赴会一铺，下四壸门供宝（漫漶）。

北壁宋画穿道门西上部说法图二铺，下部龙王赴会一铺，下四壸门供宝（漫漶）。

西壁门上两侧宋画上部说法图各二铺，下力士项光各一个（存泥塑力士足痕）；门南、北侧下部男供养人一身（漫漶），门北南侧下部女供养人一身（漫漶）。

主室甬道顶五代画一佛二菩萨。南、北壁毁。

窟顶五代重画莲花藻井（残存东侧），边饰垂幔铺于四披。四披画千佛（宋重画），南披剥落处露出底层唐、五代千佛画迹。

东壁五代画垂幔下中间药师经变一铺（南下角剥落处露出唐画菩萨一身），南侧卢舍那佛一铺（残），北侧毗卢遮那佛一铺，下七壸门伎乐（漫漶）。

南壁五代画西侧弥勒经变一铺（残），下男供养人（存五身，漫漶）；东侧存五佛一铺（残），下存四壸门伎乐。

北壁五代画西侧思益梵天问经变一铺，下女供养人

十身；东侧五方佛一铺，下存四壸门伎乐。

西壁五代画门南如意轮观音一铺（露出唐画迹），下男供养人（存一身）；门北不空绢索观音一铺，下供养比丘尼一身、女供养人四身（残）。

第21窟 （C:14）

方向：西偏南20°

时代：唐（宋、回鹘、清重修）

形制：覆斗形顶，设中心佛坛。前室一面披顶

塑像：中心佛坛上唐塑莲座，座上清修跌坐佛一身。

壁画：前甬道纵券顶东端回鹘画千佛三排，西端北侧残存唐画千佛四行画迹。南壁东侧回鹘画药师佛一铺（下漫漶）。

北壁东侧回鹘画说法图一铺。

前室窟顶大部毁，四角残存宋画椽条（底层隐露唐画千佛）。

四壁宋画木构窟廊建筑。

东壁门北宋画北方天王一身，门南画南方天王一身（底层隐露唐画天王痕迹）。

南壁东侧回鹘画跌坐佛上下各一身（底层隐露唐画大观音立像一身）。

北壁东侧残存唐画观音立像一身，西侧为穿道所毁，残存唐画半跏观音一身、千佛、供养人一身画迹（模糊）。

西壁门南、门北宋画力士各一身（门南隐露唐画千佛十余身画迹）。

主室甬道券顶唐画五莲花。

南壁唐画半跏观音一身、供养人一身。

北壁唐画半跏观音一身，男、女供养人各一身（漫漶）。

窟顶藻井宋画交杵莲花井心（西部崩毁），边饰垂幔铺于四披（大部毁），南、北、西披下部残存伎乐飞天。

东壁中间宋画供宝莲座、火焰纹佛背项光（莲座北侧底层唐画涅槃经变），两侧宋画垂幔下各二弟子、一赴会菩萨（残），下壸门供宝（漫漶）。

南壁宋画垂幔下赴会菩萨十身，下十二壸门供宝（西起第三壸门脱落处残存底层唐画菩萨痕迹）。

北壁宋画垂幔下赴会菩萨残存七身（东端三身毁），下存西侧四壸门供宝（底层隐露唐画供养人一排画迹）。

西壁宋画门南普贤变一铺，下四壸门供宝（漫漶）；门北文殊变一铺，下四壸门供宝（漫漶）。

第22窟 （C:15）

方向：西偏南10°

时代：唐（宋、西夏、清重修）

形制：覆斗形顶，沿东、南、北壁设马蹄形佛坛。前室一面披顶

塑像：清重塑佛一铺七身。

壁画：前室顶崩毁，残存宋画椽条。

四壁宋画木构窟廊建筑。

东壁门北、北壁底层皆隐露唐画残迹。

西壁门南、门北皆存宋画蹲兽残迹。

主室甬道经宋加砌；西夏修改作盝形顶（上顶已毁，两披存西夏画垂幔）。

南、北壁西夏画花树、幢幡（多漫漶）。

窟顶多崩毁，南、北、西披残存宋画垂幔，北、西披下部存伎乐飞天各二身。

东壁残存宋画佛背光，两侧各残存一弟子、一菩萨。

南壁宋画垂幔下东侧存一幢、一赴会菩萨，西侧净土变一铺（底层露唐画残迹），下壸门供宝（漫漶）。

北壁宋画垂幔下东侧一幢、三赴会菩萨；西侧净土变一铺，下壸门供宝。

西壁宋画垂幔下门南普贤变一铺，门北文殊变一铺，下壸门供宝（多漫漶）。

第23窟 （C:16）

方向：西偏南10°

时代：唐（宋、清重修）

形制：窟顶塌毁，现呈浅拱形，沿南、东北壁设马蹄形坛；无前室，长甬道

塑像：坛上清塑道教神像十五身。

壁画：甬道顶毁。

南壁东端唐画十一面观音一身，穿道西侧上部唐画说法图一铺，清画横幅水墨山水人物图一幅，下残存供养人残迹。

北壁东端唐画十一面观音一身、菩萨一身，穿道西侧上部宋画说法图一铺、女供养人三身。

窟顶中央清画纸本乘鹤手捧阴阳鱼老君一身，四周贴纸画八仙图。

四壁上下四角与门沿，清画墨地空白团花云纹边饰。北壁、东壁清各画道教故事。南壁清画八仙故事，西侧画元、明大战等。西壁清画门南郭巨埋儿、庄周戏妻等，门北同床异梦等。

第24窟 （C:17南耳洞）

方向：北偏西25°

时代：唐

形制：覆斗形顶

壁画：甬道券顶经后代刷粉。

窟顶藻井井心画盘龙莲花图案，四披各画说法图一铺。

南壁画说法图一铺，东侧为后代凿穿道所毁。

东壁残存经变画迹。

西壁画不空绢索观音一铺。

注：此窟窟底高出第25窟甬道地面，与第42窟相对，皆被穿洞破坏。

第25窟 （C:17）

方向：西偏南22°

时代：中唐（五代、宋、清重修）

形制：覆斗形顶，设中心佛坛。前室一面披顶

塑像：佛坛上清修跌坐佛一身。

壁画：前甬道南壁宋画东侧天王一铺（残），西侧曹元忠与子侄供养像三身、侍从四身（遭粉浆刷盖）。

北壁宋画东侧天王一铺（东下角露唐画残迹），西侧曹元忠夫人翟氏与长女延鼒供养像二身、侍女二身（遭粉浆刷盖）。

前室顶残存一角，余皆塌毁。

西壁门南、北宋画说法图各一铺。

南、北壁宋画东侧说法图各一铺，西侧赴会菩萨各三身（为穿道所毁各存一身）。

东壁门上残存毗沙门天王赴那吒会一铺；门北画北方天王一铺，南上角五代画一佛二弟子；门南画南方天王一铺，北上角五代画观音立像一身。

主室甬道平顶残存宋画宝盖，南侧三头六臂观音一身，北侧存观音残迹（底层唐画）。南、北壁宋画观音立像各一身（下部漫漶）。

窟顶崩毁，北、西、南披下沿残存唐画千佛。

东壁画清净法身卢舍那佛一铺（南部残），北端画药师佛一身。

南壁画观无量寿经变一铺，东端画大势至一身，西端画观音一身，下宋画男供养人六身。

北壁画弥勒经变一铺，东端、西端画菩萨各一身，西端下宋画女供养人四身。

西壁门南画普贤变一铺，下宋画男供养人八身；门北画文殊变一铺，下宋画女供养人九身（漫漶）。

第26窟 （C:18）

方向：西偏南32°

时代：唐（五代、宋、回鹘、清重修）

形制：覆斗形顶，设中心佛坛。前室一面披顶

塑像：佛坛上中间唐塑莲座上清修跌坐佛一身，南侧残存一唐塑莲座。

壁画：前甬道顶毁存西部北侧宋画千佛、垂幔。南壁东侧残存五代画说法图一铺（底层唐画残迹）。北壁东侧残存五代画经变一铺（底层唐画残迹），中间上部存回鹘画残迹，下为元凿穿道所毁。

前室顶残存五代画经变（熏黑，底层有唐画迹）。

东壁门上宋画七世佛，门南画垂幔下普贤变一铺，门北垂幔下文殊变一铺，下壸门供宝。

南壁宋画垂幔下净土变一铺，下存五壸门供宝，中间为穿道所毁。

北壁宋画垂幔下净土变一铺、下九壸门供宝（漫漶）。

西壁宋画垂幔下门南赴会菩萨三身，下存四壸门供宝；门北赴会菩萨三身，下六壸门供宝（漫漶）。

主室甬道平顶宋画莲花图案（南段毁，底层唐画）。南、北壁宋画垂幔下供养菩萨各二身，下各三壸门供宝。

窟顶宋画藻井井心毁，边饰铺于四披（大部残），下画棋格团花图案。

东壁宋画垂幔下赴会菩萨十身，下存六壸门供宝。

南壁宋画垂幔下东侧赴会菩萨五身，西侧净土变一铺，下十一壶门供宝。

北壁宋画垂幔下东侧赴会菩萨五身，西侧净土变一铺，下存七壶门供宝。

西壁宋画垂幔下门上四飞天供宝；门南净土变一铺，下四壶门供宝；门北净土变一铺，下壶门供宝（漫漶）。

第27窟 （C:18北耳洞）

方向：南偏东20°

时代：元

形制：纵券顶

壁画：窟顶北部画一个八瓣莲花（莲心六臂金刚，莲瓣四金刚、四供器），南部画一略小八瓣莲花（莲心、莲瓣各梵文一字）。

北壁画趺坐高僧一身。

东壁北起画一四臂观音、一菩萨、二读经童子。

西壁北起画一四臂观音、一大肚罗汉、一供养菩萨（残）。

第28窟 （C:19）

方向：南偏西30°

时代：初唐（宋、西夏、清重修）

形制：前部崩毁，后部券顶，有中心柱，柱存东、西、北三面各一圆券龛

塑像：中心柱北向龛内唐塑清修立佛一身。东向龛内唐塑清修趺坐佛一身。

西向龛内唐塑清修倚坐佛一身。

南向面清修一面披顶屋，塑一佛一弟子一菩萨。

壁画：窟顶东、北、西面下沿残存千佛。

东壁宋画垂幔下北侧说法图一铺，南侧残存观音变一铺，下残存赴会菩萨六身。

北壁宋画垂幔下立佛一铺，东则残存说法图一铺，下东端残存一菩萨。

西壁宋画垂幔下坐佛三铺（残），下北侧存赴会菩萨四身（漫漶）。南端为穿道所毁。

中心柱东向面龛内唐画佛背项光、菩提树、二飞天，南壁一菩萨一弟子，北壁一菩萨一弟子（漫漶）；龛外北侧上部残存唐画宝盖、折枝花、一菩萨。

北向面龛内唐画佛背项光、山峦；龛外两侧上部唐画山峦、二飞天，下部二弟子。

西向面龛内清刷粉覆盖唐画；龛外北侧上部唐画一菩萨，下部西夏画白描人物二身（漫漶）。

第29窟 （C:20）

方向：南偏东4°

时代：西夏（元、清重修）

形制：覆斗形顶，设中心佛坛

塑像：中心佛坛元砌五层圆坛上清塑佛一铺五身。

壁画：甬道南北壁残存画迹。

窟顶藻井井心元代补画墨书梵文（残），边饰垂幔

铺于四披，四披画千佛（残）。

北壁（正壁）中间画说法图一铺，两侧水月观音各一铺（漫漶）。

东壁中间画文殊变一铺，北侧药师经变一铺，南侧金刚一铺，下男供养人漫漶（北端残存一身）。

西壁中间画普贤变一铺（残），北侧净土变一铺，南侧金刚一铺，下女供养人漫漶（中间残存二身）。

南壁门东上部画国师像一铺、男供养人四身及侍者三身，下部男供养人八身（漫漶）；门西上部画僧人一铺、女供养人三身及侍女二身，下部供养比丘尼一身、女供养人六身。

第30窟 （C:20北耳洞）

方向：西偏北12°

时代：晚唐（宋重修）

形制：纵券顶（券顶弧度平缓）

壁画：窟顶东部画菩提宝盖双飞天，西部画千佛（烟熏）。

东壁画药师经变一铺（大部为穿道所毁）。

南壁画观音一铺（熏黑），下男供养人（漫漶）。

北壁画观音一铺（熏黑），下漫漶。

西壁门北为穿道所毁，门南宋画说法图一铺（熏黑，南下角为凿窗所毁），下宋画男供养人四身（残）。

第31窟 （C:21）

方向：正东

时代：五代（清重修）

形制：覆斗形顶，设中心佛坛。前室一面披顶

塑像：中心佛坛上清修趺坐佛一身，坛南侧残存五代塑一菩萨、二莲座。

壁画：前室崩毁，西壁门南上部存二坐佛。

主室甬道平顶崩毁，残存西端南、北角菩萨各一身。南壁垂幔下存西端男供养人一身（漫漶）。北壁垂幔下画于阗国王、王后、一童子供养像（残）。

窟顶藻井井心及西南两披皆毁，北披残存几身千佛。东披南部残存垂幔、一伎乐飞天、千佛，千佛中画说法图一铺。

西壁大部毁，残存经变画迹，下存八壶门供宝。

南壁中间画不空绢索观音一铺，东侧天请问经变一铺，西侧残存经变一铺，下存八壶门供宝。

北壁中间画如意轮观音一铺，西侧报恩经变一铺（二铺经变间开一穿道），东侧药师经变一铺，下存十二壶门供宝。

东壁门上画坐佛八身；门南天王一铺，下六壶门供宝；门北天王一铺，下七壶门供宝。

第32窟 （C:22）

方向：东偏南5°

时代：五代（清重修）

形制：覆斗形顶，设中心佛坛

塑像：中心佛坛上五代塑莲台上清修趺坐佛一身。

壁画：前室崩毁。

主室甬道顶毁。南壁画男供养人一身。北壁画女供养人一身（漫漶）。

窟顶藻井井心毁，残存西南角莲花纹图案局部（漫漶），边饰垂幔铺于四披，下各画伎乐飞天二身；四披画千佛，千佛中央多宝塔各一铺；顶东南隅画月光明如来，东北隅画日光明如来，西南隅画持杖老人（婆薮仙，残），西北隅画北方天王（残）。

西壁画梵网经变一铺，下十六壶门供宝。

南壁画劳度叉斗圣变一铺，西侧凿一穿道；下存十二壶门供宝，东端画画匠供养像四身（漫漶）。

北壁画维摩变一铺，东侧凿一穿道；下残存十四壶门供宝。

东壁门上画一佛二菩萨；门南画文殊变一铺，下供养比丘四身、男供养人四身、女供养人四身；门北上画普贤变一铺，下供养比丘尼五身，女供养人七身。

第33窟 （C:23）

方向：东偏北10°

时代：五代（清重修）

形制：覆斗形顶，设中心佛坛。前室一面披顶。

塑像：佛坛上清塑跏坐佛一身。

壁画：前室顶残存西北角坐佛一角。

西壁画垂幔下门上愿文题榜一方（残），北侧存坐佛三身，南侧存坐佛二身（漫漶）；门北画菩萨二身、男供养人一身（漫漶）。

北壁画天王一铺，下部凿一穿道。

主室甬道平顶残存经变画迹。

南壁画垂幔下曹元忠父子供养像（下部漫漶）。

北壁画垂幔下曹元忠夫人翟氏与长女供养像及三侍女（下部漫漶）。

窟顶藻井井心毁，边饰垂幔铺于四披。四披垂幔下各画伎乐飞天三身，下画千佛，千佛中间说法图各一铺（西、南、北披崩毁严重）。

西壁画说法图一铺，下十一壶门供宝。

南壁东侧画药师经变一铺；西侧上部画佛教史迹画一铺，下部瑞像一排，其中凿一穿道，瑞像存十三身；下男供养人二十三身、优婆夷供养像五身，女供养人存二十一身（多磨损漫漶）。

北壁东侧画西方净土变一铺，西侧佛传一铺；下男供养人十八身、女供养人三十三身。

东壁门上画地狱变一铺，门南画四龙王赴会一铺，下比丘供养像六身、男供养人六身；门北四龙王赴会一铺，下法师供养像三身、男供养人十一身。

第34窟 （C:24）

方向：东偏北25°

时代：唐（五代、宋、清重修）

形制：覆斗形顶，设中心佛坛。前室一面披顶

塑像：佛坛上清塑跏坐佛一身，两侧存唐塑四莲台。

壁画：前室顶残存西北角、西南角五代画迹。

西壁五代画门上垂幔下题榜一方，两侧七世佛及北

端金刚藏菩萨一身；门南画男供养人一身、菩萨二身（下部漫漶）；门北画菩萨三身（下部漫漶）。

南壁五代画南方天王一铺（下部为穿道所毁）。

北壁五代画西方天王一铺。

东壁五代画门南药师佛一铺，门北立佛一铺。

主室甬道五代画平顶残存地藏六趣画迹。

南壁画曹元忠供养像与男侍从三身，下五壶门供宝（漫漶）。

北壁画曹元忠夫人翟氏供养像与侍女三身，下五壶门供宝（漫漶）。

窟顶藻井大部毁；四披五代画千佛，千佛中说法图各一铺，底层唐画千佛；西披上部残存唐画千佛；南披西部存五代画伎乐飞天二身；北披上部存唐画千佛，下部东侧后代补画飞天二身；东披四角存唐画千佛，中间宋补画说法图一铺、伎乐飞天三身。

西壁五代画说法图一铺，下十一壶门供宝。

南壁西起五代画思益梵天问经变、药师经变各一铺，下十二壶门供宝。

北壁西起五代画天请问经变、阿弥陀经变各一铺，下十一壶门供宝。

东壁五代画门上菩萨说法一铺；门南文殊变一铺，下男供养人六身、男侍从一身；门北普贤变一铺，下比丘尼供养像二身、优婆夷供养像三身、女供养人五身。

第35窟 （C:25）

方向：东偏北30°

时代：唐（五代、宋、清重修）

形制：覆斗形顶，设中心佛坛。前室一面披顶，南、北壁清设像台

塑像：清塑道教神像中心佛坛上三身、前室南壁台上一身、北壁台上一人一马。

壁画：前甬道拱顶宋画施珠瑞像一铺（残）。南壁五代画上部千佛，下穿道门西观音菩萨一身（漫漶），门东残存一夜叉（漫漶）及早期一残项光。北壁五代画上部千佛，下穿道门西阿修罗一身（下部漫漶），门东残存力士一身及早期一夜叉（残）。

前室顶五代画中间千手眼观音一铺（残），北侧不空绢索观音一铺（残），南侧画如意轮观音一铺（残）。

西壁门上红色题榜一方，南北两唐各画毗沙门天王赴那吒会（南侧漫漶）及五代画赴会佛二组；门南上部千佛，下部男供养人二身、护法天王二身，下壶门（漫漶）；门北上部千佛，下部存唐画炽盛光佛一铺及下供养人三身（残），北端五代画天王二身、昆仑奴一身。

南壁五代画上部赴会佛三组、千佛，下部梵天赴会一铺。

东壁五代画门南上部存千佛，下部男供养人一身、夜叉一身（上部漫漶）；门北上部六天王赴会一组、赴会佛一组、千佛，下部阿修罗天一身、夜叉四身。

主室甬道平顶宋补画地藏与十王厅（残）。南壁宋

画垂幔下曹延禄、曹延瑞供养像，下四壶门供宝。北壁宋画垂幔下女供养人三身（下部漫漶），下四壶门供宝。

窟顶五代画藻井卷瓣莲盘龙井心（残），边饰垂幔铺于四披；四披残存唐画千佛（部分经五代补画）。

西壁五代画千佛下观无量寿经变一铺，下十一壶门供宝。

南壁五代画千佛下普贤变一铺（残），下男供养人四身、十壶门供宝。

北壁五代画千佛下文殊变一铺（西上角漫漶），下女供养人五身、九壶门供宝。

东壁五代画千佛下门上观音一身，北侧女供养人一身与一子二女，南侧男供养人三身（漫漶）。门南北侧上部千佛下女供养人一身与侍女一身，下一壶门卧鹿；南侧七佛说法一铺，下男供养人八身。门北南侧女供养人及侍女各一身；北侧画五智如来曼陀罗一铺，下比丘尼供养像二身、优婆夷供养像六身、女供养人一身。

第36窟 （C:26）

方向：东偏北15°
时代：唐（五代、宋、清重修）
形制：覆斗形顶、设中心佛坛。前室一面披顶，南、北壁清各设马蹄形像台
塑像：佛坛上清塑佛一铺七身。
壁画：前甬道纵券顶，多经修撮无画。

前室顶宋重画说法图三铺（多脱落）。

西壁五代画垂幔下门上题榜一方，南侧存唐画红日与一夫人二侍女，北侧存唐画月亮与一夫人二侍女；门南五代画垂幔下上部赴会佛二组，下部男侍从三身、男供养人一身；门北垂幔下侍女四身、菩萨二身。

南壁五代画垂幔下毗沙门天王一铺，下五壶门供宝。

东壁门南晚唐画法华经变一铺（宋部分填色），下五壶门供宝；门北晚唐画弥勒经变一铺（宋部分填色），下四壶门供宝。

主室甬道平顶。南壁画曹元忠与子延禄供养像，下四壶门供宝。北壁画凉国夫人翟氏与女延鼐供养像，下四壶门供宝。

窟顶藻井毁，边饰垂幔铺于四披；四披画伎乐飞天各三身，下部千佛中央说法图各一铺（西、南、北披残）。

西壁五代画说法图一铺（残）。

南壁上部东起五代画如意轮观音、千手眼观音、药师经变（残）各一铺，中部存屏风九扇画佛传，下部十壶门供宝。

北壁上部东起五代画不空绢索观音、观音经变、西方净土变（残）各一铺，中部残存屏风三扇画佛传，下部存二壶门供宝。

东壁门上五代画说法图一铺；门南画文殊变一铺，下男供养人九身；门北画普贤变一铺，下比丘尼供养

像二身、女供养人十一身。

第37窟

方向：东偏北20°
时代：清
形制：平拱形顶，沿南、北、西三壁砌马蹄形佛坛
塑像：坛上塑道教神像十一身。
壁画：西壁中间画蝠菊团花四龙椅座，南北两侧屏风各三扇画花鸟。

南壁屏风六扇画人物山水花鸟。
北壁屏风六扇画人物山水花鸟。

第38窟 （C:27）

方向：东偏北15°
时代：唐（五代、清重修）
形制：覆斗形顶，设中心佛坛。前室一面披顶
塑像：佛坛上清塑虫王一铺九身。
壁画：前甬道纵券顶五代画千佛。南壁五代画垂幔下文殊变一铺（漫漶）。北壁五代画垂幔下普贤变一铺（漫漶），东端残存唐画迹。

前室窟顶中部五代画千手眼观音一铺（残），北端千佛七排九行，南端漫漶。

西壁五代画垂幔下门上题榜一方，两侧水月观音各一铺；门南南方天王一铺，下五壶门供宝；门北北方天王一铺，下唐画供养人四身（漫漶）、五代画三壶门供宝。

南壁五代画垂幔下观音经变一铺（中央被清代涂土红塑像背光覆盖）。

北壁代画垂幔下地藏与十王厅一铺（中央被清代涂土红塑像背光覆盖）。

东壁五代画垂幔下门南上部赴会佛三组，下部北侧男供养人二身、南侧观音普门品经变（与南壁合为一铺）；门北上部赴会佛三组，下部南侧女供养人二身、北侧十王厅。

主室甬道平顶五代画千佛图一铺。

南壁五代画垂幔下男供养人二身，下三壶门供宝。

北壁五代画垂幔下女供养人二身，下三壶门供宝。

窟顶五代画团花藻井，边饰垂幔铺于四披；四披伎乐飞天各四身，下画千佛；西披千佛中央月光如来一铺，南、北披千佛中央坐佛各一铺，东披千佛中央日光如来一铺。

西壁五代画垂幔下弥勒经变一铺，下部十二壶门供宝。

南壁五代画垂幔下东起密教说法图、药师经变、天请问经变（漫漶）各一铺，下东起男供养人九身、女供养人二十六身。

北壁五代画垂幔下东起密教说法图、观无量寿经变、思益梵天问经变各一铺，下东起男供养人四身、女供养人九身、男供养人九身。

东壁五代画垂幔下门上五世佛；门南四龙王赴会一铺，下比丘供养像七身、男供养人三身；门北四龙王赴会一铺，下比丘尼四身、优婆夷供养像三身、男供

养人二身。

第39窟 （C:28）

方向：东偏北20°

时代：唐（回鹘、元、清重修）

形制：偏后设中心柱，柱四面各开一圆券龛，上方四面斜披顶。前室一面披顶，南北间各设一像台

塑像：前室南像台上清塑乘狮文殊一铺三身；北像台上清塑乘象普贤一铺三身。

　　主室中心柱清塑东向龛内一佛二菩萨，南向龛内一佛二弟子，北向龛内一佛二菩萨，西向龛内立佛一身。

壁画：前甬道纵券顶元补画瑞像一身（残）。

　　南壁回鹘画伎乐飞天二身下上部比丘供养像一身、回鹘装男供养人九身，下部回鹘装男供养人九身，下十二壶门供宝；东端男供养人二身与侍从二身。

　　北壁回鹘画伎乐飞天二身下上部比丘尼一身、回鹘装女供养人十身及儿童五身，下部比丘三身、回鹘装女供养人十二身及儿童一身，下十二壶门供宝；东端残存唐画迹。

　　前室顶回鹘画说法图一铺。

　　西壁回鹘画千佛下门南、北药师佛各一铺，下十壶门供宝。

　　南壁回鹘画双飞天下说法图一铺，下九壶门供宝。

　　北壁回鹘画双飞天下说法图一铺，下七壶门供宝。

　　东壁回鹘画彩云垂幔下门南、北赴会菩萨各四身，下各七壶门供宝。

　　主室甬道平顶回鹘画说法图一铺（残）。

　　南、北壁回鹘画千手观音各一铺（漫漶），下各四壶门供宝。

　　窟顶回鹘画东披彩绘角梁、檩、椽，椽间望板画曲梗莲花（北部残）。南、西、北披土红色绘角梁、檩、椽（南、西披大部残）。

　　西壁残存回鹘画花树、罗汉。

　　南壁回鹘画东侧三身佛一铺，下八壶门供宝；西侧罗汉三身、供养比丘一身。

　　北壁回鹘画东侧三身佛一铺，下八壶门供宝；西侧存罗汉二身、供养比丘一身。

　　东壁回鹘画门南、北儒童本生各一铺，下各八壶门供宝。

　　中心柱回鹘画东向面龛内菩提宝盖、火焰纹佛背项光、二弟子、二胁侍项光；龛外上方火焰宝珠与二飞天，龛外两侧菩萨二身；龛下四壶门供宝。

　　南向面龛内菩提树、火焰纹佛背项光、花枝、二胁侍项光；龛外上方火焰宝珠与云朵，龛外两侧弟子二身；龛下四壶门供宝。

　　北向面龛内菩提树与云朵、火焰纹佛背项光、花枝、二胁侍项光、龛外上方火焰宝珠与云朵，龛外两侧弟子二身；龛下四壶门供宝。

　　西向面龛内大鹏金翅鸟、火焰纹佛背项光；龛外上方火焰宝珠与云朵，龛外两侧花树。

第40窟 （C:29）

方向：东偏北5°

时代：五代（清重修）

形制：覆斗形顶，沿南、西、北壁清砌马蹄形佛坛。前室一面披顶。前甬道东端清改凿开顶前廊

塑像：佛坛上清塑道教神像十九身。

壁画：前廊清画西壁门南、北武士各一身，南壁夜叉一身，北壁判官一身。

　　前甬道顶画药师经变一铺。南壁垂幔下穿道门西男供养人一身，门东侍从三身，下存二壶门供宝。北壁画垂幔下存女供养人三身（漫漶）。

　　前室顶北部画如意轮观音一铺（残），中部千手眼观音一铺（大部残毁），南部不空绢索观音一铺（残）。

　　西壁门上画七世佛；门南残存菩萨一身，南端夜叉三身；门北残存菩萨一身，北端夜叉四身。

　　南壁画南方天王一铺。

　　北壁画北方天王一铺（残）。

　　东壁画门南西方天王一铺，门北东方天王一铺。

　　主室窟顶清刷土红色，底层隐露五代画藻井图案及四披千佛、说法图。

　　西壁清屏风十二扇画人物山水。

　　南、北壁清各十四条幅画人物、山水、花鸟。

　　东壁清刷粉，隐露底层五代画宝盖、边饰。

第41窟

方向：东偏北25°

时代：五代（元、清重修）

形制：纵人字披顶，西壁清开一浅龛。前室一面披顶

壁画：前室西壁门上画跌坐佛五身；门北上部元画菩萨一身，下部存五代画菩萨一身（漫漶），门沿坐佛一身；门南上部元画菩萨一身。

　　南壁东端存五代残画。

　　北壁东端存元画一火焰纹项光。

　　主室甬道平顶残存五代画菩提宝盖。南壁五代画垂幔下观音一身（残）；北壁五代画垂幔下观音一身（残）。

　　窟顶清刷粉（烟熏），底层五代残画。

　　西壁龛内清画一佛二弟子一铺，龛外揽草泥。

　　北壁清揽草泥，西端剥落处露底层五代残画。

　　东壁清揽草泥，门北剥落处露底层五代残画。

第42窟

方向：南偏东20°

时代：盛唐

形制：覆斗形顶

壁画：窟顶藻井残，四披画千佛（漫漶）。

　　北壁西侧被元以前凿穿道所毁，残存经变一铺。东壁画阿弥陀经变一铺（残）。

　　西壁存壁画残痕。

注：此窟系位于第25窟前甬道北壁西端的小窟，窟底高出甬道地面0.95米，元晚期封闭，1970年重新挖出。

西 千 佛 洞

第1窟 （C:1）

方向：东偏南10°

时代：五代（回鹘重修）

形制：横浅拱顶，东壁北端开一门

壁画：西壁北侧上部剥落处残存底层五代白描卧佛身光。

南壁东端残存回鹘画一塑像项光。

东壁门南残存回鹘画中间一塑像背光、两侧各一塑
像项光。

注：此窟位于距敦煌城30余公里处党河河床北崖西端上
部，原是早期僧房。西千佛洞窟群即由此向东顺序编
号。

第2窟 （C:2）

方向：东偏南5°

时代：回鹘

形制：横平拱顶，东壁北端开一券顶门

壁画：窟顶画折枝花叶

西壁画一树斜枝挂二葫芦、一钵袋，树下一男侍，
南端一侍女。

东壁门北残存比丘一身，门南残存供养人四身。

注：此窟原是回鹘高僧影窟，西壁正中以僧人尸骨作胎
塑一比丘禅定像，毁于五十年代中期，南北两壁毁于
同时。全窟壁画熏黑，磨损。

第3窟 （C:3西耳洞）

方向：东偏北5°

时代：唐（回鹘、民国重修）

形制：覆斗形顶，沿西、南、北壁设马蹄形佛床

塑像：佛床上民国三十二年塑一佛二菩萨。

壁画：窟顶残存西北、西南、东北角回鹘画云朵、莲花，
西北角底层初唐画二坐佛。

西壁中间画半团花火焰纹背光，两侧各一塑像项
光、弟子二身。

南壁中间画观音一身，西侧一塑像项光、弟子二
身，东侧一塑像项光，东端菩萨一身（漫漶）。

北壁中间画观音一身，西侧一塑像项光（回鹘重
绘），西端弟子一身，东侧一塑像项光（回鹘重
绘），东端菩萨一身（漫漶）。

东壁毁，民国造一圆拱门。

第4窟 （C:3）

方向：正南

时代：隋（唐、回鹘、民国重修）

形制：覆斗形顶，北壁开一龛。前室纵浅拱顶，东壁开一
门，门内为第5窟

塑像：龛内民国塑坐佛一身。

壁画：前室顶回鹘画坐佛一铺（残）。

北壁门上盛唐画说法图一铺；门东回鹘画一项
光（底层唐画项光）、弟子三身、女供养人二身，下
残存隋画男供养人六身；门西回鹘画一项光（底层唐
画项光）、弟子一身。

东壁回鹘画门上坐佛三身，门北佛弟子二身；门南
文殊变一铺（漫漶），底层唐画。

西壁回鹘画中间普贤变一铺，北端佛弟子四身，南
端底层唐画。

主室甬道平顶残存回鹘画宝盖。东、西壁北起回鹘
各画药师佛一身、菩萨一身（漫漶）。

窟顶回鹘画藻井（井心毁），垂幔铺于四披；东、
南、西披画团花。

北壁龛内民国加砌纵券顶内龛，画北壁一虎，东、
西壁弟子各一身；外龛北壁民国画上部双凤朝阳，下
部两侧弟子各一身；东、西壁回鹘各画菩提枝叶、一
塑像项光。龛外两侧回鹘画菩萨各一身，上沿底层隋
画天宫栏墙、飞天；龛下两端残存唐画菩萨各二身。

东、西壁回鹘各画说法图一铺，上沿底层隋画天宫
栏墙、飞天，下残存壶门供宝。

南壁回鹘画门上红色愿文题榜一方，门东、西菩萨
各一身，上沿底层隋画天宫栏墙、飞天。

第5窟 （C:3东耳洞）

方向：正西

时代：初唐（回鹘重修）

形制：横人字披顶，东壁开一龛

塑像：南、北壁东侧各存力士像残迹。

壁画：甬道平顶回鹘画佛一身上达窟顶西披。北壁唐画观
音一身，东侧回鹘画花一枝。

窟顶东披南、北侧残存千佛，西披北端存坐佛一
身，南侧残存莲座、背光、花树画迹。

东壁龛顶画宝盖、二飞天、诸天乐；龛内东壁画背
光，两侧各一塑像项光；南、北壁各画一塑像项光、
弟子二身。龛上画千佛；龛外两侧各画弟子一身，上
云中坐佛各二身；龛下残存回鹘画壶门。

南壁中间画立佛一铺；西侧画观音一身与一信女、
云中三坐佛，西端回鹘画弟子一身（残）；东侧上部
画一佛二菩萨赴会，东端赴会佛二身。

北壁西侧画释迦行道像一铺，东侧上部画云中三坐
佛。

西壁门北画弟子一身（漫漶）。

第6窟

方向：正西

时代：晚唐重修

形制：前部平顶，后部横人字披顶，东壁开一龛，龛外
　　　南、北端设像台

壁画：北壁残存唐画阿弥陀经变一铺。

　注：此窟几尽崩毁，原建时代不详，形制似属隋代样
式。

第7窟　（C:4）

方向：南偏东20°

时代：北魏（西魏、清重修）

形制：前部人字披、后部平棋顶，有中心塔柱，柱四面各
　　　开一圆券龛

塑像：南向面龛内残存倚坐佛一身。

　　　东向面龛内清修坐佛一身，龛外北侧北魏塑菩萨一
身。

　　　北向面龛内清修坐佛一身，龛沿北魏浮塑菩提树，
龛外两侧清修菩萨各一身。

　　　西向面龛内清修坐佛一身，龛外北侧清修菩萨一
身。

壁画：窟顶后部东、西侧南端残存平棋。

　　　北壁画上沿天宫伎乐，上部千佛，下部西端存力士
二身。

　　　东壁画上沿天宫伎乐，上部千佛，下部北端残存力
士三身。

　　　西壁画上沿天宫伎乐，上部千佛，下部残存力士八
身。

　　　中心塔柱南向面龛内北壁残存化佛菩萨火焰纹佛背
光，两侧弟子各一身。

　　　西向面龛顶画宝盖、二飞天，龛内东壁画火焰纹佛
背光，南、北壁各画菩萨四身；龛楣画忍冬火焰；龛
外北侧画飞天二身、供养菩萨四身、菩萨一身，南侧
存菩萨一身。塔座西魏重画座沿忍冬纹边饰（漫
漶）；座身上排南侧存比丘七身、北侧存比丘尼七
身；下排南侧比丘一身、男供养人四身，北侧比丘尼
一身、女供养人十身，露出底层北魏画力士四身；下
残存力士四身。

　　　北向面龛内南壁画火焰纹佛背光，东、西壁各画飞
天一身、菩萨二身；龛楣画花叶；龛外东侧画飞天二
身、菩萨五身，西侧飞天二身、菩萨五身。塔座西魏
重画座沿忍冬纹边饰；座身发愿文题榜西侧上排比丘
一身、男供养人九身，东侧比丘一身、男供养人八
身；西侧下排比丘尼一身、女供养人八身，东侧比丘
尼一身、女供养人七身（多漫漶），下残存力士四
身。

　　　东向面龛内西壁画火焰纹佛背光，南、北壁各画菩
萨四身；龛楣画忍冬化生；龛外北侧画飞天三身、菩
萨五身，南侧残存飞天二身、菩萨三身。塔座西魏重
画座沿忍冬纹边饰；座身发愿文题榜北侧上排比丘二
身、男供养人九身，南侧比丘一身、男供养人存七
身；北侧下排比丘尼一身、女供养人十一身，南侧比
丘尼一身、女供养人存七身，下力士五身。

第8窟　（C:5）

方向：南偏东20°

时代：北周（隋重修）

形制：前部人字披、后部平棋顶，有中心柱，柱南向面开
　　　一圆券龛

塑像：浮塑龛楣、龛柱，龛内塑坐佛一身、菩萨二身（头
　　　皆毁）。

壁画：窟顶前部北披十二椽格各画供养菩萨一身（多残
　　　损）；后部西侧残存飞天莲花忍冬平棋三方，东侧南
　　　部残存隋画斗四莲花忍冬平棋三方。

　　　北壁画上沿飞天西端四身、中间八身（头毁）、东
端三身、栏墙、垂幔；上部千佛，千佛中并坐释迦多
宝佛一铺。下部西侧愿文题榜东侧存比丘一身、男供
养人四身，西侧残存比丘尼一身、女供养人四身；中
间愿文题榜东侧男供养人九身，西侧女供养人九
身（残）；东侧愿文题榜东侧比丘一身、男供养人六
身，西侧比丘尼一身、女供养人六身；下残存力士。

　　　西壁前部画上沿飞天二身。后部画上沿飞天十四
身、栏墙、垂幔；上部千佛，千佛中涅槃变一铺；下
部愿文题榜北侧比丘二身、男供养人十一身，南侧存
比丘尼四身，下残存力士四身。

　　　东壁前部上沿存飞天二身、栏墙、垂幔，上部残存
千佛。后部隋画上沿宝珠、飞天十四身、栏墙、垂
角，上部千佛，千佛中说法图一铺；下部愿文题榜南
侧比丘一身、男供养人存五身与二侍童　北侧比丘尼
二身、女供养人八身与十侍女、车伕及供养牛马棚车
一辆，下力士（漫漶）。

　　　中心柱南向面龛顶画二飞天，龛内北壁画千佛火焰
纹佛背光，东、西壁各画弟子五身、菩萨一身；龛楣
画火焰忍冬莲花化生；龛外两侧各画二飞天、一塑像
项光、菩萨四身；龛下座身残存供器（漫漶）。

　　　西向面画说法图一铺。柱座画座沿忍冬纹边饰；座
身发愿文题榜南侧比丘二身、男供养人二身（残），
北侧残存比丘尼二身、女供养人三身，下力士三
身（残）。

　　　东向面画说法图一铺。柱座画座沿忍冬纹边饰；座
身发愿文题榜北侧比丘四身、男供养人七身，南侧比
丘尼一身、女供养人存六身，下力士四身（残）。

　　　北向面无画。

第9窟　（C:6）

方向：南偏东35°

时代：西魏（北周、隋、初唐、回鹘、清重修）

形制：前部人字披、后部平棋顶，有中心柱，柱南向面开
　　　一龛，东、西壁南端各设像台

塑像：东壁像台上残存早期立佛粗胎一身。中心柱清修龛
　　　内坐佛一身，龛外两侧弟子各一身。

壁画：窟顶前部南披东端残存飞天二身；脊枋东段残存莲
　　　花菱格纹边饰；北披东起第一至三椽格隋补画飞天、
　　　忍冬，第四格起西魏画飞天忍冬莲花禽鸟图案。后部
　　　西侧残存北周画斗四忍冬莲花化生平棋二方。

北壁回鹘画涅槃变一铺。

西壁上沿南端画栏墙、垂幔，北侧北周画垂幔；上部北周画千佛，南端西魏画一浮塑项光（唐重绘）两侧朱墨白描伎乐飞天各二身。下部画漫漶。

东壁上沿南端画天宫栏墙，中间隋画宝珠、飞天四身；上部画说法图一铺，南端初唐改画一浮塑项光，北端回鹘画药师佛一铺。下部画上排愿文题榜南侧男供养人六身，北侧女供养人六身；下排一莲花南侧男供养人三身及二马，北侧女供养人四身及一车伕、一牛车、侍女一身，下残存力士三身。

南壁门东画上沿栏墙、垂幔；上部千佛，千佛中初唐画说法图一铺；下部愿文题榜西侧比丘一身、男供养人四身，东侧女供养人四身。

中心柱南向面龛顶唐画彩云、二童子，龛内北壁西魏画化佛火焰纹佛背光，东壁唐画迦叶一身，西魏画婆薮仙一身（唐重描涂色），西壁唐画阿难一身；龛楣画说法图一铺；龛外两侧唐分别画日、月及云中一坐佛、一塑像项光、花朵，下底层西魏画菩萨塑像披带。柱座座身残存唐画供器，底层露出西魏画边饰、供养人（残）。

西向面北周画垂幔下千佛，千佛中说法图一铺。

北向面回鹘画并坐三佛一铺。

东向面南侧唐画千佛；下愿文题榜两侧各画男供养人三身，北侧回鹘画菩萨一身。

第10窟 （C:7）

方向：南偏东25°

时代：隋（唐重修）

形制：存后部横人字披顶残迹，北壁开一圆券龛

塑像：龛内唐修倚坐佛一身（残），龛外两侧地面各存菩萨双足。

壁画：窟顶后部北披残存椽格忍冬纹图案。

北壁龛顶残存一飞天；龛内北壁画化佛莲花忍冬纹佛背光，两侧弟子各一身，唐画莲花各一枝及花朵，西侧下部残存底层隋画一菩萨；东、西壁各画弟子三身，唐画花朵。龛上东侧残存忍冬火焰纹龛楣，龛楣上画伎乐飞天二身、栏墙、垂幔，龛外两侧画千佛（西侧大部毁）。下部存男供养人二身，下残存力士一身。

东壁上沿北端存伎乐飞天一身、栏墙、垂幔，上部残存千佛，下部残存男供养人二身，下残存力士二身。

第11窟 （C:8）

方向：南偏东15°

时代：北周（隋、唐、回鹘、民国重修）

形制：横人字披顶，北壁开一圆券龛

塑像：浮塑龛沿、龛梁，龛内民国修坐佛一身。

壁画：甬道残存东、西壁回鹘画菩萨各三身。

窟顶脊枋画水纹、莲花图案。南披画千佛（大部毁，经回鹘补画部分）。北披画千佛（大部毁）。

北壁龛顶两侧唐画花朵，底层露北周画飞天二身；

龛内北壁画化佛火焰纹佛背光，两侧各一塑像项光，唐画花朵；东壁唐画弟子五身，底层露北周画菩萨披巾；西壁唐画弟子七身，底层露北周画菩萨披巾。龛外彩绘龛梁，两侧上部画千佛。下部隋画东侧男供养人（存三身，各随二男童），底层存北周画力士二身；西侧比丘尼二身、女供养人二身（各随四侍女），底层存北周画力士二身（漫漶）。

西壁上部画千佛，千佛中说法图一铺。下部隋画女供养人二十四身（北起第一至四身各随一侍女），底层残存北周画力士六身。

东壁上部画千佛，千佛中说法图一铺。下部隋画男供养人二十三身（北起第一身随二侍童，第五至十身各随一男童），底层残存北周画力士四身。

南壁门上画千佛。门西上部画千佛，下部隋画女供养人三身及二车伕、一牛车、侍女二身。门东上部画千佛，下部隋画男供养人二身及二马伕、二马，底层残存北周画力士。

第12窟 （C:9）

方向：正南

时代：北周（隋、唐、回鹘、民国重修）

形制：前部人字披、后部平棋顶，有中心柱，柱南向面开一龛，东、西壁南端各设佛床

塑像：东壁佛床上残存立佛一身。

西壁佛床上残存立佛双足、菩萨一身。

中心柱民国塑龛内坐佛一身、龛外菩萨二身。

壁画：甬道顶回鹘画立佛一身（头毁）。西壁回鹘画北端观音一身（下部漫漶），中间回鹘男供养人一身（残）；底层残存北周画上部说法图二铺，下部愿文题榜北侧男供养人三身，南侧女供养人三身、男供养人十身，下力士三身。东壁回鹘画北端观音一身（下部漫漶），中间回鹘女供养人二身（残）；底层残存北周画上部说法图一铺，下部愿文题榜南侧男供养人一身，北侧女供养人七身，下力士三身。

窟顶前部画脊枋水纹、莲花图案，南披椽间忍冬莲花禽鸟图案十六格，北披椽间忍冬莲花鸟兽图案十七格。后部西侧画斗四莲花化生忍冬平棋四方，东侧南部残存回鹘画彩椽。

北壁回鹘画坐佛七身。

西壁前部中间一化佛火焰纹佛塑像项光，南侧飞天二身、一塑像项光，北侧飞天一身、一塑像项光。后部画上沿莲花供宝北侧飞天三身、南侧飞天四身；上部千佛，千佛中说法图一铺；下部北侧残存男供养人二十一身，南侧残存女供养人。

东壁前部中间一化佛火焰纹佛塑像项光，北侧飞天二身、一塑像项光，南侧飞天一身、一塑像项光。后部上部回鹘画说法图一铺；中部隋画说法图一铺；下部愿文题榜南侧比丘一身、男供养人存三身，北侧女供养人存三身（漫漶）；北端盛唐画说法图一铺。

南壁画门上说法图一铺。门西上沿伎乐飞天八身，上部千佛，中部睒子本生一铺（多漫漶），下部愿文题榜西侧男供养人十三身、东侧女供养人十三

身（残）；门东上沿伎乐飞天八身，上部千佛，中部劳度叉斗圣变一铺（西部熏黑），下部上排愿文题榜西侧残存男供养人八身、东侧残存女供养人六身，下排残存西端男供养人三身。

中心柱南向面龛内北壁画化佛火焰纹背光，东、西壁回鹘重画弟子各一身、花朵；龛沿回鹘重绘浮塑龛梁、树干，龛上隋画坐佛十三身（残存北周画菩提花叶），龛外两侧回鹘各画一塑像项光、菩提花叶。柱座座身底层残存早期供养人二排。

西向面画上沿莲花南侧飞天四身、北侧飞天三身，上部千佛，千佛中说法图一铺。柱座座身南侧残存男供养人五身，北侧残存女供养人。

北向面回鹘画说法图一铺。

东向面盛唐画说法图一铺。

第13窟　（C:10）

方向：南偏东15°

时代：北周

形制：洞窟大部崩毁，北壁中间残存一龛底部及一须弥座

壁画：北壁西端残存上沿天宫栏墙、上部千佛。

西壁北端残存上部千佛，下部为穿道所毁。

第14窟　（C:11）

方向：南偏东25°

时代：初唐（五代重修）

形制：覆斗形顶，沿东、北、西壁设马蹄形佛床（仅存北壁）

壁画：窟顶残存东北角下部五代重画坐佛四身，西披菩提宝盖。

北壁画东侧一莲花火焰纹塑像项光（经五代填色描绘），两侧弟子各二身、五代改画坐佛八身（漫漶），底层残存唐画。

东壁北端画一莲花火焰纹塑像项光（经五代填色描绘，漫漶），南端下部近代开一穿道通第15窟。

南壁残存东端上部五代画一宝盖。

第15窟　（C:12）

方向：南偏东15°

时代：隋（唐、回鹘重修）

形制：覆斗形顶，北壁开一双层龛

塑像：龛内残存唐修须弥座上坐佛一身。

壁画：甬道顶残存北端回鹘画坐佛一身。西壁北端残存回鹘画供养菩萨一身。东壁残存榜题三方、花朵。

窟顶回鹘画藻井盘龙井心，垂幔铺于四披；四披画团花，东披南端底层露隋画千佛。

北壁龛顶回鹘画树叶，龛内北壁唐画半团花火焰纹佛背光，东、西壁回鹘各画佛弟子一身、花朵。外层龛顶回鹘画菩提宝盖；北壁两侧回鹘画树干，底层唐各画弟子二身；东、西壁各残存一回鹘画塑像项光，底层唐各画弟子一身。龛外回鹘画西侧坐佛一身、菩萨一身，下比丘六身（漫漶）；东侧坐佛一身、菩萨一身，下底层隋画男供养人六身、力士一身。

东壁回鹘画说法图一铺，下供养人一排（漫漶）。

西壁回鹘画说法图一铺，下供养人一排（漫漶），底层隋画男女供养人，南端为穿道所毁。

南壁回鹘画门上七世佛，门南、北药师佛各一身，下供养人（漫漶）。

第16窟　（C:13）

方向：南偏东15°

时代：晚唐（五代、宋、回鹘、民国重修）

形制：覆斗形顶，北壁设佛床。前室横券顶，北壁门东、西各设一像台

塑像：佛床上民国塑坐佛一身、乘狮文殊一身、乘象普贤一身。

壁画：前室顶残存东北角、西北角回鹘画边饰。

北壁上沿五代画坐佛十八身；门上回鹘涂红色愿文题榜一方，底层五代画坐佛；门西残存五代画坐佛。

西壁北端残存五代画坐佛八身，中间底层晚唐画男供养人一身。

东壁北端残存五代画坐佛三身。

主室甬道顶残存回鹘画立佛一身。西壁残存回鹘可汗供养像与男侍四身，北端下部回鹘女供养人二身，南下角二供养人；底层中部五代画千手眼观音一铺，南端露宋画菩萨一身（残）。东壁残存回鹘女供养人二身、南端侍从（漫漶）；底层五代画千手钵观音一铺，南端残存宋画菩萨一身。

窟顶画藻井团花井心，垂幔铺于四披；四披画千佛（南披西部回鹘补画）。

北壁中间画浮塑佛背光，两侧回鹘各画飞天二身、弟子二身、一火焰纹塑像项光，西侧上部底层露画赴会佛。佛床南向面东西两端残存回鹘女供养人各五身。

东壁回鹘画北侧一塑像项光、弟子一身，南侧说法图一铺，下存回鹘女供养人八身。

西壁回鹘画北侧一塑像项光、弟子一身，南侧说法图一铺，下回鹘女供养人十身。

南壁回鹘画门上七世佛一铺，门东药师佛一身，底层残存唐画菩萨；门西高僧一身、回鹘王子供养像一身，底层残存唐画菩萨、女供养人一身。

第17窟　（C:14）

方向：南偏东25°

时代：晚唐

形制：横人字披顶，沿东、北、西壁设马蹄形佛床

壁画：窟顶北披东西两端残存千佛。

北壁画中间莲花半团花火焰纹佛背光；两侧上沿千佛，上部各一佛二菩萨赴会二组、一塑像项光、弟子二身。

东壁存北端上沿千佛，上部赴会菩萨一身、一塑像项光、弟子二身。

西壁存北端上沿千佛，上部彩云、一塑像项光、弟子二身。

第18窟 （C:15）

方向：南偏东5°

时代：中唐（五代重修）

形制：覆斗形顶，北壁开一盝顶龛，龛内设马蹄形佛床，龛外两侧各设一像台

壁画：窟顶画藻井交杵莲花井心，边饰垂幔铺于四披；四披画千佛，千佛中说法图各一铺（东、北、西披大面积崩毁）。

北壁龛顶中央残存团花五朵（原绘十八朵），北披存立佛五身（西部毁），东披立佛五身、两端各一化生。龛内北壁画边饰、垂幔下莲花卷草火焰纹浮塑佛背光，两侧屏风各一扇半画观音普门品。佛床上沿绘卷草纹边饰，中央南向面四壸门画供宝，东、西向面各一壸门画供宝；两侧南向面各一壸门，东、西向面各二壸门，皆画供宝；佛床上六角形佛座存西南向面画壸门供宝。东、西壁屏风各三扇画观音普门品。龛外东侧画一塑像项光（残）、飞天一身（残）、天女一身、夜叉一身；下像台西向面五代画男供养人一身与二男童，南向面男供养人三身（漫漶）。龛外西侧画一塑像项光、飞天一身（残）、夜叉一身；下像台东向面五代画为阗国王、公主礼佛像（漫漶）、女供养人一身，南向面五代画童子一身，底层残存唐画供养人。龛下存五代画男供养人四身、比丘尼四身。

东壁画药师经变一铺（南部漫漶、残毁），下残存六壸门供宝。

西壁画观无量寿经变一铺（中部残），下七壸门供宝。

南壁门上残存降魔变一铺；门西画不空绢索观音一铺（残），下残存壸门。

第19窟 （C:16）

方向：南偏东10°

时代：五代（宋重修）

形制：纵平拱顶，北壁开一纵平拱顶大龛，龛内设马蹄形佛床，东、西壁各设通壁像台

塑像：龛内北壁存中间倚坐佛一身、西侧菩萨一身（两臂及腹部残毁）。东、西壁南端各残存地鬼一身。

西壁残存罗汉八身。

东壁残存罗汉五身。

壁画：窟顶宋画中间立佛一身（残），两侧飞天各一身，西侧下部残存五代画罗汉十身，东侧下部北端存五代画罗汉三身（宋加画）。

北壁龛顶中间画菩提宝盖（大部崩毁），两侧南端各画一佛二菩萨赴会，宋补画东侧飞天四身、西侧飞天存二身。龛内北壁画中间团花火焰纹佛背光，两侧弟子各五身、供养童子各一身；东壁画菩萨三身、天龙八部二身、天王一身；西壁画菩萨三身、天龙八部二身、天王一身。龛外东侧画赴会菩萨一身、罗汉七

身，西侧罗汉三身。龛下残存宋画西侧一蹲狮。

东壁画罗汉存四十六身。

西壁画罗汉存九十五身（其中窟口处十八身），像台东向面残存比丘一身、男供养人四身。

第20窟 （C:17）

方向：南偏东30°

时代：元

形制：横拱顶，北壁开一纵拱顶龛，龛内北壁设佛床

壁画：龛顶残存彩绘椽檩。北壁画坐佛五身。东壁屏风三扇画中间乘狮文殊一身、北侧坐佛一身、南侧菩萨一身。西壁屏风三扇画中间乘象普贤一身、北侧坐佛一身、南侧菩萨一身，底层隐露前代画菩萨（残）。

注：由第1～20窟窟群沿党河东下2.5公里，河床北崖现存此窟与以下二窟。此窟初建时代不详。

第21窟 （C:18）

方向：南偏东10°

时代：北朝

形制：仅存北壁

壁画：北壁上沿西侧残存飞天、栏墙、垂幔，上部残存千佛，下部残存力士。

第22窟 （C:19）

方向：南偏东20°

时代：北魏

形制：前部人字披、后部平棋顶，有中心塔柱，柱四面各开一圆券龛

塑像：中心柱南向面龛内残存坐佛一身，龛外东侧残存菩萨一身。

西向面龛内残存坐佛一身。

东向面龛内存坐佛一身。

壁画：窟顶后部残存西侧斗四平棋二方、东侧斗四平棋三方。

北壁上沿西侧残存飞天四身及栏墙、垂幔，上部残存千佛，下部残存力士。

东壁上沿西端残存飞天四身及栏墙、垂幔，上部残存千佛。

西壁上沿北侧残存飞天四身及栏墙、垂幔，上部残存千佛，下部残存力士。

中心柱西向面龛外北侧残存飞天二身、供养菩萨八身，塔座座身残存供养人二排。

北向面龛外西侧残存飞天二身、菩萨三身。

东向面龛顶画莲蕾，龛内西壁画火焰纹佛背光，南、北壁各菩萨一身。龛上画火焰纹龛楣、鳞纹龛梁。龛外北侧画飞天二身、菩萨八身（残）。塔座座身愿文题榜北侧残存供养人题名榜八方、南侧存六方。

榆林窟第25窟实测图

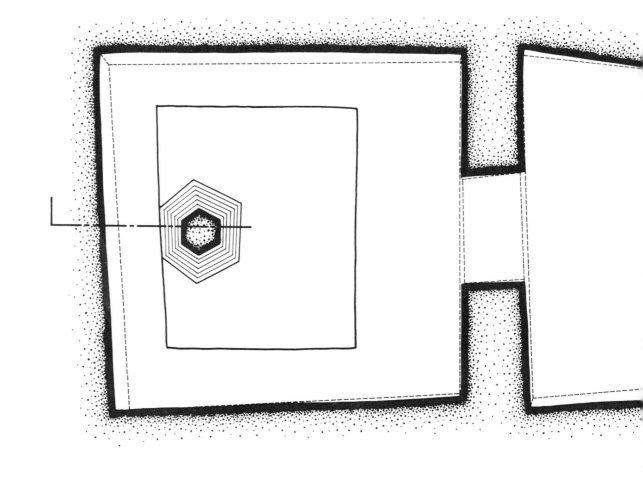

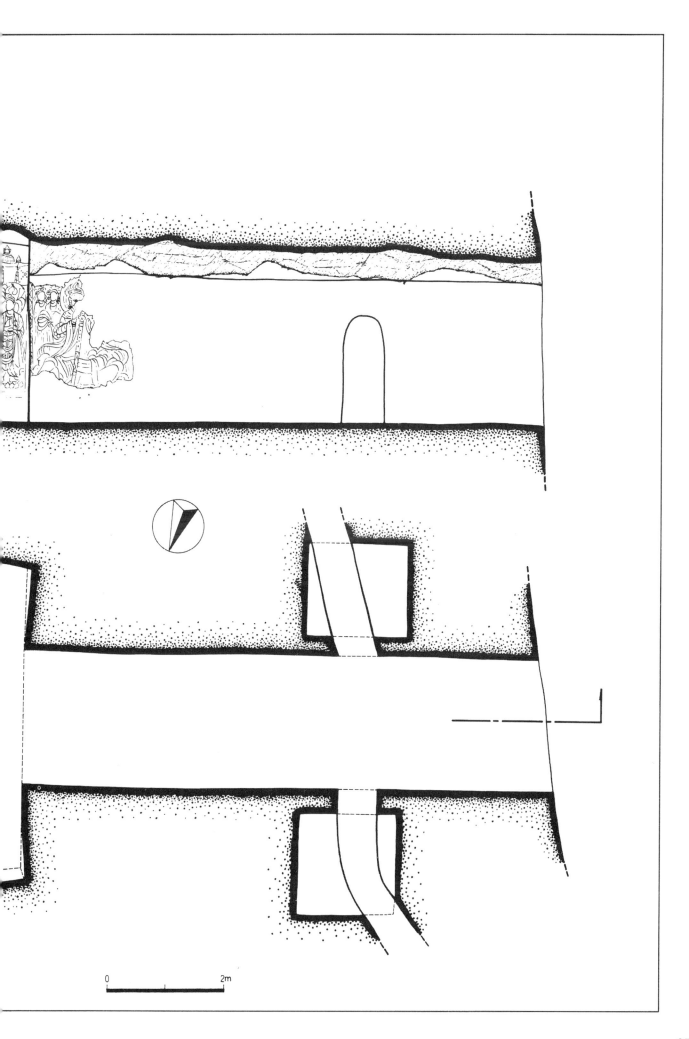

0   2m

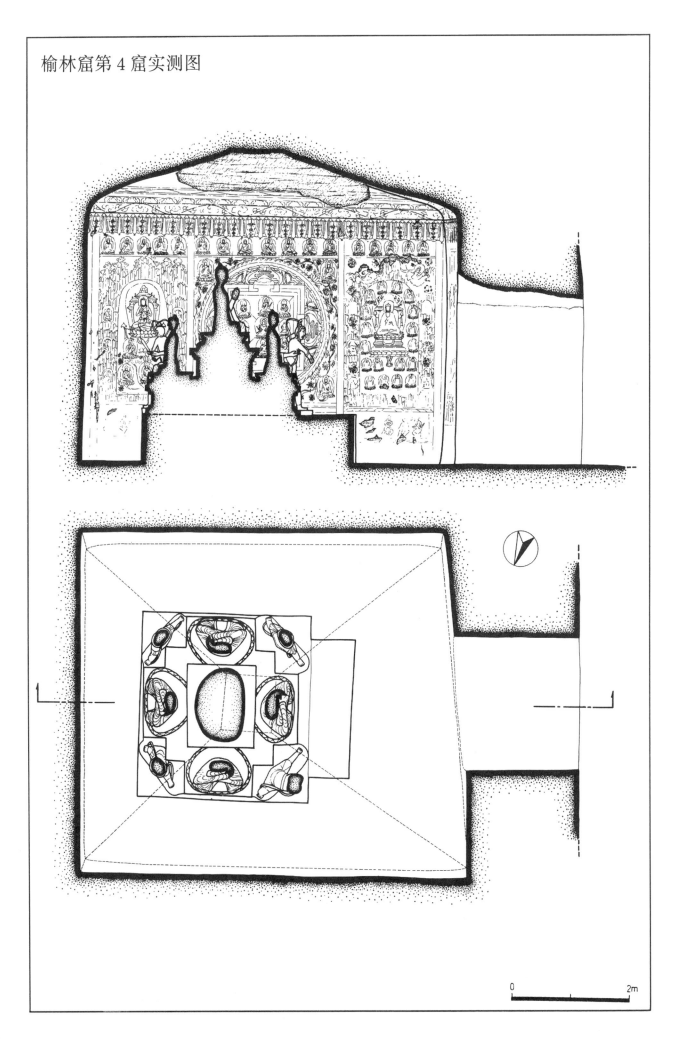

榆林窟第 4 窟实测图

0   2m

THE GROTTO ART OF CHINA

THE YULINKU GROTTOES

COMPILED AND EDITED BY
DUNHUANG ACADEMY

CULTURAL RELICS PUBLISHING HOUSE

BEIJING

SUPERVISORY BOARD

CHINA

Xia Nai

Su Bai

Jin Weinuo

JAPAN

Nagahiro Toshio

Okazaki Takashi

Higashiyama Kengo

TABLE OF CONTENTS

LIST OF PLATES

western part of the south wall, main chamber, cave 33, Five Dynasties.

76. Illustration of the Defeat of *Māra*, western part of the north wall, main chamber, cave 33, Five Dynasties.

77. Illustration of the Hell, upper part above the opening of the east wall, main chamber, cave 33, Five Dynasties.

78. Serpent-god on his way to the Sermon, northern part of the east wall, main chamber, cave 33, Five Dynasties.

79. Preaching scene, detail, west wall, main chamber, cave 34, Five Dynasties.

80. Bodhisattva, detail of the preaching scene, west wall, main chamber, cave 34, Five Dynasties.

81. *Mañjuśrī* and his suite, north wall, main chamber, cave 35, Five Dynasties.

82. *Samantabhadra* and his suite, south wall, main chamber, cave 35, Five Dynasties.

83. *Pañca-buddha* mandala, northern part of the east wall, main chamber, cave 35, Five Dynasties.

84. Worshipping painter, southern part of the east wall, main chamber, cave 35, Five Dynasties.

85. Illustration of a Buddhist narrative story, detail, south wall, main chamber, cave 36, Five Dynasties.

86. *Mañjuśrī* and his suite, southern part of the east wall, main chamber, cave 36, Five Dynasties.

87. Illustration of the Maitreya Sutra, detail, west wall, main chamber, cave 38, Five Dynasties.

88. Mandala depicting deities of the Pure Land, eastern part of the north wall, main chamber, cave 38, Five Dynasties.

89. *Candra*, west plane of the ceiling, main chamber, cave 38, Five Dynasties.

90. Illustration of 'the Chapter on the Universal Gate' of the Lotus Sutra, detail, eastern part of the south wall, antechamber, cave 38, Five Dynasties.

91. Ploughing and harvesting scene, detail of the illustration of the Maitreya Sutra, south wall, main chamber, cave 20, Five Dynasties.

92. Wedding scene, detail of the illustration of the Maitreya Sutra, south wall, main chamber, cave 20, Five Dynasties.

93. Illustration of the *Siyifantianwenjing* sutra, detail, western part of the north wall, main chamber, cave 20, Five Dynasties.

94. Bodhisattva, ceiling, corridor to the main

chamber, cave 20, Five Dynasties.

95. Illustration of *Sukhāvatīvyūha*, eastern part of the south wall, corridor to the main chamber, cave 6, Song.

96. Ornamental painting on the ceiling, main chamber, cave 14, Song.

97. Illustration of the Pure Land, detail, western part of the north wall, main chamber, cave 26, Song.

98. Illustration of the Pure Land, southern part of the west wall, main chamber, cave 26, Song.

99. Ceiling, detail, main chamber, cave 26, Song.

100. Interior view, cave 17.

101. *Shuiyueguanyin*, southern part of the east wall, antechamber, cave 20, Song.

102. *Shuiyueguanyin*, eastern part of the south wall, corridor to the antechamber, cave 21, Uighur.

103. Worshippers, eastern part of the south wall, corridor to the antechamber, cave 39, Uighur.

104. Worshippers, western part of the south wall, corridor to the antechamber, cave 39, Uighur.

105. *Sahasra-bhuja-sahasra-netra*, south wall, corridor to the main chamber, cave 39, Uighur.

106. Ceiling, main chamber, cave 10, Western Xia.

107. Ornamental painting on the ceiling, main chamber, cave 10, Western Xia.

108. Heavenly musicians (1), west plane of the ceiling, main chamber, cave 10, Western Xia.

109. Heavenly musician (2), west plane of the ceiling, main chamber, cave 10, Western Xia.

110. Heavenly musicians (3), west plane of the ceiling, main chamber, cave 10, Western Xia.

111. Elephant, south plane of the ceiling, main chamber, cave 10, Western Xia.

112. Lion, south plane of the ceiling, main chamber, cave 10, Western Xia.

113. Winged horse, west plane of the ceiling, main chamber, cave 10, Western Xia.

114. Ceiling, corridor, cave 10, Western Xia.

115. Eastern part of the south wall, main chamber, cave 29, Western Xia.

116. Worshippers and boy servants, upper eastern part of the south wall, main chamber, cave 29, Western Xia.

117. State priest and monks, upper eastern part of the south wall, main chamber, cave 29, Western Xia.

118. Worshipper and boy servants, detail, upper eastern part of the south wall, main chamber,

cave 29, Western Xia.

119. Worshipping boy, upper eastern part of the south wall, main chamber, cave 29, Western Xia.

120. Female worshippers, lower western part of the south wall, main chamber, cave 29, Western Xia.

121. Female worshippers, detail, lower western part of the south wall, main chamber, cave 29, Western Xia.

122. Illustration of *Bhaiṣajya-guru-vaiḍūrya-rāja-sūtra*, northern part of the east wall, main chamber, cave 29, Western Xia.

123. Illustration of *Bhaiṣajya-guru-vaiḍūrya-rāja-sūtra*, detail, northern part of the east wall, main chamber, cave 29, Western Xia.

124. *Mañjuśrī* and his suite, central part of the east wall, main chamber, cave 29, Western Xia.

125. Attendant, detail of *Mañjuśrī* and his suite, central part of the east wall, main chamber, cave 29, Western Xia.

126. Bodhisattva, detail of *Mañjuśrī* and his suite, central part of the east wall, main chamber, cave 29, Western Xia.

127. *Vajurapāṇi*, southern part of the east wall, main chamber, cave 29, Western Xia.

128. Illustration of *Sukhāvatīvyūha*, detail, northern part of the west wall, main chamber, cave 29, Western Xia.

129. *Samantabhadra* and his suite, detail, central part of the west wall, main chamber, cave 29, Western Xia.

130. Small child, detail of *Samantabhadra* and his suite, central part of the west wall, main chamber, cave 29, Western Xia.

131. East wall, cave 2, Western Xia.

132. Scene of Nirvana, upper central part of the east wall, cave 2, Western Xia.

133. Illustration of *Avalokiteśvara* delivering the merchants from robbers, detail, central southern part of the east wall, cave 2, Western Xia.

134. Preaching scene, eastern part of the south wall, cave 2, Western Xia.

135. Preaching scene, central part of the south wall, cave 2, Western Xia.

136. Preaching scene, western part of the south wall, cave 2, Western Xia.

137. *Shuiyueguanyin*, southern part of the west wall, cave 2, Western Xia.

138. *Shuiyueguanyin*, northern part of the west wall, cave 2, Western Xia.

139. Left attending bodhisattva, detail of the preaching scene, central part of the north wall, cave 2, Western Xia.

140. Ornamental painting on the ceiling, cave 2, Western Xia.

141. Interior view, cave 3.

142. *Avalokiteśvara* with eleven heads and a thousand arms, northern part of the east wall, cave 3, Western Xia.

143. Scene of Nirvana, upper central part of the east wall, cave 3, Western Xia.

144. *Avalokiteśvara* with fifty-one heads and a thousand arms, southern part of the east wall, cave 3, Western Xia.

145. *Vajrapāṇi* with eight arms, lower right corner, southern part of the east wall, cave 3, Western Xia.

146. Blacksmiths and distillers, detail of *Avalokiteśvara* with fifty-one heads and a thousand arms, southern part of the east wall, cave 3, Western Xia.

147. Threshers and acrobats, detail of *Avalokiteśvara* with fifty-one heads and a thousand arms, southern part of the east wall, cave 3, Western Xia.

148. Ploughman, detail of *Avalokiteśvara* with fifty-one heads and a thousand arms, southern part of the east wall, cave 3, Western Xia.

149. Illustration of the *Tianqingwenjing* sutra, central part of the north wall, cave 3, Western Xia.

150. Illustration of the *Guanwuliangshoujing* sutra, central part of the south wall, cave 3, Western Xia.

151. Illustration of the *Guanwuliangshoujing* sutra, detail, central part of the south wall, cave 3, Western Xia.

152. Illustration of the *Guanwuliangshoujing* sutra, detail, central part of the south wall, cave 3, Western Xia.

153. *Avalokiteśvara* mandala, eastern part of the south wall, cave 3, Western Xia.

154. *Garbha-dhātu* mandala, western part of the south wall, cave 3, Western Xia.

155. Worshipping bodhisattva, lower eastern part of the south wall, cave 3, Western Xia.

156. *Vāyu*, lower western part of the south wall, cave 3, Western Xia.

157. Worshipping bodhisattva, western part of the north wall, cave 3, Western Xia.

158. *Samantabhadra* and his suite, southern part of the west wall, cave 3, Western Xia.

159. *Samantabhadra* and his suite, detail, southern

part of the west wall, cave 3, Western Xia.

The Xiqianfodong Grottoes of Dunhuang